FUERA DE CUADRO

Carlos Lechuga nació en La Habana en 1983. Estudió Dirección de cine en la Universidad de las Artes (I.S.A) y guion cinematográfico en San Antonio de Los Baños (E.I.C.T.V). Trabaja como director, guionista y escritor de no ficción. Sus largometrajes (*Melaza, Santa y Andrés, Vicenta B.*) se han presentado en importantes festivales de cine como San Sebastián, Toronto y Rotterdam, y han recibido múltiples premios internacionales. A lo largo de su carrera aprendió o colaboró con maestros como Humberto Solás, Gabriel García Márquez, Leonardo Padura, Eliseo Alberto Diego o Juan Madrid. El MoMA, ARCO Madrid y el museo Reina Sofía también han mostrado su obra. Sus textos acerca de su experiencia con la censura, la persecución policial y la noche habanera han aparecido en múltiples revistas y periódicos (*El País, Telerama, El estornudo, Hypermedia Magazine*). La plataforma Boca de Lobo lo escogió en el 2020 como uno de los mejores cronistas cubanos. En el 2020 se publicó su primer libro *En brazos de la mujer casada* (Hypermedia); y al año siguiente se editó su segundo libro que es un testimonio sobre la censura en la isla (*Ni Santa, ni Andrés*). Actualmente vive en Barcelona.

Carlos Lechuga

FUERA DE CUADRO

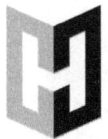

De la presente edición, 2022

© Carlos Lechuga
© Editorial Hypermedia

Editorial Hypermedia
www.editorialhypermedia.com
www.hypermediamagazine.com
hypermedia@editorialhypermedia.com

Edición y corrección: Ladislao Aguado
Diseño de colección y portada: Herman Vega Vogeler
Maquetación: Editorial Hypermedia

ISBN: 978-1-948517-70-6

Quedan prohibidos, dentro de los límites establecidos en la ley y bajo los apercibimientos legalmente previstos, la reproducción total o parcial de esta obra por cualquier medio o procedimiento, ya sea electrónico o mecánico, el tratamiento informático, el alquiler o cualquier otra forma de cesión de la obra sin la autorización previa y por escrito de los titulares del copyright.

ROCÍO ABALLÍ:
QUIERO HACER PORNO PARA MUJERES

A Rocío la conocí hace muchos años. Teníamos amigos en común. Amigos que la querían mucho. Con el tiempo, que va separando a la gente, mandando de viaje a algunos, mudando a otros; nos fuimos dejando de ver.

Gracias a las redes sociales y a una amiga de Brasil choqué con su página de Instagram @rocioaballi. La página de una mujer cubana, mestiza, fotógrafa y pornógrafa. Mi asombro fue total, aquella muchacha tranquila, que hablaba bajito, suave, estaba metida de a lleno en un mundo estético muy sensual, pero al mismo tiempo muy preciso, contenido, fuerte.

Después de varios meses bien jodidos, este descubrimiento me trajo mucha esperanza. A pesar de todos los problemas y las cosas feas de la isla, la gente, los jóvenes y los no tan jóvenes están haciendo muchas cosas. Hay un montón de planetas, de diferentes tamaños, de muchos colores y sabores. Espacios nuevos que le dan una atmosfera diferente al país. Nos pusimos en contacto y volvimos a conectar. Esta es parte de esa conversación. Pero es una charla incompleta si los lectores no visitan su página: @rocioaballi; solo así se podrá entender este país un poco mejor.

¿Cómo defines tus fotos?

Te voy a responder como me gustaría que se sintieran: quisiera que fueran como líquidas, pero con cuerpo, con carácter. Que, aunque breves, fueran intensas, descaradas.

No sé si está bien decir que son fotos pornográficas, ¿por qué hacer fotografía erótica o soft porn*?*

Me obsesiona la imagen y todos los caminos posibles que hay con ella, cómo cambia todo con un poco más de rojo o más cerca, o desenfocado, o grande o pequeño, la relación de mi cuerpo con la imagen, en disposición a la cámara, mi respiración cuando decido hacer el disparo, apretar el obturador, en ese momento y no en otro, y eso: ¡lo cambia todo! O luego con el *mouse* y la manera en la que se acelera mi pulso al mover una luz de lugar, un *show*, la manipulación de los píxeles, que no es más que toquetearlos, moverlos, zarandearlos, hacerlos vibrar (creo que todo va de cuerpos y de la manera que los movemos y sentimos desde y con él). El porno, pues es otra búsqueda.

¿Puedes ahondar más en esa idea?

Es importante en este punto comentarte que con la imagen busco placeres, necesito sentir placer, papi. El placer para mí, va también de plenitud y de despojo de miedos, la libertad, creo, que se parece mucho al placer. Poder ver, mostrar una imagen sin miedos, una pinga, un bollo, o no, el espacio que hay entre eso y todo lo demás. La relación que busco crear con mis imágenes es desde yo como sujeto, mujer erotizada, erotizante, corporal y curiosa.

¿Ves mucho porno?

Ja, ja, ja…Veo pornografía todo el tiempo, papi, estoy trabajándola, te comento que, si no soy la mujer con mayor cantidad de archivos de pornografía cubana en esta isla, lo seré dentro de poco.

Debe ser raro estar en eso todo el tiempo.

Tengo un amigo que me dice que no sabe cómo hago para poder ver porno todo el día y no estar todo el día masturbándome. Tengo otra amiga que me pregunta si no me repugno de ver tantos bollos y pingas. Y mi novia cree que el fin de semana tiene que sacarme mucha, mucha, leche que voy acumulando durante toda la semana mientras trabajo, ja, ja, ja. Así que puedes llegar cualquier día a mi casa y verme concentradísima frente a mi computadora dibujando putas, saturando algún hilo dental, acercando alguna pinga, enfocando unos pezones, contorneando una boca, texturizando salivas, sacando brillo en unas nalgas, y podremos, mientras, ponernos serios y hablar del calor y lo mala que está la cosa.

A mí me encantan las fotos pornos cubanas, esas que se filtran y la gente se pasa de mano en mano. Hay un nivel de realismo, de imperfección y a veces de una textura pedestre o miserable que me calientan mucho. ¿Has usado estas fotos?

El porno cubano habla tanto de este país, tanto, lo pedestre y miserable ese que calienta tanto, esa imperfección, eso que está en el sexo, en los cuerpos, en los fondos, ese sudor, la manera en que los cuerpos se mueven, ese auto goce tan aplastante, de juego más absoluto, los sonidos de fondo, los textos compartidos, la escenografía, escenas completamente antropológicas, el ritmo en una isla llena de deseos.

Entonces, desde tus fotos, también estás hablando de Cuba, de la sociedad, de las carencias...

Con la llegada de internet de golpe aquí, y porque durante mucho tiempo estuvimos excluidos de los referentes de cualquier tipo de información visual, estamos siendo comidos, una vez más, por la colonización más absoluta del cuerpo (y de todo): cómo debemos pensar, vernos, sentir, singar, gozar. Y seguimos viendo los cuerpos como algo que hay que esconder.

Quiero hacer porno cubano, al menos aportar algo a eso desde mis más auténticos derechos (como mujer, cubana, fotógrafa y puta), mostrarnos desde la dignidad, desde la autonomía, desde nuestras propias urgencias, realidades, fantasías, no hay líquidos prestados, ni ganas, ni modos, ni placer. El porno, las putas y la leche existen y se merecen ser representados.

¿Por qué solo mujeres? Veo pocos hombres en tus retratos.

Soy una feminista sexualmente positiva. El cine y la fotografía en general nos ha absorbido en un disciplinamiento del cuerpo y, en particular, del tratamiento del cuerpo femenino. La pornografía ha sido un espacio históricamente dominado por el falo y lo androcéntrico del poder. Un sistema heterosexual, heteronormativo y capitalista que nos muestra qué ver, cómo. Al parecer lo que no está representado es como si no existiera, como si una parte de nuestros sentidos estuvieran muertos o en pausa. Quiero representar la sexualidad y hacerlo desde representaciones disidentes. Quiero hacer imágenes pornográficas en Cuba, que pongan en duda la naturalidad de toda jerarquización, desde la provocación de las formas, porque la estética en el sexo es vital. Quiero, como mujer, ser sujeto activo de las narraciones de nuestros placeres, de nuestras excitaciones.

¿Cómo gestas cada imagen? ¿Cómo es ese proceso? Explícamelo sin prisas. ¿Cómo encuentras a las modelos? ¿Amigas? ¿Les pagas? ¿Lo haces sola?

Hasta ahora ha sido un proceso muy solitario, una búsqueda muy personal y, por supuesto, intimísima. Descubrimientos que voy teniendo de a poco, conmigo misma, con alguna amiga, y con el porno cubano. Los equipos son algo a lo que cada vez le presto menos importancia, aunque soy cada vez más consciente de su impacto. Siempre fui una obsesiva de la calidad de imagen en la foto, de la iluminación impecable, de la limpieza del encuadre y de la perfección del movimiento, en algún momento me aburrí, creo que es eso de crecer.

Quiero una narración en la imagen que vaya más allá, y quise experimentar con todo lo contrario, aunque te confieso, que detrás de esa imperfección hay un cuidado meticuloso de los detalles. Una cámara profesional o un celular, *flash* o luz de una lamparita de noche, las ganas y las miradas varía, me sirvo de eso y lo gozo. Por ejemplo, si uso capturas de pantalla de pornos cubanas de los 90, la definición es malísima, pero una parte del proceso muy interesante para mí ha sido justo eso, he estudiado mucho las técnicas de resolución y recuperación y multiplicación de píxeles, y es tan sexy... uso una técnica que es como acariciar microscópicamente el ruido, como suavizarlos, y a veces estoy mucho rato, por ejemplo, en una lengua, removiendo los píxeles de la lengua de alguna de las putas más clásicas y ricas del porno cubanas, con las que quizá te has hasta masturbado tú. Las ilumino, las lleno de color, las detengo en una foto, en otro tiempo. He almacenado tantas imágenes de putas que me invento sus historias, sus vidas, ¿dónde estará ahora? Así como un romance, he hecho búsquedas en internet por los nombres de archivos o por los nombres de carpeta con los que han llegado a mí, he intentado encontrarlas.

Tengo una experiencia especial con una, es como mi musa. Fue una de las primeras putas de porno cubano que vi, y siempre la guardaba, es de esas tan bellas, en una grabación de VHS que tiene tan mala calidad que no puedes ni verle los colores, pero los movimientos de ella son de los que ves y piensas: es tan simple, ella solo está gozando y no hace falta más que quedarte mirándola, vacilándola, la exuberancia de la frescura de una mujer cubana.

Es de esas clásicas mulatas blanconazas, de las que ya no ves porque se las llevaron, papi, los europeos nos las robaron; y siempre me la imagino en Italia, no sé por qué. A esa la busqué tanto que me encontré imágenes de ella con ropa de calle, en una fiesta normal, con amigos, en una escena cotidiana, y ¡lloré!

El color es protagonista al mismo nivel de lo sexual ¿Cómo escoges los colores?

Mi mamá es blanca y mi papá es negro. La mitad de mi familia es completamente negra, empezando por mi chozna a la que pude conocer porque duró 123 años, vivió, imagínate, la esclavitud, ella era negra azul.

La otra mitad es blanca de ojos azules y verdes, mi hermana es jabá.

Fui consciente muy pronto de la importancia que las personas dan a los colores. Todo a mi alrededor ha tenido que ver con eso. Mis primeros referentes son un delicioso batido de chocolates más claros, más oscuros, blancos más intensos que otros, o más rojos o amarillos, y estoy yo, mestiza, producto de esa mezcla de colores. Eso, además de haberme hecho intensamente compleja, me ha convertido en una mujer obsesiva de los matices. Sé que todas las combinaciones son posibles, y con el tiempo he aprendido a usarlo en mis imágenes y a disfrutarlo mucho, juego con eso.

Me llama la atención que tus fotos son bien eróticas, pero al mismo tiempo no son nada fresitas, tienen una dureza intrínseca interesante.

El sexo no es fresita, papi, al menos no el rico. La vida no lo es, las ganas no lo son, los líquidos tampoco, las cubanas mucho menos. Vaya, que aquí no cultivamos ni fresas, a no ser las de los campos, que son salvajes.

¿Tienes algún fetiche? Yo soy muy de axilas y en mis trabajos se me sale eso.

Creo que tengo un amplio espectro con esto ja, ja, ja…

Llevamos un rato hablando y me parece que no acabo de conocerte bien, ¿quién es Rocío Aballí?

Como tú eres de escenas y yo de imágenes, voy a construir una para los dos:
Sería una imagen de las que se hacen aguantando la respiración, intentando no moverte mucho porque

hay poca luz, una foto imperfecta, con los píxeles un poco a flor de piel, y un poco en movimiento, un poco desenfocada también, de noche, probablemente en una cama, el personaje podría estar escuchando radio cubana (escucho mucha radio, de madrugada suelo trabajar escuchándola mientras fantaseo conque algún día tendré mi propio programa de los que escuchan solo los custodios). Estaría también tomando ron Santiago.

Quizá tendrías que quedarte más tiempo del normal mirándola para poder definirla, seguro tendría detalles que de pasada jamás verías, y esos serían justo los que a mí me interesaría que vieras. El tiempo definitivamente tendría que ser un punto importante en ese vaciloteo… Así que quédate tranquilito un poco para que veas bien, espera a que la pupila se te dilate.

Ja, ja, ja, me encanta como le huyes a las definiciones. A ver, te pregunto otra cosa. ¿Cómo llegas a la fotografía?

Mi papá tenía una Zenit, y se la pasaba haciéndonos fotos, creo que soy de las pocas de mi generación que tiene tantas fotos de niña, y no de las que son detrás del *cake*, o encima de la cama con regalos, tengo fotos realmente buenas, bueno, yo, y mi mamá que, por cierto, es una mujer bella y tiene una colección desde todos los ángulos. Aprendí a hacer fotos con mi papá muy pronto (tengo impresa, como un amuleto, la primera foto que hice, fue a él en la avenida que va para Varadero, soy matancera) Aún los encuentros en casa terminan con un visionaje de todas las fotos familiares que mi mamá saca orgullosamente, y que tiene clasificadas por época, tipo, integrante…jaja…creo que siempre quise hacer fotos. Luego entré al ISA y estudié dirección de fotografía. ¡Toda una aventura! Ahí empecé con diecisete años, gran punto de giro. A los dieciocho me dio un derrame cerebral, otro gran punto de giro, y seguí con la fotografía.

¿Cómo es un día normal en tu vida?

Aunque tengo muchos planes y soy de las que me anoto lista de tareas, he aprendido en esta isla a tratar de fluir con lo que vaya pasando para no volverme loca. Pero fijo trabajo mucho, necesito trabajar para estar bien.

Un día normal: despierto junto con mi jeva, con la que sexúo deliciosamente para poder ponerme de muy buen carácter. Preparo un café, qué delicioso momento el de ese café, ahí vamos hablado de cualquier cosa, lo mismo de los sueños que tuvimos durante la noche, ella me puede hacer algún pasaje del imperio Bizantino, o podemos terminar leyendo algún artículo de un manual de zoofilia que es una frikada, y ponernos a teorizar al respecto. Puede pasar cualquier cosa en ese rato de la mañana. Luego, llego a mi palacio virtual, que es mi casa/estudio que comparto con un amigo súper friki también, mi *partner* intergaláctico, él puede estar cuando llego, con las gafas virtuales puestas, esperando para enseñarme el descubrimiento que tuvo en la madrugada con el *tilt brush*, entonces me pongo otras gafas yo, y es como si tuviera un viaje mañanero al espacio. Con él estoy aprendiendo y trabajando mucho con las realidades extendidas, la imagen en 360 grados. Me preparo y hago una hora más o menos de ejercicio. Luego, a trabajar

¿Tienes un segundo trabajo? ¿De que vive una fotógrafa como tú en esta isla?

¿Cómo vive una fotógrafa como tú en esta isla? ¿Cómo? Me repito esta pregunta como un mantra. No lo sé, Carlos, a veces no lo sé, Una mujer a la que amo me dice: «recuerda el sabor de mi bollo, yo recuerdo el tuyo, y mi mano atenaza en tus caderas como una llave mortal, dos luchadoras en pleno esfuerzo amoroso». Así, con ese tipo de pensamientos sobrevivo. ¿De qué vives tú?

Sobre todo, de mis textos y de escribir guiones para otros. Pero es muy inestable, hay que estar inventando todo el tiempo. ¿Alguien te ha hecho un encargo? Onda: quiero que me retrates con mi jevita.

Estoy esperando. Porque ya sabes: ¡Todxs somos *pornostar*!

¿Le dedicas mucho tiempo a las redes? ¿Cada cuánto publicas?

No, Instagram la uso, sobre todo, porque es la manera de ver imágenes de artistas que me interesan, pero las publicaciones las hago cuando me entran ganas, que no es siempre. Hago días completos de saneamiento tecnológico, que es bloquear todo en el teléfono y solo dejar activas llamadas y mensajes, a lo clásico.

Y de las artistas visuales cubanas, ¿quiénes te inspiran?

Por su arte y por lo que han logrado hacer como mujeres con su mirada en este país: Belkis Ayón, Marta María Pérez, Rocío García y Tania Bruguera.

¿A qué aspiras en el tema de exhibición?

Aspiro también a exponer, claro. Ojalá pudiera hacer una exposición para celebrar ¡la dignidad del deseo!

¿Qué es lo próximo?

Trabajo en esto, erotismo y pornografía cubana, la imagen de putas cubanas, de mujeres prosexo. Me encantaría poder hacer redes de putas, contactar a algunas, he pensado hasta en hacer junto con mi novia un *podscat* para y de putas, ojalá pueda, aquí hay un punto importante con las leyes del país que no hace nada de esto sencillo. Quisiera poder hacer videos posporno, porno cubano hecho por mujeres. Quiero probar llevar a experiencias inmersivas de porno a las cubanas, riquísima pornografía cubana en realidad virtual.

Mi amiga Janis me está embullando para que escriba las experiencias y descubrimientos personales que estoy teniendo con la pornografía en Cuba...

Quiero que personas quieran que las fotografíe en sus camas, o en sus baños, o contra sus paredes, o las mías, así, que luego las impriman en grande y las cuelguen al lado de sus camas, sin miedos, quiero que perdamos los miedos.

Cómo quiero cosas, Carlos, ¡que por querer no se diga!

LEGNA RODRÍGUEZ IGLESIAS
HABLA DE CINE

Legna, tus fanáticos de España me piden que converse contigo de cine. Me encanta este tipo de encomienda.

Yo me quedé tiesa cuando vi tu mensaje preguntándome, que si aceptaba conversar contigo sobre cine. Acepté porque te admiro, porque a veces me gusta mucho lo que escribes y porque cuando te vi desnudo en una de las columnas de *Hypermedia Magazine*, lo primero que me vino a la mente fue: ¡tiene prepucio, como mi hijo! Y la verdad es que tienes un prepucio de película. He pensado, incluso, escribir un libro de poemas sobre prepucios perfectos y faltas perfectas de prepucios, como si fueran fotos, pero sin imagen visual. El poema y más nada.

Yo tengo dos o tres películas a las que vuelvo constantemente. Las veo una y otra vez. Me siento bien estando con ellas. Ojo, no son de las grandes películas que un cineasta diría que prefiere (la gente para hacerse respetar enseguida saca a Bela Tarr, Tarkovski). Pero son las que más me acompañan. Algunas de ellas son Herida *de Louis Malle,* Antes que anochezca *de Julian Schnabell,* El gran Lebowski *de los Coen. ¿Cuáles son las películas que te acompañan, las que revisitas cada cierto tiempo?*

Persona, y eso lo digo sin pensarlo. *Persona Persona Persona Persona*. No estoy segura de qué me gusta consumir más, si literatura o cine, pero definitivamente consumo más cine que literatura. Porque la literatura, como me dedico a ella, la complejizo y la convierto en material de estudio enseguida. A ti te debe pasar lo mismo con el cine. Entonces, cierro el libro y saco el disco externo y ya estoy metida en alguna película.

Nunca se me olvida el día que vi tres películas seguidas sin parar y sin comer, acostada/sentada con tremendo calor: *Los idiotas, Ex drumer* y *El arte negativo de pensar*.

No sé como seguí viva después de ese día, porque una cosa es ver las películas en pantalla grande, bajo la euforia de un Festival de Cine, con amigos o en la más dulce soledad, y otra muy distinta es ver las películas en un DVD (estoy hablando del año 2006 o 2007) conectado a un televisorcito Sanyo de diecisiete pulgadas, cuando todavía vivía en Camagüey.

Por ese tiempo y en los próximos dos años (sigo aún en Camagüey) vi muchas películas que me marcaron y que siempre vuelvo a ellas: las viejas de Lars Von Trier, las viejas de Lanthimos, las viejas de Jim Jarmush, *Gummo, Happiness*. Una que siempre veo cuando me enamoro de alguien, como para romancear, es *Dos días en París*. Tú te pareces en algo a ese actor, los dos son altos y peluditos. Al principio de mis relaciones también me gusta volver a ver las de Bertolucci, porque se presta para el romance.

Me gustaría dejar dicho por escrito que todo eso lo vi gracias al escritor cubano Raúl Flores. Él era como mi mejor amigo de las películas, o como mi novio de las películas. Él me pegó la ansiedad por el cine y por coleccionar películas, primero en CDs y luego en un disco externo (porque yo no tuve *laptop* hasta el año 2011), aunque no teníamos siempre el mismo gusto.

Yo tenía sed de películas *raras*, cine de autor, mientras que Raúl Flores decía que el cine norteamericano era el mejor. Y yo le seguía la corriente en todo, para que no dejara de pasarme las carpetas. Había tanto tiempo para ver películas. Éramos como vampiros chupadores de cine.

En el 2005 estuve unos meses de vacaciones por La Habana y vi por primera vez una de Kim Ki-duk: *El arco*. Qué película más morbosa. Solo la vi dos veces, pero me acuerdo de ella cuando pienso en el morbo como instrumento.

Hay más, muchas más, pero se me van de la mente ahora. Son las once de la noche y a esta hora la cabeza se me embota. El día entero con un bebé te convierte en un bebé. Un bebé necesita dormir.

Vamos a hablar de los cines, los cines de Camagüey, de La Habana y de Miami. ¿Te acuerdas de la primera vez que entraste a un cine? ¿Cómo se llama o se llamaba el cine de Camagüey? ¿Hay varios? ¿La primera vez en un Festival de Cine en La Habana? ¿Estabas becada? ¿Con quién fuiste? ¿Qué viste?

Yo extraño mucho ir al cine. Aquí no voy al cine porque siempre aparece un gasto de prioridad y el cine no es una prioridad, al menos objetivamente. Es decir, he ido, pero poco. Y no es lo mismo, no hay amigos afuera para comentar la película o discutir sobre ella y fajarnos y dejarnos de hablar por una película. El día que vamos al cine tratamos de aprovechar todo al máximo y luego salimos del cine sabiendo que no volveremos hasta pasado un buen tiempo. Todo en silencio, incluso, la catarsis.

Por eso tu pregunta me es entrañable y querida. Mi casa en Camagüey quedaba lejos del centro de Camagüey, donde está *la calle de los cines*. Allá le dicen así: *la calle de los cines*. Hay dos cines. Primero, el cine Encanto y el Casablanca, como quien viene de República y va para la Plaza de los Trabajadores. Pegada al Casablanca está la sala de video Nuevo Mundo y en la misma Plaza de los Trabajadores, metido para adentro como en un callejoncito, está el cine Guerrero. Ese era mi cine preferido.

La primera vez que recuerdo haber ido al cine fue con una prima, quien a su vez iba con su novio. La película era *El flautista contra los ninjas*. No me acuerdo cuántos años tenía ni a qué cine fuimos. Debí tener poquitos años, para que no me acuerde.

La primera vez en un Festival de Cine en la Habana fue en el año 2005. Nunca había visto *La naranja mecánica*. Después de verla escribí de un tirón un libro para niños que se llama *La mandarina mecánica*. Son cuentos un poco crueles y violentos para niños, pero muy graciosos también. Cuando termine la charla te voy a mandar algunos libros míos por *e-mail*, para que los leas con cariño.

Hay un cine en Miami muy lindo que queda frente a la librería Barnes and Nobles. A ese nunca he entrado. Al Tower sí he ido mucho, allí puse Melaza *y allí vi por primera vez a mi admirado Orlando Jiménez Leal, pero para mi sorpresa el* man *se quedó dormido con* Melaza. *Qué manera de reírme. ¿Qué has visto en el Tower? ¿Difieren los olores de los cines de Camagüey, La Habana y Miami?*

Antes en Miami no se hacía mucho cine, pero últimamente hay varias producciones, como la de Plantados, *o* El último balsero. *¿Tienes algo para decir de esto?*

No, frente a Barnes and Nobles no hay ningún cine, debe ser el que queda frente a Books and Books, a unas cuadras de mi alquiler. Vamos juntos si quieres la próxima vez que vengas. Es muy lindo realmente, y tiene atmósfera de cine viejo, y ponen películas buenas ahí. El problema conmigo es que no veo películas que no estén subtituladas. Me interesa mucho el guion, no me gusta perderme ni un solo parlamento y todavía no hablo inglés. Si la película tiene subtítulos en inglés a veces puedo leerlos. Pero prefiero que esté subtitulada en español. Traducida al español no, pero subtitulada sí.

Nada aquí huele como allá. Ni los cines, ni la ropa, ni los niños, ni la comida. Nada. Todo huele distinto. Los colores también son otros. Las luces, otras. Las sombras también.

No he visto ni una sola producción independiente hecha en Miami.

The Florida Project, la de Sean Baker, me gustó muchísimo, pero se desarrolla en Orlando, no en Miami, aunque Miami también es un parque de diversiones.

De las últimas películas, de las grandes, de las más sonadas, ¿cuáles te han gustado más? ¿Cuáles te han decepcionado? ¿Alguna secuencia en particular? Te hablo de Roma, Parasite, Joker, Marriage Story… *Alguna que no te mencioné y te ha gustado.*

Vi *Parasite* hace varios meses en un sitio pirata donde veo todo. Algunas películas del paquete semanal[1] provienen de ese mismo sitio. Hay que ser muy rápido y virtuoso para lograr ver una película ahí, porque des-

---

[1] «Paquete semanal» o «paquete»: servicio privado cubano de distribución de contenido digital, tomado de la web o de cadenas de televisión internacionales, a través de discos y memorias portátiles. [Nota del editor].

de el primer clic que uno da, la avalancha de virus y páginas pornos que se te abren es asquerosa. Enseguida compartí en Instagram el cartel de la película, muy poca gente la había visto.

He visto casi toda la filmografía de ese director, pero no sé pronunciar su nombre. Las películas coreanas de su tipo me son atractivas casi siempre. A mí me gustó *Parasite*, sobre todo porque viene después de *Okja* y de la otra del tren, diferentes en su estilo, pero mi preferida de él sigue siendo *La madre*.

Roma no me gustó. *Joker*, normal. *Marriage Story* no es *marriage story*, es Adam Driver y Scarlett Johansson, dos diamantes. Lo que se critica de *Marriage Story* es probablemente algo que su director usó adrede, lo cursi, lo superficial. Pero yo no hago crítica de cine. Yo no hago crítica de nada. Lo mío es parir.

Algunos de tus cuentos son bien cinematográficos. Los lees y ves una película ahí. ¿Para cuándo un guion tuyo?

Ayúdame con eso de los guiones. Es algo que me encantaría realizar, un guion. Un guion de verdad para una película de verdad. Sé que doy la impresión contraria, pero soy muy perfeccionista y dogmática cuando no conozco el género que estoy usando. Solo soy lengüilarga y sucia cuando domino a cabalidad un género. Entonces lo descoyunto y lo manipulo, de verdad.

Hablemos un poco de cine cubano. Me imagino que te guste Memorias del subdesarrollo. *Vamos a jugar un poco y hazme una lista de las 10 mejores o que más te gusten del cine cubano, puedes sumar documentales y cortos si con los largos no llenas la lista, jajaja.*

Me siento muy triste respecto al cine cubano. Siento que me he perdido montones de películas y no sé cómo resarcir eso. Tengo preferidas, varias. De hecho, una de las películas a la que siempre vuelvo es una película cubana. Esa película es tan perfecta, tan hermosa y terrible, como cualquier película de Bergman. Es la primera de la lista, por eso voy a hacer una lista *less* cronológica:

- *Madagascar, Madagascar, Madagascar.*
- *Clandestinos.*
- *Memorias del subdesarrollo.*
- *Fresa y Chocolate.*
- *Suite Habana.*
- *Se permuta* (la película, en verdad, es mi abuela gozando con la película).
- Nicolás Guillén Landrián completo.
- *Santa y Andrés.*

No te decepciones, es una lista de películas clásicas, ya lo sé, pero al menos no elegí ninguna comedia. A mí no me gustan las comedias. *Dos días en París* sí me gusta. Pero las comedias cubanas no me gustan. El mejor humor cubano está en la literatura. En las novelas de todos los grandes que tú conoces y que leíste para poder hacer tu película. Incluí tu película en la lista, porque para mí ya es una película clásica, habla de una cosa superior, tiene dos actores soberbios, tiene una simplicidad bella y me emocionó.

La película aquella de Ernesto Daranas, *Conducta*, es muy emotiva. Las escenas con los perros de pelea. Tengo problema con los perros. Pero *Santa y Andrés* emociona de otra manera, porque habla de otra cosa.

Me gustaría mucho ver las películas de Quintela, de él solo he visto *La piscina*. Quiero ver esa que hizo en Japón, gracias a Kawase. Todo lo japonés me atrae mucho, debe ser por la energía, lo básico y lo simple, y también lo sofisticado de esa simplicidad.

En general, los asiáticos tienen esa sofisticación cinematográfica bella basada en la nada. Los últimos cortometrajes de los cineastas cubanos que van apareciendo y que yo no conozco, algunos los he visto en los archivos de *Rialta*. Me causa extrañeza *el uso indiscriminado* (lenguaje macarrónico) del actor Mario Guerra. Un aplauso para Mario pero, tal vez, sería mejor echar mano de otros rostros masculinos, que podrían encontrarse en el teatro, por ejemplo.

Me estoy acordando de una película que no sé si se terminó, pero aquellas imágenes me atraían mucho, me encantaban. El crítico de cine que estudió en la Escuela de Cine de La Habana, Reynaldo Lastre, hacía uno de los personajes. El director era cojo y ellos empezaron a trabajar con un muchacho que era amigo mío. En ese momento el muchacho no tenía dónde vivir y me pidió pasar un tiempo en el sofá de la sala de mi alquiler. Muchas escenas se editaron en la mesa de ese apartamento, con una ventana de fondo que daba al parque Trillo. No se decidían por el nombre y yo me puse a susurrarles nombres, porque me atraía cantidad lo que veía, pero al final le pusieron uno que incluía la palabra *lemur*. Eran imágenes oscuras, raras, en un desierto, filmaron las escenas en Holguín, era una distopía fantástica. ¿Sería Eduardo Aparicio? No puedo creerlo.

¿Te gusta Todd Haynes? A mí me gustó Carol *pero me gustaron más* Far From Heaven *y* Safe. *¿Todd Solondz? ¿Tom Ford?*

Todd Solondz *foreverrrrrrrrrrr.*

De las últimas películas que he visto, no sé por qué casi siempre salgo un poco decepcionado. Me pasó con Parasite *y con* Joker. *Hace rato no veo una película que me llegue fuerte (puede ser el momento que estoy viviendo, no sé). La de Tarantino me gustó bastante. Un amigo me enseñó* Confianza *de István Szabó y me encantó.*

Mándame *Confianza* para acá, te la cambio por un saco de paquetes de café. Yo he visto películas que me han gustado y que no son de concurso ni de premio o tal vez sí y yo ni me entero, como esa de la muchacha que aparece en un pueblo y se hospeda en un motel y seduce al tipo solitario del motel...

A mí Tarantino me encanta, pero debe haber sido que vi una copia mala o que el niño me chupa la energía y ese día no tenía energía o simplemente que no.

Cinco directores que sigues. Para mí Alfred Hitchcock era como un cliché, porque todo el mundo lo mencionaba, pero cuando me senté a ver todas sus pelis me volví loco. En una depresión me vi casi todo Bergman. Pero también me encanta Tarantino.

Tengo un disco externo de dos teras lleno de directores que me fascinan. Perdí un disco externo en el 2010 con otros tantos, donde estaba Bergman. No te puedes imaginar cómo me sentí cuando supe que no iba a poder recuperarlos. Aquí veo todo en internet y ya más nunca he coleccionado películas, todo lo que tengo lo traje de Cuba y otro poco lo he copiado de gente que también trajo sus películas de Cuba. Es una sensación de pobreza, de no tener lo principal. Aunque lo principal es mi hijo, por supuesto.

Así que podría copiar y pegar la lista entera de esos directores. En vez de eso diré los primeros que me vienen a la mente, muy desordenados:

- Harmony Korine.
- Roy Anderson.
- Theo Angelopoulos (que ya se murió, pero igual).
- Yorgos Lanthimos.
- Léos Carax.
- Aki Kaurismaki.
- Zhang Yimou.
- Michael Haneke.
- Takeshi Kitano.
- Chan-wook Park.
- David Lynch.

Cinco actores que te gusten. No te imagino siendo seguidora de Brad Pitt o Leonardo di Caprio, pero puede ser.

Leonardo está gordo. Igual, como estamos hablando de personas, el atractivo físico a veces juega *un papel fundamental* (lenguaje macarrónico), así que te voy a decir algunos que recuerdo con cariño, porque actuaron en películas inolvidables:

- Louis Garrel y Michael Pitt.
- Daniel Brühl.
- Denis Lavant.
- James Franco.
- Ethan Hawke (cuando se sale un poco de lo comercial).
- Jason Schwartzman y Adam Driver.

Dios mío son todos atractivos, qué horror.

Me gustan los actores que usa Gus Van Sant.
Me fascinan los actores de Harmony Korine.

Cinco actrices.

Me pasa lo mismo con las actrices. El atracivo físico que tiene una actriz impacta demasiado en uno. La mayoría de las veces se me olvidan los nombres. Intentaré enumerar algunas actrices vivas, igual que hice con los actores:

- Juliette Binoche y Marion Cotillard.
- Cate Blanchett y Meryl Streep.
- Martica Minipunto cuando rapea en escena y cuando escribe su columna en *Hypermedia Magazine*.
- Laura de la Uz en *Madagascar*.
- Isabel Santos en *Clandestinos*.
- Todas las actrices de las películas húngaras.
- La actriz que grita y se le salen los ojos en la película aquella de Zulawski, monumental.

Hay muchas actrices que me gustan y que no me sé los nombres. Podría buscarlos en internet ahora mismo pero no quedaría bien en una conversación nítida como esta.

¿Qué buscas en una película? ¿Buscas algo o no? A mí me encantó Phantom Threat *de Paul Thomas Anderson. ¿La viste?*

La vi. Me gustó pero no me quitó el sueño. *Magnolia* sí me quitó el sueño, pero como dices tú, todo tiene que ver con el momento en que ves la película, la atmósfera que te rodea, los sentimientos que tienes por dentro en ese momento.

Yo no me acuerdo de cuándo vi *Magnolia*, pero sí me acuerdo de que me quitó el sueño. Igual que cuando vi *Nostalgia*, de Tarkovski. Perdona, pero tenía que hablar de Tarkovski en algún párrafo de la entrevista. He evitado hacerlo para no darte una impresión de respeto, pero Tarkovski es sublime, igual que Sokúrov y otros rusos más.

A veces no busco nada en una película, me dejo llevar como un pez frío, insensible, en las aguas dulces de cualquier río cubano. Qué ganas tengo de bañarme en un río. La mayoría del tiempo busco lo mismo que en los libros, singularidad. Un tanganazo por la cabeza, una sublimación. Esa tenacidad que tiene el cine para el asombro, un asombro constante, una pausa, un asombro, una pausa, un asombro, una quietud, un pensamiento i/lógico. No sé si me hago explicar.

El mejor ejemplo para eso sería lo que encontré en *El pequeño Otik*, de Svankmajer.

Otro buen ejemplo sería lo que encuentro en las películas de Ulrich Siedl.

Hay una corriente desde hace unos años para acá, del cine latinoamericano que vence en festivales de clase A europeos (Cannes, Venecia, Locarno), donde se hace un trato un poco raro con la representación del aborigen o de los dramas locales (como si esto fuera lo que esperaran los espectadores del primer mundo) ¿Qué crees de este tipo de películas? Películas lentas, bien antropológicas...

Pienso lo mismo que tú, que es una manipulación total. La mayoría de esas películas no me gustan. Yo vi en el cine Riviera, antes de irme de Cuba, una película mexicana, *Güeros*, que me dio deseos de salir corriendo a comprarme un perro, y así lo hice. Salí corriendo del cine con la alegría de quien va a comprarse un perro de su raza preferida. No compré ninguno, porque no tenía dinero y ya tenía al perro más hermoso de La Habana, un bulldog francés llamado *Soba*, incluso estaba escribiendo un libro donde él era el protagonista.

¿Te gusta Lucrecia Martel? ¿Agnès Varda?

Ambas inclusive.
Me gusta la directora de *El mapa de los sonidos de Tokio*. Tengo un gusto muy ecléctico y eso a veces es malo, porque uno tiende a ampliar cada vez más ese diámetro del gusto y ahí puede empezar a caber todo. Pero no creo, porque sigo prefiriendo a los más raros y bien raros. Nombres que no me acuerdo, porque son difíciles de aprender.

Me encantan las fotos que tiras, ¿para cuándo un cortico? ¿Ya has hecho algo?

A veces, para entreternos, hemos hecho videítos de un minuto con poemas o simplemente con la respiración. Pero ya has visto lo neurótica que soy, que antes de empezar a responderte me puse a editar el texto y a justificar los márgenes, la tipografía, quité tus simpáticas comillas y puse cursivas en los nombres de las películas.
No creo que sirva para ningún proyecto que sea colectivo. En ese caso tendría que tener un papel muy principal, como directora, por ejemplo, y sacaría de quicio a todos. Yo siempre sé lo que quiero cuando empiezo a escribir un libro. Sería lo mismo con un proyecto de cine, un proyecto que incluya una cámara y un paisaje. No sería divertido para los otros, me parece. Y

si me decido a hacerlo yo sola, tampoco sería divertido para mí.

¿Eres de bandas sonoras?

Soy de todo lo que pueda coleccionar y me excite. Tengo una amiga que se reía de mí, porque ella venía y me regalaba un *playlist* con canciones que significaban mucho para las dos, súper importantes, y yo le decía: perdona, pero yo prefiero guardar el disco entero. Ahora no colecciono casi nada, porque tengo un hijo y eso supera cualquier colección. A duras penas colecciono ideas para escribir.

Alguna película que te hubiera gustado que acabase diferente, o que esperaste más de ella y se te cayó al final.

No me viene a la mente ninguna. A veces cuando eso pasa, simplemente me deja de gustar la película entera. También puede ser el principio. Yo creo que la de Tarantino tiene una introducción muy larga con Brad Pitt montado en un carro yendo para arriba y para abajo.

¿Te gusta Azul *de Kieślowski? La escena de la piscina donde Juliette Binoche tiene que soportar que se tiren una docena de niños, nunca se me olvida. O la anciana encorvada que con trabajo tiene que colocar una botella en un recolector de reciclaje que le queda muy alto. El juego de la vieja Europa y la nueva. Pienso ahora también en* Los amantes del Pont Neuf *o en* Holly Motors.

Me gusta demasiado Kieślowski. *Azul, Rojo, Blanco. El decálogo* entero. Yo tenía todo eso y lo perdí. Cuando leí las preguntas así rápido pensé: voy a hacerme una foto con la película de Kieślowski al fondo. Pero ya no tengo nada de Kieślowski en el disco externo.

Las de Léos Carax, todas. *Los amantes del Pont Neuf* y *Holly Motors* son como *Santa y Andrés*, películas clásicas para siempre.

Gracias.

BRUCE LA BRUCE: EL PROVOCADOR QUE QUIERE FILMAR EN LA HABANA

¿Quién es Bruce LaBruce?

Bruce La Bruce o Bruce LaBruce, como quieras, empezó siendo como una especie de ficción. Es una persona que es presentada como un espectáculo (en el sentido situacionista de la palabra). Una especie de mito del *punk queer* pornográfico que vive a todo meter y singa duro con cojones.

Yo cree a esta persona a mitad de los años 80. Mucho antes de la era del internet y de las redes sociales. Haciendo mi *queercore fanzine J.D.s*, y actuando en mis propias películas experimentales de 8mm, incluyendo las escenas de sexo (mucho antes de que fuera un lugar común).

Cuando hice mi primer largo, en súper 8, *No Skin Off My Ass*, yo vestí a mi novio de aquel entonces como un *skinhead* y tuvimos sexo en la pantalla. Éramos solo nosotros en el cuarto y teníamos mucha pena y éramos muy conscientes y al tanto de lo que estábamos haciendo.

Esto fue mucho antes que Chaturbate y OnlyFans, y que las interacciones sexuales de internet y los teléfonos inteligentes. Donde todo el mundo, sin lío, empieza a expresarse y mostrarse sexualmente en público de una manera social.

Mis películas empezaron a pasarse en los festivales internacionales de cine, gay y no gay, y se convirtieron rápidamente en filmes de culto. Por lo que imagino que puedo decir que Bruce LaBruce es un director de cine de culto, *punk*, *queer* y pornográfico.

Toronto, Ontario, Canadá parecen lugares aburridos para crecer...

Yo crecí y vivo ahora en Toronto. Pero nací y me criaron en una granja a unos 300 km al noroeste de Toronto. Era un rancho de 200 acres, pequeño a los estándares canadienses, y fui criado por debajo de la línea de pobreza, pero casi todo fue como una infancia idílica. Toda nuestra comida era cosechada caseramente, de una manera saludable; y estaba muy en contacto con la naturaleza.

Pero yo era un niño *queer*, afeminado, enfermizo, solitario y pelirrojo lleno de pecas. Por lo que fue un poco traumático. Yo presencié una cantidad de matanzas y castración de animales tremenda. Yo le llamaba la granja cruel. Mi padre además era un cazador y ponía trampas. Por lo que siempre había animales muertos y pieles por todos lados. Gatos ahogados, puercos castrados, ese tipo de cosas. Por supuesto todo el mundo sabía que yo era un niño gay pero no se podía hablar de eso. No era permitido. La gente a veces pensaba que yo era una chica, con mi hermoso pelo largo anaranjado y de rizos. Pero me hacían *bullying*, por supuesto.

En el momento en que tú dices: Ok, soy gay, soy diferente, quiero hacer esto a mi manera y no de la manera esperada; no lo sabes, pero ya eres un rebelde.

Tuve que mantenerme en el clóset hasta la universidad (sino me hubieran matado), pero en secundaria empecé a expresar lo diferente que yo era, vistiéndome de una manera poco ortodoxa, con pantalones graciosos, sobreviviendo a mi manera. Mis mejores amigas eran las chicas con peor reputación sexual de la escuela, las llamadas puticas. Me protegían.

Cuando estaba en la universidad, era cuando el movimiento de liberación gay estaba en su apogeo, cuando ser gay significaba ser militante, extremista en el sexo y políticamente subversivo. Mi mayor mentor fue un profesor de cine, gay, marxista, feminista, llamado Robin Wood, que escribía para *Cahiers du Cinema* y que era uno de los críticos preferidos de los directores de la nueva ola, como Truffaut y Chabrol. También empecé a salir y frecuentar la escena *punk* de mediados de los 80, viviendo al límite, molestando a la gente, siendo política y estilísticamente extremo.

Cuéntame un poco de tus padres, tu relación con ellos.

Yo adoro a mi mamá y a mi papá. Acaban de celebrar el 67 aniversario de boda. Ellos trabajaron duro en la finca toda su vida. Mi mamá hacía trabajo en el hogar y ayudaba en la granja, en los campos. Ellos inculcaron en mí el amor a las películas. En mí y en mis tres hermanas y hermano.

¿En qué momento te conviertes en Bruce La Bruce?

Empecé siendo un *punk*, nocturno, vistiéndome de negro todo el tiempo, botas de motociclista, *mohawk* o cabeza afeitada, pero con un toque femenino, usando *tights* negros y maquillaje. Abandoné la escena gay porque era muy *mainstream*, racista, clasista, sexista. Y me volví *punk* porque pensaba que era más políticamente radical. Pero luego descubrí una fuerte veta de sexismo y homofobia en la escena *punk*, que es por lo que empiezo a hacer *zines* y películas *undergrounds* con una carga de sexo homosexual, muy explícita en ellos. Para enseñarles a esos *punks* que ellos no eran para nada lo radical y subversivo que ellos creían que eran.

Pero tengo que decir que era un elemento muy radical incluso para el mundo gay de la época. La revista gratis que podías encontrar en los bares gays de Toronto, llamada *Body Politic*, era una publicación ¡*hardcore* marxista!

¿Skin heads, punks? ¿Por qué?

Porque yo fui uno. LOL. También, porque una vez tuve un novio pinguero en los 80 que termino convirtiéndose en un *skinhead* neonazi después que rompí con él. Me acerqué a él un año después y se había convertido completamente. Él necesitaba un lugar para quedarse, lo dejé quedarse conmigo y traté de molestarlo, bromear, con sus estúpidas creencias neonazis, y le hice ver lo ridículo que era. Hasta que entonces, un día, me entró a golpes durísimo, porque discutí con él y lo jodía mucho. Tuve que sacarlo de mi vida, lo alejé más allá de que seguía enamorado de él.

Eso explica más o menos toda mi carrera.

¿Cómo llegaste a la idea de Hustler White?

Mi mejor amigo del momento, Rick Castro, un fotógrafo del *bondage* y estilista de modas, me llevaba a cazar hombres, arriba y abajo por Santa Mónica Boulevard, cuando visitaba Los Ángeles. Era una vitrina para ver pingueros. La legendaria calle de prostitución masculina estaba empezando a desaparecer por el acoso de la policía, los viejos se estaban mudando a la zona y, además, el sexo se estaba mudando a internet. Esa transición se estaba viviendo. Por lo que decidimos, desde la ficción, documentar los últimos momentos de la escena de prostitutos de la calle, antes que desapareciera del todo.

Entrevistamos en cinta a un puñado de pingueros, clientes y estrellas del porno, para que nos contaran sus experiencias reales en la prostitución y luego incorporarlas y componer las historias en nuestro guion. La mayoría de ellos comúnmente se vestían de blanco para llamar la atención de los clientes (los *johns*). Por eso lo llamamos *Hustler White*. ¡Es un color!

¿Cómo fue la recepción en Sundance?

Hustler White tuvo su premier en Sundance, en 1996, en una proyección de media noche. Fue muy controversial y yo creo que un cuarto del público salió del cine en masa, durante la escena de sexo dura. Causo una pequeña sensación, y luego fue un éxito en el circuito de festivales internacionales. Incluso, tuvo una proyección especial en Cannes, y se presentó en el mismo cine de París por todo un año. Por lo que subsecuentemente se convirtió en una película de culto y en una referencia para el mundo de la moda.

Otto, or Up With The Death People, *¿te gusta mezclar géneros y jugar?*

Yo siempre amé las películas de horror, especialmente las de serie B sangrientas. Por lo que decidí que quería hacer una película porno de zombis *queer*. Traté de que la peli *Otto, or Up with Dead People* fuera más pornográfica, pero cuando el presupuesto se hizo mayor, me di cuenta que no tenía mucho sentido práctico hacer un porno. Pero todavía tengo ganas de hacer de verdad un *gore* filme, porno y *gore*. Por lo que seguí con *L.A. Zombie*, la cual es una película completamente basura, porno, gay y *gore*.

Pero las dos películas tienen casi, y básicamente, el mismo *plot*: un vagabundo esquizofrénico que podía ser un zombi real, o que piensa en su cabeza que es un zombi. Estas dos películas me permitieron llegar a un nuevo tipo de audiencia, porque todo el mundo ama las pelis *splatter*.

Adoro Gerontophilia. *Aquí mucha gente la ha visto gracias a la piratería, el paquete, por disco duro y usb. ¿Fue fácil de escribirla? ¿Cómo hiciste? Háblame del* casting.

Gerontophilia está basado en mi idea original. Fue una especie de *Harold and Maude queer,* pero también se le ve como el reverso de *Lolita.* Yo busqué a un novelista canadiense amigo, Daniel Allan Cox, para que me ayudara a terminar el guion. El guion fue muy elaborado en el inicio, complejo, pero al final nos quedamos solo con lo esencial de la historia, quitando *flash-backs*, los *home movies* y otros elementos narrativos. Fue mi primera película con un presupuesto de un millón de dólares, y mi primera película en modo unión o sindicato, por lo que fue un paso ascendente de aprendizaje en mi carrera. Haciendo la película un poco más convencional y calmada narrativamente.

La idea era hacer una película más comercial, casi una *romantic comedy*, pero sin perder el deseo y el contenido subversivo de mis otras pelis.

Hicimos el *casting* de la película de una manera convencional, usando agencias profesionales y actores, que era algo nuevo para mí. Le hice el *casting* a Pier-Gabriel LaJoie, que tenía dieciocho años en aquel momento, porque yo quería que la diferencia de edad entre el joven y el viejo fuera tan extrema como fuera posible. El casting de Walter Borden, que es negro, fue como un casting daltónico. No estaba escrito necesariamente como un personaje negro. Esto le dio otra dimensión a todo. Walter es un legendario actor de carrera y activista gay en Canadá. Era el único Black Panther de Canadá en los 60. Cuando rodamos tenía ochentiún años de edad, pero tenía un novio de veintisiete en la vida real. Por lo que él casi se estaba interpretando a sí mismo.

Es muy fuerte y al mismo tiempo muy natural.

Gracias.

¿Sigues viviendo en Toronto?

Sí, si a esto se le puede llamar vivir. Está bien. No pasa mucho acá, por lo que es un buen lugar para meditar y trabajar.

¿Te ves como un activista?

Realmente, no. Me veo a mí mismo como un remueve mierda, un provocador, un pragmático radical y un *motherfucker!*

¿Signo?

Capricornio.

Háblame de tus redes sociales. Amo tu Facebook e Instagram.

Sí, bueno, yo mismo llevo mis redes sociales, por supuesto. Es solo una extensión de lo que yo hago con mis *zines*. Como hago películas internacionalmente y viajo mucho, tengo amigos por todas partes del mundo con los que me mantengo en contacto gracias y vía las redes sociales. Pero también hago *casting* y *social media*, o conozco colaboradores creativos, o promuevo fotógrafos y filmes, proyecciones y *shows* de galerías. Y para hallar socios para singar también. Es entretenido.

A todo el mundo le pregunto lo mismo: 10 películas...

- *The Ladies Man* de Jerry Lewis, 1961.
- *Interiors* de Woody Allen, 1978.
- *Whity* de Rainer Werner Fassbinder, 1971.
- *3 Women* de Robert Altman, 1977.
- *Deliverance* de John Boorman, 1972.
- *Cruising* de William Friedkin, 1980.
- *Looking for Mr. Goodbar* de Richard Brooks, 1977.
- *Last Summer* de Frank Perry, 1969.
- *Scorpio Rising* de Kenneth Anger, 1963.
- *Over the Edge* de Jonathan Kaplan, 1979.
- *Out of the Blue* de Dennis Hopper, 1980.
- *Teorema* de Pier Paolo Pasolini, 1968.
- *Memories of Underdevelopment* de Tomas Gutiérrez Alea, 1968.

10 directores...

- Pasolini.
- Fassbinder.
- Cassavetes.

- Frank Perry.
- Robert Altman.
- William Friedkin.
- Richard Brooks.
- Dušan Makajeyev.
- Godard.
- Agnès Varda.

10 actrices...

- Karen Black.
- Sandy Dennis.
- Natalie Wood.
- Merle Oberon.
- Jane Fonda.
- Judy Garland/Liza Minnelli.
- Bette Davis.
- Joan Crawford.
- Shelley Duvall.
- Gena Rowlands.

10 actores...

- Melvyn Douglas.
- Dirk Bogarde.
- Laurence Harvey.
- Gene Hackman.
- Al Pacino.
- James Dean.
- Montgomery Clift.
- Steve McQueen.
- Paul Newman.
- Sidney Poitier.

¿Cómo es tu proceso creativo, escribes todos los días, prefieres filmar y no preparar tanto?

Soy un terrible *procrastinator*, y me distraigo con facilidad. Pero cuando realmente me meto en un proyecto, ya sea en la escritura del guion, o haciendo la preproducción o el rodaje de una peli, me convierto en un obsesivo y me absorbe completamente el proceso. Pero adoro no hacer nada y ver películas y leer. Tiempo realmente bien perdido.

Escritor, pornógrafo, fotógrafo, guionista, actor, director. ¿Cómo es un día en tu vida? ¿Trabajas en las pelis y en el porno al mismo tiempo?

Para mí es el mismo proceso. No hago una distinción entre arte y porno. Las películas pornos que yo hago son pelis de arte también, con historias, personajes, escenarios y contenido político. Lo mismo con las fotos. Por lo que yo trabajo en lo que sea que la cabeza quiera. Usualmente trato de hacer cortos pornos en el medio de mis películas largas independientes, porque el proceso se demora mucho y es una manera de seguir filmando y manteniéndome en práctica.

¿Trabajas siempre con el mismo equipo, fotógrafo, etcétera?

Trato de trabajar con la misma gente siempre que es posible. Conocí a James Carman cuando se sumó como cinematógrafo para *Hustler White*, y él ha sido desde entonces mi director de foto para los cinco largos que he hecho desde entonces. Más recientemente he hecho dos películas en Quebec, la provincia francesa de Canadá, y por eso he trabajado con fotógrafos quebequeses. También cuando hago porno trabajo con diferentes directores de fotos en las ciudades donde ruedo, como Berlín, Barcelona, Madrid. Siempre trabajo con los mismos editores en una serie de pelis. Amo tener esos grandes colaboradores, pero también amo trabajar con gente nueva, porque te enseñan cosas diferentes y así veo las cosas desde nuevas perspectivas.

Hablemos de cómo a través de tu porno tratas de cambiar la estética machista presente en el porno convencional.

Yo trato de hacer un porno que no es convencional, o que reta las convenciones del porno gay del *mainstream*. Entonces, por ejemplo, yo hice hace poco un porno llamado *Fleapit* para la compañía de porno Cockyboys que era un compendio de cuatro cortos, y yo insistí en tener a una actriz mujer en uno de ellos. La compañía tuvo una inmensa recaída debido a que sus suscriptores gays misóginos se molestaron, ya que su identidad sexual era tan frágil que no podían lidiar con una mujer desnuda en un porno para hombres.

También he hecho cortos para Erika Lust, una compañía de porno feminista que radica en Barcelona. En dos de esos filmes *Scotch Egg* y *Valentin, Pierre & Catalina,* yo tuve actores que se identifican como gay que tuvieron que tener escenas de sexo con mujeres. Fue un gran reto para ellos, pero también un experimento bien interesante. Un filme experimental de verdad.

¿Qué estás preparando ahora?

Estoy en la última etapa de la post producción de mi última peli, *Saint-Narcisse,* que fue filmada en Quebec. Es la historia de dos gemelos idénticos separados al nacer en 1950, que se reúnen cuando están en sus veintipocos años, y se empatan. El título de trabajo fue *Twincest!*

También estoy escribiendo un guion de largometraje llamado *Santo Cabrón*, que va a ser filmado en México. Que tiene un productor mexicano, y lo estoy escribiendo con un coguionista mexicano. También estoy escribiendo un guion con un guionista canadiense acerca de un *serial killer*, por supuesto, maricón. Y, además, también tengo una película en desarrollo, *Santo the Obscene*, atado a un productor chileno. ¡Todos mis últimos filmes son sobre santos!

¿Cuál es tu próxima peli?

Probablemente sea otro corto porno hecho para la compañía de Erika Lust.

¿Has estado en La Habana antes?

Dos veces, pero quiero volver de nuevo y filmar.

Tienes una historia con Cuba. ¿Un novio cubano?

Es una larga historia. Estuve casado con un maravilloso cubano por diez años, y estuvimos juntos por doce. Su nombre es Tony Bauta. Él era bailarín en el Copacabana, en La Habana, pero en el Período Especial se fue para Canadá. Por lo que cuando empezamos a salir en Toronto, su situación migratoria era muy mala y estaban tratando de deportarlo todo el tiempo. Él no había visto a su madre en doce años y estaba realmente deprimido. Había aplicado para el *Canadian Permanent Status* bajo el acápite de *Discrimnation* por ser gay, pero luego que Mariela Castro empezó a defender los derechos de los gay y los trans en Cuba, esa aplicación se jodió, por lo que él tuvo que moverse para *Humanitarian Compassion*. Pero no fue muy compasivo.

Por lo que su consultante de inmigración, que trabajaba gratis, le aconsejó que todo sería más fácil si nos casábamos. Nosotros ya éramos una pareja seria, por lo que a pesar de que yo no estaba interesado en la institución del matrimonio *per se,* acepté.

Tuvimos que probar que éramos una pareja real, haciendo un álbum de nuestra vida. Fotos, *e-mails*, testimonios de amigos, etc... Incluso, tuvimos que escribir ensayos sobre cómo era pasar un día típico juntos. Pero como ya llevábamos tiempo juntos, no fue difícil. Tras doce años, nos separamos amigablemente. Y estamos divorciados desde hace tres años.

Pero yo todavía lo amo. Es una persona maravillosa, y aprendo mucho de él. Es un babalawo, por lo que me enseñó de santería. Él estaba acostumbrado a bromear y burlarse de mí, porque cuando nos conocimos yo estaba haciendo la peli *The Raspberry Reich* que era acerca de una revolución, pero él había pasado una revolución verdadera, para bien y para mal. Por lo que me jodía por yo ser un blanquito canadiense radical con privilegios postureando.

Me llamaba ¡Brucito Subversivo!

Háblame de esa película que quieres hacer en La Habana...

Bueno, Alejandro Brugués hizo una peli de zombis cubana, por lo que ya no puedo hacer eso (ya he hecho dos pelis onda *queer zombies)* por lo que por supuesto haré una película sobre los pingueros cubanos. He visitado dos veces Cuba (una vez el festival puso *Gerontophilia),* por lo que tuve la oportunidad de salir a Las Vegas e irme con muchos pingueros. Entonces, esta es mi peli: un turista gay llega a La Habana y contrata a un pinguero, que se lo lleva a una locación lejana y le roba todo el dinero y la ropa, dejándolo completamente desnudo. Por lo que la película puede seguirlo tratando de regresar a su hotel desnudo, sin dinero. Sería un *remake* maricón cubano de *After Hours*, de Scorsese.

En Cuba, la comunidad LGTBIQ está tratando de que se legalice el matrimonio.

Bueno… Yo nunca he sido un gran fan del matrimonio en general. Como Joni Mitchell dijo una vez: «nosotros no necesitamos un pedazo de papel del City Hall / *Keeping us tried and true».*

Yo siempre he apoyado completamente la igualdad de derechos y derechos civiles para las personas LGTBIQ. Pero también me cuestiono la idea de una asimilación completa gay en función de encajar en el orden dominante. Los gays han estado anhelando en convertirse cada vez más en algo inocuo y conservador, sumándose a valores que en un momento fueron antiéticos para ellos: monogamia, valores cristianos y participación en las instituciones más conservadoras como el matrimonio o las milicias.

Yo me doy cuenta de que esos parámetros de discusión son totalmente diferentes en un país como Cuba, y también me percato de que la situación del matrimonio gay solo está conectada a la noción de igualdad de derechos bajo la ley.

Por lo que, entonces, todo lo que puedo decir es que los *queers* no deben ser conformistas, y deben continuar cuestionando la autoridad y retando las convenciones de la sociedad.

Ser *queer* para mí siempre ha sido acerca de celebrar la diferencia, tu libertad sexual y tu autonomía. Nunca he estado interesado en ser un buen gay domesticado y bien portado. La monogamia es la monotonía. Por cierto, los maricones solo han sido asimilados en los países capitalistas de Occidente. Estuve invitado a un montón de festivales *queer* en América Latina, en los últimos años, donde los movimientos gays y *queers* están todavía emergiendo y son muy políticos y activistas.

Estos son a los que prefiero ir.

Bueno, mano, gracias, espero pronto verte por acá rodando. Abrazo.

Abrazo, Carlos, gracias a ti.

ALEXIS VALDÉS PARA PRESIDENTE

Mi abuela murió hace años, pero cuando estaba en casa, se sentaba frente al televisor por horas. Programa tras programa, seria, calladita. Cuando único se partía de la risa, en una carcajada fuerte, alta, llena de felicidad; era viendo a Bandurria. No podía, no se aguantaba. Se reía hasta atorarse. Con el paso del tiempo, para nosotros, la fiesta cambió de protagonista. Su nombre: Cristinito. Una noche, en un cumpleaños, nos cayó un apagón largo, y en el medio de la oscuridad cerrada, sacamos un celular y nos sentamos en círculo a ver video tras video de Cristinito. Empezamos y no podíamos parar. En una de las pausas, mientras esperaba a que cargara el próximo video, miré a mi alrededor… todos estábamos unidos, cerquita, en medio de la oscuridad. Y la única luz que nos abrazaba venía del móvil, de esa cara con peluca y gafas…

Así anda Alexis, Bandurria, Cristinito; uniendo a los cubanos.

Déjame decirte que mi novia quiere que te postules a presidente de la república de Cuba. Es serio. ¿Qué harías si fueras presidente?

Intentar unir a todos los cubanos. De todas las ideas. Todas las tendencias. Vivan donde vivan. Tratar de ilusionarles a intentar todos hacer un mejor país. Sin odios ni cacerías de brujas. Un país en el que todos puedan aportar lo mejor que tienen. Y donde, a la vez, todos puedan recibir una parte del beneficio económico, social y espiritual que se obtenga. Creo que tenemos que hacer como una vez hizo España. Una transición liderada por la ilusión y la esperanza, no por el odio. No sería fácil, pero sería maravilloso.

¿Es cierto que no te dejan regresar a Cuba? Celia Cruz, tú, y un montón de cubanos... Qué duro, ¿no?

Es duro, porque te quita la posibilidad de pasar por las calles de tus recuerdos. «Mi patria es mi infancia», decía el poeta. Pues de cierta manera te quitan parte de tu infancia.

Es un absurdo que a alguien se le prohíba la entrada a su país por expresar lo que siente. Por ser honesto. Por ser de verdad. Eso debería ser premiado. Pero el mundo no es así.

A veces, los gobernantes prefieren que les mientan. Pero yo no puedo ya con esa hipocresía. No me siento a gusto conmigo si lo hago. Y a esta edad no me vale la pena. Si me quieren como soy, genial. Si no me quieren como soy, los que están mal son ellos. Porque a las personas hay que aceptarlas, no cambiarlas.

Creo que lo más injusto al final es que priven al pueblo de sus artistas. Sabes lo que es que Celia Cruz murió sin volver a cantar en Cuba. Eso es el desastre cultural más grande de nuestra historia. Porque donde quiera que suena Celia en el mundo, la gente escucha el sonido de Cuba. Y digo Celia, porque es el gran referente. La lista es larga. Y en esa lista hay mucho de lo mejor de

Cuba. Pero yo siempre tengo fe. Espero que algún día regrese la sensatez a Cuba y entonces me pararé en un teatro a hacer reír a mi gente.

¿Conociste a Celia?

Síííí. Trabajé con ella en un homenaje a Xavier Cugat, en Barcelona. La mujer más amable del mundo. Parecía la maestra buena de una escuela. Qué clase, qué elegancia... Y detrás de ella al escenario no se podía subir nadie. Era una fuerza de otro planeta. Fuera del escenario era una señora mayor tranquilita. Subía y era un monstruo escénico.

Acá te quiere mucha gente, la primera, Libia, que fue la que nos puso en contacto. ¿Quién te queda aquí? ¿Qué es lo que más extrañas? ¿Qué es lo que más te gusta de La Habana?

De La Habana extraño, por ejemplo, mis años de los cabarés. El Capri, sobre todo. Pero eso no volverá.
    Actuar con Elena Burke o con Juana Bacallao o con MANOLO MELIÁN. Y lo pongo en grande, porque se lo merece. Estuvo en el germen de toda mi carrera con una generosidad inmensa. Él y yo fuimos los reyes de la risa por al menos un par de años. La gente que venía al Capri moría de risa con Bandurria y Quiroga. Solo lo saben los que estuvieron. Y yo escribía y escribía nuevos *sketchs* y nos reíamos mucho. Fue maravilloso. Qué pena que los teléfonos no grababan, coño. Pregúntale a Pablo FG, que se sabe los *sketchs* de memoria ja, ja, ja. Un día en España me los recitó. No queda nada. Incluso, borraron las Aventuras. Pero en mi coco está todo. Como una película recién restaurada.

Extraño los rodajes en el cine y la televisión cubanos. Tantos amigos, actores, y técnicos, y tantas risas. Y tanta bebedera. No sé cómo aguantábamos. Bueno. Éramos muy jóvenes. Era una fiesta aquello.

Las giras por Cuba con mi padre. Actuando y bebiendo y actuando y bebiendo. Y novias por doquier. Otra fiesta. Éramos una *troupe* de cómicos. Como los de España.

Me quedan allá algunos buenos amigos: Libia y Bebita y Bebita y Libia para que no se pongan celosas. El Teto, que fue mi manager. Y que necesitaría un libro para contarte las historias. Algunos amigos de la universidad que a cada rato aparecen...Una tía que adoro. Algunos primos. Y me quedan las calles que me vieron pasar una y otra vez corriendo detrás de mis sueños. Eso es lo que más me gusta de La Habana, el encanto y la vida de esas calles de mis recuerdos. Pero no sé si las veré así el día que regrese. Porque voy a regresar. Amenazo, ja,ja.

Te sigo y veo que a cada rato te reúnes con viejos amigos. No creo que seas de las personas que se separan de sus amigos o conocidos por cuestiones políticas. Tu manera de hablar de todo es tan respetuosa. No entiendo por qué las autoridades culturales cubanas te ponen el dedo.

El humor a veces molesta. Creo que es falta de inteligencia. Falta de capacidad de reírse de sí mismo. Hay políticos que aceptan que es parte del juego de ser políticos. Y los que son grandes de verdad, un día se encuentran con el que les hizo la broma y se ríen juntos. El día que sea presidente promulgaré una ley de tolerancia total al humor, y que se reconozca como un bien nacional, patrimonio cultural. Y el que censure a un humorista estará dañando la propiedad intelectual pública. ¿Qué te parece?

Y en cuanto a lo que dices del respeto. Pues... Yo siempre he querido ser querido. Por eso nunca he hecho un humor agresivo ni de burlarme de nadie ni de ofender a nadie. Pero el humor es un arte de equilibristas. Y a veces te caes del cable. Si a alguien en todos estos años ofendí, o le hice sentir mal, pues pido disculpas. No es mi arte joder la vida de nadie. Mi arte es dar felicidad. Y no dudes que lo intento hacer lo mejor que sé y puedo.

¿Qué recuerdos tienes de María Antonia? *Qué maravilla Alina Rodríguez.*

Mi primera película. Y la primera de Alina también. Alina era una actriz más madura que yo. Había hecho mucho teatro. Pero aún no tenía el gran reconocimiento que tuvo. Creo que *María Antonia* para ella fue un momento importante. Una reafirmación de «aquí hay una gran actriz». Y ella quería que yo hiciera la película. Confiaba en mí como actor. Hasta hizo brujería por mí. Y esto es verdad. Y funcionó, ja, ja. Me encantó hacer una película. Y además una PELÍCULA. De otra época, con vestuario y decorados muy especiales. En ese submundo tan atractivo. Una experiencia inolvidable. Sergio tenía algo de miedo con que fuera yo. Le gustó mi *casting*, pero él pensaba que yo era un cómico. Él no sabía que yo me volví cómico por consecuencia del éxito de Bandurria. Pero yo siempre fui actor. Es lo que siempre he sido. Un actor que hace reír. Un actor que a veces hace llorar. Un actor que a veces escribe. Un actor que a veces dirige. Pero esencialmente un actor.

Ah, por cierto, un crítico de cine de aquella época, hizo un paralelo entre Paul Newman en *El Estigma del arroyo*, y mi trabajo en *María Antonia* (salvando las distancias, por supuesto), pero aquello fue un halago inmenso. Y yo lo atesoraba. Después todos aquellos recortes de prensa se perdieron en mi casa de Cuba, la de mi abuela, que ya no es mi casa. Pero en mi mente todo está.

¿Y de El siglo de las luces?

Un regalo. Un lujazo. Trabajar con Humberto Solás. Viajar a Rusia y Ucrania. Conocer a Jaqueline Arenal, a quien ya conocía un poco por *De mi sueño a tu sueño*, de Moya. Pero ahí nos hicimos muy amigos, y novios, y después nos casamos. Fue un momento mágico de mi vida. Estaba en una nube.

Crecí con Los pequeños fugitivos *y es una de esas aventuras o series que marcaron a varias generaciones de cubanos. Estaba tan bien hecha, sobre todo en comparación con la televisión que se hace actualmente en la isla. ¿Sigues en contacto con algunos de los otros actores o realizadores?*

El director era un genio, Raúl Pérez Sánchez. Era el monstruo de la televisión. Hacía muchas de las grandes series y aventuras. Aprendí mucho con él. Y me dio la oportunidad que me cambió la vida. En sus últimos años lo pasó mal. Por un error lo acusaron de agente de la CIA. Una cosa sin sentido, por unos planos de un rodaje en Guantánamo. Era una locura, pero fue preso. Y ya nunca volvió a ser aquel tipo genial y luminoso. Para mí, un padre.

Manolo Melián murió hace años. Un tipo genial. De las mejores personas que conocí en el medio. A Carlos Quintas lo he visto. Muy cariñoso. Gran amigo de mi padre. A uno de los niños Osiel García, lo veo en las redes, se ha hecho director de cine en Canadá... Y a Jorge Luis Espinosa *Suelta el Pollo* no le he visto. También un excelente actor.

¿Qué recuerdas de Sabadazo*?*

Pasé por ahí de casualidad. Llegué desde España, donde vivía. Pasé por lo estudios. Y los muchachos me vieron y me dijeron: tú tienes que estar aquí. Sobre todo, me lo decía Boncó, porque él decía que yo había sido su inspiración para la comedia. (Y lo sigue diciendo. También lo dice Carlos Gonzalvo, y yo más que orgulloso de todos a los que haya podido en algo inspirar). Y nada, estuve ahí en un *show* de invitado y después giramos por Cuba. La gira más loca, divertida y pasada de vuelta de la historia. Hacíamos barbaridades. De una provincia tuve que huir por un tema de faldas ja, ja. Esos chicos estaban locos y me puse a loquear con ellos. Eran unos tipos que se divertían mucho. Eran muy felices.

¿Y Bandurria dónde está?

Bandurria está en Cristinito. Decantado, pulido y contemporanizado ¿se puede decir eso? Es igual, Cristinito ni preguntaría.

¿En qué año sales de Cuba? ¿1991 o 1992? ¿Tu primera escala fue en Madrid? ¿Cómo es esa llegada? ¿En qué empiezas a trabajar? ¿Cómo llegas a El club de la comedia, *a las series y las películas?*

Llegue en el 91. Y di vueltas por toda España. Fui guionista de televisión en el País Vasco. Cómico en Andalucía. Actor de teatro en Barcelona (Soy el único actor extranjero fundador del Teatro Nacional de Catalunya). Hice mucho teatro. Grandes obras con grandes directores. Hice hasta Skakespeare. Un lujo. Y al final llegué a Madrid. Y ahí hice de todo. Teatro, cine, televisión, doblaje de animados. La voz de la cebra de *Madagascar* es mía…todo. Fui un privilegiado en España. Podía escoger el trabajo. Y no siendo de allí. Eso es demasiado.

Tengo la sensación, por las veces que he estado en España, que para los cubanos hay como un techo. Allá te tratan bien, te abren unas puertas, pero llega un punto en que no te dejan avanzar más. ¿Te sentiste así?

No y sería un mal agradecido si lo dijera. Me aceptaron. Me valoraron. Me integré totalmente. Estuve en casi todo lo que sonaba en mi tiempo allá. Te repito fui un privilegiado. Me quisieron y apreciaron como uno más de allí. De hecho, aún me llaman el «actor cubano español» ja, ja, ja… Y allí aprendí a ser el ser humano que soy. Hay un gran nivel de civismo en España. Y mucha cultura teatral y cinematográfica, y literatura y poesía… Es grande España. Siempre estoy pensando en volver. Y al final me quedo. Fíjate si siento que pertenezco, que la última vez que fui escribí…

> *España dentro de mi*
> *Como yo dentro de España*
> *Lo que soy y lo que fui*
> *Mi rastro mi luz y mi hazaña.*

España es una distancia
Que no cubre el corazón
España es una visión
Una fe con redundancia.

De España, cuando te vas
(Que lo crea quien se engaña)
Tú sabes que volverás
Pues nunca te vas de España.

¿Cómo fue trabajar con el maestro Luis García Berlanga en la película París-Tombuctú*?*

Imagínate. Berlanga es un icono. Un sabio. Pero en el *set* era el tipo más sencillo y campechano del mundo. Nos decía «a quien me dé una buena idea para esta escena le doy un dólar». Como imaginarás no me callé, jaja. (Lo del dólar venía de los años 50. Su hermano tenía un hotel en Valencia y los americanos le daban propinas en dólares. Y el hermano le daba dólares sueltos, que el repartía entre los actores que daban ideas buenas). Un dólar en 1998 ya no era nada, pero simbólicamente era una fortuna que Berlanga te dejara aportar a su historia. Él creía que el guion era una guía, que había que rehacerlo cada día. Y le gustaba rodar como los italianos, con bulla, con vida. Siempre decía que en el plató de Fellini se trabajaba a gritos.

Trabajar con directores de cine de la talla de Humberto Solás, Berlanga y hasta con Santiago Segura, me imagino que te ayudó a la hora de dirigir. Es un lujo poder tener una carrera tan seria y a la vez poder hacer reír a todo el mundo.

Es un lujo tener oportunidades y osadía y alguien que crea en ti. Y quien creyó en mí se llama Harold Sánchez, productor cubano que en esa etapa vivía en España. Le llevé el guion y me dijo, me encanta. Y yo dije busquemos un director. Y él dijo, dirígela tú. Nadie la tiene en la cabeza como tú. Eso que cuentas ahí es tan personal que es mejor que la hagas tú.

Y yo no había dirigido ni un corto. Había estudiado dos años de dirección de cine en el ISA (Creo que ahora le llaman FAMCA). Fui del primer grupo. Del grupo de Fundora, de Rudy Mora y de Tomás Piard. Pero claro aprendes más rodando que en la escuela. Y la teoría que me faltaba, la busqué en los libros. Leí mucho. Leía libros escritos por directores o de entrevista a directores. Como el de Laurent Tiraud. Y el de King Vidor. Y el de Truffaut con Hitchcock Y me fui a un curso de guion con el gran Robert Mc Kee. Y en esa semana de curso aprendí más que en años. Y después a rodar y a solucionar los escollos. Ahí es donde de verdad se aprende. Y después en edición. Bueno, tú sabes.

Un rey en La Habana es de las películas más vistas por los cubanos, en la isla y fuera. ¿Cómo te llegó la idea? ¿Desde siempre quisiste dirigir?

Creo que te la respondí un poco en la pregunta anterior. Yo quise ser cineasta. Aún soy un forofo del cine. Ahora estoy con el de Corea del Sur. Una cada noche.

Y escribí *Un rey...* porque yo sabía que con mi biotipo no era fácil que me dieran el protagonista de una película española. Y me dije, pues la escribo yo. Así fue. Y la escribí con mis recuerdos del cine de aventuras que me gustaba de niño. *Fantomas,* por ejemplo. Por eso los cambios de cara.

Háblame de tu padre, Leonel Valdés. Trabajaste con él. Qué maravilla. ¿Cómo era Leonel? ¿Cómo era tu relación con él? ¿En qué momento sale de la isla?

Mi padre era un genio. Era brillante. Pero no le importaba. Decía mi abuela «es un inteligente que quiere parecer bruto». Era un tipo popular, sin aspiración a ser reconocido como intelectual. Pero sabía mucho.

En los años 90 estaba desesperado con el Período Especial. Y yo, temiendo que se volviera loco, me lo llevé a España. Y fue tan feliz. Fue el rey donde quiera que llegó. En Barcelona. En Madrid. Tenía un carisma y una energía que arrasaban. Hasta me sustituyó en *La tempestad* de Skakespeare, en el teatro en Barcelona. Creo que es la única vez en la historia del teatro español que un padre sustituye a un hijo. Yo me iba a hacer una película a Francia y lo propuse a él. Y coló, ja, ja, ja.

Nos queremos mucho. Él siempre está conmigo espiritualmente. Y dirigirle fue un regalo para mí, porque era un actor de comedia fantástico, y porque lo que más amaba era actuar. Y con su hijo… Imagínate. La escena de él con José Téllez es de las que más me gusta de la película.

¿En qué momento vas a Miami? Acá te veía todo el mundo en Esta noche tu night *y en* El show de Alexis Valdés. *¿Qué recuerdos guardas? ¿Qué alegrías? ¿Qué tristezas?*

Vine a Miami por seis meses y aún estoy aquí. Será que me sentí en casa otra vez. Y la casa es la casa. Vine en el 2005, después de estrenar *Un rey...* Pensé que había trabajado mucho y podía probar a jugar un poco otra historia. Me estaban proponiendo hacer un *show*. Y me lancé a la aventura contando con que después de los seis meses volvería a seguir con mi vida en España. Una vida que me encantaba. Y ya ves. Los programas tuvieron mucho éxito. Mucho más del que hubiera imaginado, y quizás hasta deseado ja, ja, porque yo siempre pensé regresar a España. Pero Miami me reconectó con mi público de Cuba. Y sentí que era algo importante. Sentí que era mi misión en la vida. Hacer reír a mi gente. Pensé, España tiene sus grandes cómicos, yo soy de Cuba. No obstante, cada vez que regreso a España me tratan con mucho cariño. Incluso, un taxista no me quiso cobrar, me dijo: No les cobro a los que me han hecho reír. Y quien estaba a mi lado me dijo «ves que no te olvidan».

Miami es una ciudad difícil para la cultura, y así y todo ahí está el éxito en teatro de Oficialmente gay. *¿Cómo haces para estar en tantas cosas y hacerlas bien?*

Le meto el corazón y estudio. No olvides que soy ingeniero. Y antes de hacer un coco, hago los planos para ver de verdad por dónde le entra el agua. Y a veces no es por dónde decían. Soy un eterno estudiante y un trabajador obstinado. Creo que sin mis grandes armas. Ah, y el humor. Con eso hemos llenado un teatro por seis años, que en Miami es histórico. Y, claro, con la colaboración de grandes actores, a los que tuve el placer de darles trabajo y reconocimiento, Grandes actores cubanos como Casín, Carlos Cruz, Mijail Mulkay, Yubrán Luna, Claudia, etcétera.

Pienso en la composición musical también, que te ha juntado a grandes nombres…
¿Eres un hombre creyente? ¿Eres hijo de Changó?

Soy hijo de Oshun. Y sí, tengo mucha fe. Sin fanatismos.

Y la música está en mis inicios. Empecé a actuar y a tocar guitarra y a escribir versos y canciones al mismo tiempo. Y como todo arte lo he ido perfeccionando con el oficio y el tiempo. Un día Jorge Luis Piloto (el gran compositor) me llamó y me dijo «Oye, quién escribe todos esos *jingles* del *show*». Y yo le dije que yo. Y me dijo ven a mi casa que quiero escribir contigo. Y así escribimos «Así de grande», que después grabó Andrés Cepeda. Y escribimos más. Y aprendí mucho. Y no paro de escribir canciones. Me ha grabado Santarrosa, Albita, Aymée, El Torito, Cimafunk, Lucrecia, y muchos que me olvido ya.

El número uno de todo, en todo y para todo es Cristinito. ¿Cómo se te ocurren esas tallas tan locas? ¿Tienes varios guionistas? ¿Las escribes tú? Tiene una sencillez visual y al mismo tiempo es de una genialidad tremenda. ¿Cada cuánto tiempo te sale?

Cristinito es mi loco interno. Y llevo ya treinta y tres años con él. Imagina si le conozco. Es como ese perro bien amaestrado al que le dices ataca y salta. Así es. No necesito pensar mucho para arrancar a escribir. Solo tomar papel y lápiz. Las cosas que grabo en casa las escribo siempre yo.

Cuando es para la televisión y tengo que producir más cantidad entonces me apoyo en colaboradores. Ramón Fernández-Larrea, Pible, Iván Camejo… Todos escritores de gran calibre. Ellos me envían sus textos (saben que yo cambiaré muchas cosas, porque nadie como yo lo conoce) y de esa simbiosis de sus ideas y las mías sale un *sketch*. A cuatro manos a veces a seis. Y lo más increíble es que el público no podrá diferenciar cuál escribo yo solo y cuál no. Bueno, Claudia si lo detecta al momento.

Todos esos buenos escritores le han aportado a Cristinito. Ah, y no olvidemos al maestro de todos, Alberto Luberta. Cuando llegué a *Alegrías,* Luberta era Dios. Pero me fue tomando confianza, y en los guiones me dejaba proponerle mis ideas de parodias o versos y a veces empezaba él una parodia y me ponía al final, termínala tú. Era genial Luberta, y que me dejara aportar siendo un joven actor e incipiente escritor era un lujo. Me daba cierta libertad. Confiaba en mí. Hicimos programas que fueron tremendos.

¿Con tantas cosas que haces, y la familia, tus hijos, te queda tiempo para salir y tomar algo?

Salgo poco. Porque salgo y me aburro. Solo a ver a un artista que me guste mucho. O a cenar bien. Eso sí. Pero a una discoteca o algo así con ruido cada vez menos. Ya soy un señor ja, ja, ja… Pero para una buena conversación y una comida exquisita cuenta conmigo. Soy muy sibarita con la comida. Eso lo aprendí en España. Me volví fino, *brother,* que quieres ja, ja, ja.

¿Qué lugares te gustan de Miami y de Madrid?

De Miami… Hilston y Novikov (restaurantes, por supuesto). Los Cayos de la Florida son la paz y hay pescaíto fresco. Y de Madrid… el Mercado de San Miguel, eso es gloria divina. Y el de San Antón también… El Dantzari, un restaurante de amigos, donde regreso después de tres años y parece que fue ayer… Y si quiero estar en mi casa, uno que se llama Cuando salí de Cuba... Ahí soy ciudadano ilustre... Y la Plaza de los Cubos para ver buen cine en versión original. Ah, y el teatro. Mucho cine bueno y teatro bueno.

¿Cristinito podría mandarnos un saludo para los chamas de ahora de la isla?

Sigan continuando almirándome, síganme siguiendo, porque mirando a los grandes uno se hace grande aunque sea de pequeña escultura. Mira el dedo chiquito, el que llaman alfeñique, ¿por qué sigue pegao? ¿Porque tiene un moquito en la uña? No. Porque anda con los grandes. Estudien que la falta de ignoracia es como la falta de comida, Bueno creo que ahí exageré. Jamen primero y estudien después, recuerden que aunque dicen que el estógamo es el segundo celebro, sin el segundo lleno no funciona el primero. Cuídense la salud, que el coreanovirus está acabando. Y marcó varias veces en la cola del pollo. Lean, que ya no se lee. Hay que leel. Pero no bobería, perdona que te disculpe, a los grandes Plastón, Aristolete y Epículo...y si te pica arráscate. Se los dejo de tarea pa' la casa... ¿Y pa' dónde va a ser si no pueden salir? Bai.

Ja, ja, ja. Mano, mil gracias por tu tiempo, ha sido un honor, gracias de corazón, que sé que andas busy.

CARLOS MANUEL ÁLVAREZ:
SI HAY QUE CAER,
QUE SEA DEL *NEW YORK TIMES*

Hola, Carlos, por acá Carlos. Mano, nada, la idea es conversar un poco. Yo soy un tipo de imágenes, me demoré bastante en empezar a leer, y me quedan muchas lagunas. Por eso mi obsesión ahora con los escritores. Trato de mantenerme al tanto y últimamente leo más y veo menos cine.

Encontrar el dinero para una película demora, y gracias (entre otras cosas) a los elogios que me tiraste con mis primeros textos, he podido seguir en esto y sacarme muchas cosas de adentro.

No me considero un escritor, pero me dan curiosidad los procesos creativos de la gente.

No tengo otra manera de decirlo: soy fan a tu talla.

Guardo con mucho cariño nuestro primer encuentro: yo estaba saliendo de todo el proceso de la censura, y tu apoyo y humildad en ese momento me llegaron mucho. A veces se hace difícil encontrar tus libros, pero cuando me cae algún ejemplar en las manos me demoro mucho en devolverlo. En estos momentos de aridez eres de esas personas que ayudan y hacen que el camino sea más suave.

Lo que mas me gusta de estos tiempos es que se puede hacer fácil la conversación, tirar puentes, estar ahí el uno para el otro.

Perdóname repeticiones o fallos… allá va eso.

¿Cómo es tu proceso creativo? ¿Tienes alguna manía a la hora de sentarte a escribir? ¿Te consideras un perfeccionista? ¿Revisas palabra por palabra, o te concentras más en mantener una frescura?

No, escribo solo cuando escribo, aunque ya mi cabeza se mantiene la mayor parte del tiempo sin escribir, que era algo que en un momento no me sucedía. Ninguna cabeza puede escribir a toda hora. Y si lo hace, lo que escribe es basura, y luego viene la tentación de transcribir esa basura y publicarla. Me pasó mucho, con tantos artículos directamente inservibles. Yo era un chiquillo vanidoso y cometí a la vista de todos los errores que pertenecían a la intimidad. Por lo demás, no sé qué significa ser un perfeccionista, pero revisar palabra por palabra es justo de lo que se trata el negocio, nada relevante.

Siento una guapería sabrosa en tus textos. En un momento hablaste de la rabia en un post. ¿Te es fácil escribir cuando todo estás bien? ¿Crees en eso de que se escribe mejor cuando se está mal?

Escribir no tiene que ver con estar bien o estar mal. Escribir tiene que ver con disciplina, con voluntad, con esfuerzo. Luego, es tan complicado encontrar una frase, que uno no puede entregarle el ejercicio de la escritura a un solo sentimiento. A veces las palabras se echan hacia adelante con rabia, a veces con sosiego, a veces con frialdad. La inteligencia es lo único que no puede faltar, no hay emoción fuera del pensamiento, pero se trata de algo que hay que empujar con lo que aparezca. Dicho esto, la rabia es la casa del alma. Sin rabia, estás domesticado.

¿Cómo es tu día a día? Debe ser difícil vivir de la escritura, me imagino que el trabajo periodístico sea el que te ayude más.

No tengo día a día. Vivo corrido en el tiempo, sin horarios, pero ya ha dejado de ser divertido. He sobrevivido con el pago de mis artículos, esencialmente. Igual soy medio austero, todo me cabe en una maleta. No como casi, no compro mucha ropa, viajo casi siempre a través de invitaciones, ni siquiera compro libros. Me pago Spotify, la suscripción a NBA League Pass y le recargo el celular a mi madre. Las cuentas de MLB.TV, Netflix y HBO me las prestan mis amigos.

¿Cuáles serían los puntos y las situaciones que te cambiaron la vida?

Los libros, el amor de mi abuela materna, ya muerta. Todo lo demás languidece ante eso, o se desprende de ahí.

Vamos a tratar de hacer una escaleta de sucesos. ¿Cómo se sale de Matanzas y se acaba escribiendo para The New York Times?

No hay que empequeñecer a Matanzas, no hay que elevar a *The New York Times*. En un sentido, son lo mismo. Pero entiendo tu punto, y voy a responder desde ahí, porque yo cedí a esas presunciones. Llegué a *The New York Times* después de una charla en NYU sobre revoluciones latinoamericanas. Era abril de 2016. Tenía que hablar de Cuba, estaba muy nervioso, hasta que una de las panelistas que me acompañaba de repente empezó a temblar. Debí bastarme por mi cuenta, pero la verdad es que su miedo me relajó. En mi panel también estaba Ignacio Ramonet, y en el debate más o menos lo estrujé. Bueno, tampoco era difícil estrujar a alguien que defendiera el castrismo en 2016.

Un editor del *Times* se acercó cuando terminamos y me pidió que escribiera algo para ellos. Mierda, me sentí bien. Tenía veintiséis años, y como uno está cargado de miserias, recuerdo que en algún momento pensé que Iraida Calzadilla, una pésima profesora de la Facultad de Comunicación, una vez, en tercer año, me llamó a su casa para decirme que no debía comunicarme más con Juan Orlando Pérez y que si seguía por ese camino soberbio que yo llevaba, más temprano que tarde iba a caer. Perfecto. Si hay que caer, que sea del *The New York Times*, me dije.

¿Te queda familia en Matanzas? ¿Cuándo vienes a la isla te pasas varios días allá? ¿Cómo te sientes en esas visitas?

Todos, los vivos y los muertos, están en algún lugar de Matanzas, salvo mi padre, una hermana y Carla. Me paso algunos días con mi familia, pero no demasiados. No tantos como ellos quisieran, ni tantos como yo necesito. Me gusta asomarme, no llamaría «volver» a lo que hago, pero no desprecio el municipio. Es el único lugar desde el que yo he podido articular algo.

¿Cómo llegas a estudiar periodismo? ¿Te sirvió mucho la carrera? ¿En qué momento sientes que quieres escribir ficción?

Hice las pruebas de aptitud de periodismo, porque así me libraba de las pruebas de ingreso a la universidad y los últimos tres meses del pre me quedaban de vacaciones, aunque todo mi pre fue unas vacaciones, o así lo recuerdo. No sabía a qué tipo de carrera estaba entrando. Fui en chancletas a los exámenes y no me dejaban pasar. Mi mejor amiga me prestó sus mocasines. Hice las pruebas con zapatos de mujer. Ese gesto involuntario seguramente contiene mi primer deseo de escribir ficción. La carrera me sirvió mucho, desde luego. No hay nada mejor que alguien te enseñe todo lo que no se debe hacer.

¿Cómo surge El Estornudo? *¿Quiénes eran los fundadores? ¿Por qué se ven con la necesidad de hacerlo?*

La primera conversación sobre *El Estornudo* la tuve con Abraham Jiménez y Maykel González en el balcón de la redacción de la revista *OnCuba*, en 1era y B, Vedado. Era septiembre u octubre de 2015. Nos parecía evidente que no podíamos seguir mucho más tiempo en *OnCuba*, nos estaba quedando estrecha. No obstante, debo decir que realmente siento mucho aprecio por Hugo Cancio. Dialogábamos muy bien y siempre me cubrió las espaldas de los embates de la Seguridad del Estado, que me quería fuera desde antes.

OnCuba ya se regía para ese entonces por censores groseros, un tipo de censor distinto al de *Granma*, uno medio zorruno que intenta hacerle creer a los demás, y a sí mismo, que no lo es. El de *Granma* por lo menos es un censor desfachatado y altanero. Pero a la larga tampoco es culpa de nadie, creo que esa cuerda ya no podía tensarse más. Fue un movimiento bastante natural la salida de *OnCuba* y el surgimiento de *El Estornudo*, uno quiere escribir sin esquizofrenia. No parece que hubiese podido suceder de otro modo.

La tarde de los sucesos definitivos *es el que más me gusta de tus libros. Ojo, que* La tribu *tiene unos textos que son una salvajada, pero con* La tarde... *me pasó algo curioso, y es que me sorprendió, me quedé con la boca abierta. ¿Ser claro, sencillo, es uno de tus objetivos formales?*

Me gustaría alcanzar la sencillez, sí, eliminar cierto exhibicionismo, hacer que las palabras se interpongan lo menos posible entre la verdad y el lector. Pero no va a pasar, conozco mis limitaciones.

La tribu *tuvo una muy buena acogida, pero al mismo tiempo es un libro que parece molestar a la gente de la extrema derecha y de la extrema izquierda. Te han tirado por todos lados. ¿Cómo te llevas con los escritores que radican en la isla? ¿Y con los exiliados?*

De antemano, no me puedo llevar con ningún escritor cubano que no sea un exiliado. Para sustentar esto, suscribo una idea de Saer: «ningún exilio es voluntario: cuando se pasa de un lugar a otro, creyendo tomar libremente una decisión, las razones del cambio han sido tramadas por el mundo antes de que el sujeto las actualice. La distancia ya existía antes del alejamiento, la ruptura antes de la separación. Que la partida se verifique o no es secundario».

Jorge Enrique Lage, Jamila Medina, Marcelo Morales, Martica Minipunto (tan linda), el fantasma de Rafael Alcides. Todos residen en Cuba y todos son un poco eso. No me puede gustar alguien que aspire al Premio Casa de las Américas, alguien que aspire al Premio UNEAC, alguien que aspire al Premio «Alejo Carpentier». Me gusta la gente que aspira al Premio

Calendario, al David o al Pinos Nuevos, pero una vez, quizá dos. Los jóvenes que están buscando sacar cabeza por supuesto que me gustan. Ahora, no puedes ganarte esos premios cinco y seis veces.

Por lo demás, tengo varios amigos escritores en el exilio literal, aunque seguramente a ninguno quiero tanto como a Rafael Rojas. O a Wendy Guerra, que está en todas partes a la vez.

¿Podemos hablar de Muñeca Rota? *Es tan dura. Y solo con ese texto se puede entender tanto a Cuba. ¿Cómo llegaste a esa historia? ¿Se sabe algo más de sus personajes? Yo no podría escribir eso, me daría pesadillas en las noches.*

Esa historia no la encontré. Cándida, la madre, estaba desesperada, y alguien le habló de mí. La historia buscando al periodista, algo que solo se ve en Cuba. Estuve seis meses metido en ese conflicto. De todos mis reportajes, quizá solo he permanecido más tiempo con Charles Hill, a quien estuve visitando espaciadamente por dos años. Pero nada ha sido tan desgastante y oscuro como *Muñeca rota*. Quiero a esa niña suicida como quiero a Reinaldo Villafranca, el enfermero que murió de paludismo en Sierra Leona.

Los caídos *me gustó mucho, el personaje de la madre me recordaba mucho a mi madre. Es un cliché inmenso eso de que parece que el escritor estaba escribiendo para uno. ¿Cuánto de autobiográfica es?*

Hay varias marcas de mi familia en esa novela, pero no es una novela autobiográfica. Luego el texto impuso sus propias reglas. Yo hoy no podría reconocer en sus personajes más que a los personajes mismos. Escribí *Los caídos* de un golpe, después de que Sexto Piso, afortunadamente, me rechazara un bodrio de manuscrito anterior. Entonces me fui a una zona menos ajena, como un saltador de largo que pisa lejos de la plastilina para no cometer otra falta porque se queda fuera de competencia.

Es muy sencilla y tiene muchas cosas que deja «fuera de cuadro», que uno puede rellenar o imaginar. ¿Cómo la escribiste? ¿Tomaste muchas notas desde antes? Me parece que encontrar la voz, el tono, puede ser complicado ¿O fue lo primero que te salió?

No tomé notas, no he hecho eso nunca, pero lo tendré que hacer en algún momento. La manera en que he venido escribiendo hasta ahora no da para mucho más. Esas cosas «fuera de cuadro» debe ser porque la historia está cargada de elipsis, retazos, el peso del silencio. El tono, las voces, fue lo más difícil, sí, lo único relativamente complicado. Es una novela sencilla, como dices.

¿Qué estás leyendo ahora?

Kafka. Italo Svevo.

11 libros que te maten. 11 escritores.

No, no hay tal cosa. Todo lo preferido se me olvida, se me riega. Igual, está Rimbaud («la horrible cantidad de fuerza y de ciencia que la suerte ha alejado siempre de mí»), está Verlaine escribiendo sobre Rimbaud («Se ha dicho varias veces que había muerto. De ello no sabemos detalle, pero si fuera cierto nos apenaría mucho. ¡Que lo sepa, caso de que no le pase nada! Yo fui su amigo, y desde lejos, sigo siéndolo».), está Pierre Michon escribiendo sobre Rimbaud («Partió la varilla y también, visto y no visto, se partió la cara contra ella».), está Cintio Vitier escribiendo sobre Rimbaud («Ahora te seguimos buscando, Arthur Rimbaud, por los cielos que afinaron tu óptica, en el granero donde ilustraste la comedia humana, en el corazón ámbar y spunk de la noche de Circeto, con el espíritu de los pobres y en los blanquísimos acantilados de la mañana».). Todo eso hace llorar, francamente. Obvio, es Rimbaud el que hace llorar. No es Verlaine, no es Vitier, no es Michon, aunque Michon un poco sí.

11 películas, 11 cantantes.

Recuerdo *Persona*, *La aventura*, *Las armonías de Werckmeister*, *The Master* (la vi hace poco), *Apocalypse Now*, *The White Ribbon*, *The hours* («Dear Leonard. To look life in the face, always, to look life in the face and to know it for what it is».), *Fitzcarraldo*, *Luz silenciosa*. Eso es suficiente, no soy un cinéfilo.

Quizá ahora solo estoy escuchando a Cerati, a Los Redondos, a Radiohead, a The National y a Bad Bunny. Eso es suficiente también, no soy un melómano.

Me resulta curioso que seas tan seguidor de los deportes. ¿Quiénes te cuadran? Aparte de Kobe y Jordan. Tírame los nombres que más admiras.

Me cuadra más Lebron James que Kobe y que Jordan. El deportista más grande que ha habido se llama Muhammad Alí. Admiré el ritmo pausado de Juan Román Riquelme. En mi panteón, nadie alcanzará nunca a Norge Luis Vera.

¿Qué crees de la situación de Cuba?

Que no hay situación, hay que seguir inventándosela. Me asquea que la izquierda cubana sea tan perversamente cobarde. Con miedo no se puede pensar. Salvo Iván de la Nuez, Julio César Guanche o Rafael Rojas, ¿a qué otro ensayista marxista te vas a leer? Como Camus, puedo decir que soy de izquierda, a pesar de la izquierda y a pesar de mí, sea lo que sea que eso signifique hoy. Voy a plantear esto en términos muy reducidos, pero yo sé que si un día me meten preso, o me detienen cuando vaya de nuevo a Cuba, son mis amigos los que me van a sacar de la cárcel o del apuro. Mis amigos y la derecha, mis amigos y Miami, mis amigos y el exilio. La izquierda me va a hundir más. De la izquierda cubana, hasta ahora, no se puede esperar más que complicidad con el represor.

¿Del periodismo en la isla en el 2020?

Un año en que está preso Roberto Quiñones, un hombre inocente.

De los escritores cubanos que ahora tienen entre cincuenta y setenta años, ¿hay algo que veas que tengan en común contigo?

No sé con quién tenga algo en común. Destaco a Antonio José Ponte, ya lo he dicho. Es un gran poeta, ensayista, novelista, un buen cuentista. Es muy difícil manejarse bien en todo eso. Él es un escritor político. Creo que yo lo soy. Me gustan los escritores políticos. Ahora, seguramente diferimos en más de un asunto. También me agrada comprobar que Ponte asusta a la gente, se hace cargo de la mierda. ¡Cómo tiene que ser la degradación moral en la isla para que un escritor asuste!

¿Crees que nuestra generación va a estar exenta de algunos de los problemas que carga la generación de nuestros padres?

Nosotros no tenemos que lidiar con la falsa épica, pero sí con el cinismo.

¿Qué te mueve? ¿Qué te motiva?

Que hablen de mí. Hasta que me aburrió.

¿Qué te tira para el piso?

Que hablen de mí. Hasta que me aburrió.

¿De los escritores cubanos jóvenes sigues a alguno?

No. Sí leí *Hábitat*, un libro de Miguel Rey. Creo que hay un escritor ahí. No he visto a nadie más de quien pueda decir lo mismo, pero tampoco he buscado. Estoy pensando, aclaro, en gente más joven que yo, que ya soy un viejo.

Me parece que las redes sociales nos dan la posibilidad, maravillosa, de poder decir y poner lo que nos dé la gana. Pero sobre todo entre los cubanos veo que el sim-

ple ejercicio de decir lo que uno piensa te puede traer muchos problemas, separar amistades, acabar con relaciones, ser atacado. ¿Cómo llevas esto?

Es que yo empecé a publicar en medios de prensa desde muy temprano, y desde muy temprano me empezaron a insultar. No hay nada extraordinario en eso. La experiencia te ayuda a predecir cuándo un texto va a molestar mucho. Yo sabía, por ejemplo, lo que mi obituario de Retamar iba a provocar en Cuba. Conozco el moralismo, la mojigatería, la mediocridad del pensamiento intelectual de ese país. La gente, además, cree que uno disfruta tal efecto, y yo lo padezco, me deprimo. No puedo sacar nada provechoso de un cotilleo donde no se discuten las ideas, sino si yo tengo odio, o si soy un excéntrico, o si soy un mercenario. A mí me hace mal, pero más mal me hace quedarme callado. Aunque también me satisface mucho molestar a los esbirros y comisarios culturales.

En mi caso, que no me considero un escritor, me parece curioso como a veces a uno lo leen más, a veces menos. ¿Son cosas que te preocupan?

A mí por lo menos me gustan mucho tus textos. Me gustaría filmar como tú escribes. Y sí, he tenido esa sensación. No me preocupa. Uno al final tiene que escribir para un lector que no existe todavía. Tienes que creértelo. O, de lo contrario, hacer silencio.

Creo que tienes una novela nueva. Si puedes, cuéntame un poco el título, cuándo la empezaste, cuándo la acabaste. De qué va, si puedes hablar de eso.

La novela se llama *Falsa guerra*, tiene un epígrafe de Lezama que complementa el título: «Después, en nuestros días bien visible, lo que ha existido es la falsa guerra». Me tomó un año y medio, creo, no sé bien, pero la escribí de manera muy accidentada, entre los viajes, las fiestas, las drogas y un poco el desajuste que trajo la publicación de dos libros anteriores.

Intenté terminarla en Madrid, no fue posible. Intenté terminarla en Ciudad de México, no fue posible. Intenté terminarla en Nueva York, no fue posible. Intenté terminarla en Miami, donde escribí mi primera novela, y tampoco fue posible. Me fui a Cuba en diciembre y en mitad de ese páramo ordené más o menos todo. No quiero decir de qué va la novela, pero Juan Orlando Pérez, que leyó el manuscrito, dice haberse sorprendido porque su tono es «aún más sombrío y opresivo que el de *Los caídos* [...], no hay ruta de escape de su melancolía». Se va a publicar pronto, en cualquier caso, cuando el mundo arranque de nuevo.

Bueno, nada, hermano, acá me tienes para lo que necesites, espero poder leer pronto Falsa Guerra.

Master, esto es suave, la que te guste la respondes y la que no, seguimos a otra cosa. Puedes sumar lo que desees, o variar... Sé que está larga, pero es para empezar, ya veremos, creo que puede quedar algo bien sentido y chévere...

Es una salvajada de millón de preguntas, pero creo que para los que te extrañamos y para los que están «a ciegas» puede ser muy revelador.

Ojalá encuentres un tiempito y te abras.

Se te admira.

ANTONIO JOSÉ PONTE: VIVO DE AQUELLO QUE LOS OTROS NO SABEN DE MÍ

Con Ponte me pasa algo muy extraño, lo admiro mucho, pero al mismo tiempo le tengo un miedo tremendo. He tenido la suerte de coincidir varias veces con él. Cuando era muy joven, gracias a Magaly Espinosa y Sarah Bejerano, estuvimos en par de fiestas juntos. Luego, en Madrid, retomamos el contacto, pero nunca nos vimos.

Y la última vez, hace como dos años, en Miami, un día después de mi cumpleaños, en casa de Pedro Portal coincidimos Jennifer Díaz Doménech, Wendy Guerra, Reina María Rodríguez, Pavel Urkiza, Ponte y luego apareció Orlando Jiménez Leal. Fue una velada especial.

Lo siento cercano, por lo que escribe y por cómo escribe: de una manera clara, limpia, sin dejar de ser complejo y emanar una sabiduría abundante.

En vivo, se me parece a un cura: siempre bien vestido, elegante pero austero. Nunca lo he visto llevar ningún color chillón. Muy blanco, bien pelado y afeitado. Limpio.

Tengo la sensación de que es un hombre que anda con una causa a cuestas. Puede ser la búsqueda de la verdad, o simplemente tratar de escribir lo mejor que puede.

Creo, sin conocerlo mucho, que es una persona solitaria. A lo mejor por deseo propio, quizá, porque lo han alejado. Puede ser que le teman, como yo. O que otros lo odien, por algunas de sus palabras.

Pero bueno, son solo sensaciones que me dan. Me puedo equivocar.

Yo no me considero un escritor, ni un periodista. Hago este tipo de descarga solo para sentirme bien en espera de volver a filmar. Por eso lo pensé mucho antes de mandarle esto, por el miedo a que esté pendiente de mis faltas o errores gramaticales.

Con Fermín Gabor me pasa algo distinto. Nunca lo he visto. No he estado en Budapest y es un señor muy difícil de localizar. Tengo una amiga que me despierta todos los días leyéndome sus textos de «La lengua suelta». Cuando ese sentido del humor se mezcla con alguien que escribe tan bien es una fiesta. Cualquier ser humano que aparezca en estas jodederas se tiene que sentir orgulloso. Que te den chucho con tanta elegancia es un lujo.

No estoy seguro, pero creo que Ponte va a responder a todo y va a tratar de mandarme el Whatsapp o el mail de Gabor. Cruzo los dedos.

¿Cómo es el lugar desde donde escribes?

Tengo una mesa que me mandé a hacer, más o menos del mismo tamaño de la que tenía en La Habana, que había sido mesa de un taller de costura. Esta es de madera antigua vuelta a aprovechar, fue una puerta madrileña en el siglo XVIII. Le pusieron patas metálicas. Tiene nudos y una muesca en el borde, junto al brazo izquierdo. Está delante de una ventana que da al sur, a un árbol y una avenida.

El árbol es un plátano. Cuando leí *El banquete* de Platón por primera vez (yo era un muchacho) y leí que conversaban debajo de un plátano, creía que era una mata de plátano. El platanal de Platón, en vez del de Bartolo.

¿Cuál es tu horario? Para escribir hay seres que prefieren la mañana y otros la madrugada... ¿Tienes alguna manía antes de sentarte?

Me duermo muy tarde, así que suelo aprovechar mejor las noches y las madrugadas, pero he escrito de mañana también. Escribo sin ritos invocatorios. Mariposeo un poco (Roland Barthes llamaba mariposear a ponerse a hacer cualquier cosa que postergue la escritura), pero no hay nada ritual en lo que hago, es simple dilación.

Cuando estas inmerso en la escritura larga de una novela. ¿Eres de los que la pasión no te deja parar y comes lo que sea, te sumerges del todo? ¿O lo haces por temporadas...?

Las sentadas son largas, sea cuál sea el género que esté escribiendo. Un ensayo está hecho de menos sentadas que una novela, pero cada una de esas sentadas puede eternizarse. Y en ellas pierdes la noción del tiempo y dejas en pausa todos los problemas, que te están esperando como cosa buena para cuando tú termines.

¿Qué recuerdas de Matanzas?

El centro de Matanzas, que fue donde viví, está limitado por el río San Juan y el río Yumurí, y esos eran los límites que me impusieron los mayores cuando empecé a salir solo o con mis amigos. Llegar hasta cualquiera de los puentes, pero sin pasar al otro lado. Me acuerdo de esos ríos.

Me acuerdo de los jardines de muchas casas. Conocía los patios de las casas de tres o cuatro cuadras, todas de amistades de mis abuelos paternos. Entre ellos mantenían un intercambio continuo de semillas y esquejes. Eran como una comunidad de polinizadores, todos ancianos, solteronas muchas de ellas, y todos contrarrevolucionarios.

También me acuerdo de la tristeza de los domingos, del sol del final de la tarde en el muro altísimo del patio. De las conversaciones con mi abuela paterna, Alicia Doyhenard, y del tono con que ella recitaba a Rubén Darío de memoria.

Y luego, de adolescente, me acuerdo de una balsa hecha de poliespuma con la que unos amigos íbamos de playa en playa recorriendo la bahía.

¿En que momentos te percatas de que puedes escribir?

Un día, pasando de una habitación a otra, en casa de mis abuelos maternos. Tuve que buscar papel y mesa para escribir un poemita. Yo era un niño de siete u ocho años, y lo de pasar a otra habitación tuvo una connotación más grande que la cotidiana. ¿A dónde iba a llevarme ese pasillo?

¿Cómo es el proceso de mudarte a La Habana?

Antes fueron las mudanzas del divorcio de mis padres. Y la beca, donde viví tres años, por los alrededores de Jagüey Grande. Y luego, a los quince, llegar a La Habana. Porque mi madre vivía allí desde hacía unos años, vuelta a casar, mientras que yo había preferido quedarme en Matanzas con mis abuelos maternos. Luego murió mi abuelo y tuvimos que irnos a La Habana.

Fue la primera vez que usé un plano para entender una ciudad, algo que he hecho luego tantas veces. Me encantan los planos, desde antes de estudiar una ingeniería.

¿Quiénes eran tus amigos más cercanos acá?

Primero pocos amigos del pre, porque llegué tarde, cuando estaban hechas casi todas las alianzas, y yo venía de provincia y con la cabeza rapada por un accidente y una operación quirúrgica. Tener rapada la cabeza era entonces extraño o ridículo. Levantaba sospechas de loco o de recluta.

Luego hice amigos en la universidad, que me dieron a conocer todo el rock que he oído (he oído muy poco después) y a los que yo les di a leer a Borges, que era un desconocido total, por censurado.

Y fui encontrándome con algunos escritores. Rolando Sánchez Mejías y Félix Lizárraga fueron los primeros. Luego Reina María Rodríguez, Víctor Fowler, Alessandra Molina, Sigfredo Ariel, Atilio Caballero, Soleida Ríos…

¿Cuáles son los peores recuerdos que tienes de la isla?

El cederismo y la chivatería.

¿Y los mejores?

Descubrir La Habana, haber llegado a tiempo para ver Obispo todavía con tráfico de carros y La Habana Vieja aún sin restaurar. Haber pasado casi tres años por los alrededores del río Cauto. Haber conocido el campo y haber conocido Oriente.

Una calle o lugar de La Habana que extrañas o que visitabas mucho.

No extraño La Habana. Hacía largas caminatas, las sigo haciendo en otras ciudades.

Me gustaba mucho la Loma del Ángel. Un lugar raro. Había existido allí un cementerio, y en las fiestas de San Rafael del siglo XIX fue sitio de encuentro de lesbianas. Hay unas casas con escaleras a la entrada, como santiagueras, frente a la iglesia. El busto de Villaverde y, en otro edificio, un piso alto con una suerte de logia al que yo le encontraba un aire italiano. Me parecía un poco irreal aquella placita, que sé que ha cambiado.

¿Me puedes contar algo de tu madre, y de tu padre?

Se casaron una primera vez y se casaron una segunda. Casados entre ellos, digo. Mi padre murió hace unos años y mi madre vive en Miami, con mi hermana y mi sobrino.

Los dos, cada uno a su manera, con un particular sentido del humor, que los hizo muy graciosos para sus amistades. Yo veía a mi padre como al hijo de mis abuelos, sigo viéndolo así. Heredé de él la afición por las novelas de espías, pero no su amor por los deportes, algo que lamento.

De los dos me llegó la alegría de bailar, y de mi madre y mi abuelo materno el gusto por la música popular. Mi madre, muy joven, y mi abuelo van por la Vía Blanca en un Buick nuevo, por el capricho de mi madre de ver cantar a La Lupe. Ella me cuenta esa historia, me habla de La Lupe, a la que yo no he podido oír. Hasta un día en que, viendo una película de Almódovar, en la música de los créditos oigo que canta alguien que, sin confirmarlo todavía, sospecho que es La Lupe. Lo leo en los créditos, es ella.

Es curioso que la primera vez que oí a La Lupe y la primera vez que vi las imágenes de *PM*, el documental de Orlando Jiménez Leal y Sabá Cabrera Infante, haya sido en los créditos de unas películas.

Creo que sales de Cuba en el 2006 o 2007. ¿Llegas primero a Madrid? ¿Cómo fue tu salida? Te fuiste sospechando que no regresarías. ¿Te quedaba alguien en la isla?

En 2006 vine a Madrid, donde había estado un par de veces y donde, desde la primera vez, tuve la impresión de que si alguna vez vivía fuera de Cuba sería aquí. Llegué pensando que era simplemente un viaje y que volvería a mi casa en La Habana Vieja. Desconfié de que fuera a hacer ese viaje, porque ya antes me habían impedido salir. Pero un grupo de amigos escritores escribió una carta al ministro Abel Prieto pidiéndole que me dejaran viajar y la carta surtió efecto.

Mi madre había salido rumbo a Miami unos meses antes, para el parto de mi hermana. Y en La Habana quedó únicamente mi pareja de entonces, que terminó viniendo medio año después y aquí nos reunimos. En Matanzas quedó mi padre, a quien no volví a ver.

Acabado de llegar a Madrid, ¿cómo logras instalarte y vivir de tu trabajo, de lo que te gusta?

Desde antes de venir tenía una propuesta de trabajo, aunque no estaba seguro de aceptarla. Pertenecía al consejo de redacción de la revista *Encuentro de la Cultura Cubana*, buscaban a un director que sustituyera a Rafael Rojas, quien a su vez había sustituido a Jesús Díaz, y me ofrecieron la codirección de esa revista, junto a Manuel Díaz Martínez.

¿Se te hace duro el exilio?

No.

Me parece que puede ser un poco difícil eso de escribir sobre Cuba y no cortar del todo. Lo digo, porque hay mucha gente que me dice que desde que se fueron cortaron con la isla. Sin embargo, tú pareces disfrutar hablar de Cuba.

No sé si disfrutar sea el término exacto. Tal vez sí lo sea, no estoy seguro. Me fui tarde de Cuba, empezaba a ser un cuarentón cuando me fui, y supe que no tenía tiempo para inventarme una historia completamente nueva. Supe también que no estaba dispuesto a hacer literatura nostálgica.

¿Cómo llegas a escribir para Diario de Cuba*?*

Fundándolo, con su director Pablo Díaz y un grupo de periodistas.

¿Eres una persona creyente? ¿Crees en Dios?

Supongo que, en términos de esta época, sería una persona creyente. En términos de épocas anteriores, de las cuales leo sus grandes textos religiosos, ni por asomo.

Un poema de Wendell Berry dice que no existen sitios profanos, que solamente existen sitios sagrados y sitios profanados. De modo que, por desangelado que sea el lugar en que uno se encuentre, por profanado que parezca, alguna vez fue un espacio sagrado. Y ha de quedar algún vestigio, creo en eso.

¿Te consideras un hombre solitario? ¿Te sientes solo?

No me molesta pasar horas sin hablar y, a la vez, adoro la cháchara. Los surrealistas franceses jugaban a subirse a un tren que viajara en cualquier dirección, bajarse en el sitio menos pensado y esperar a ver qué surgía. A ver qué novela les saltaba. A mí me gusta el juego contrario, que he practicado a veces con suerte: llegar a un sitio nuevo, quedarme por un tiempo y hacer el menor número posible de relaciones. La novela vacía.

¿Estando en La Habana, a principios de los 2000, dónde trabajabas, de qué vivías? ¿Cómo era tu vida? Hace viente años ya.

De artículos en revistas extranjeras, de los derechos de autor de varios libros, de lo poco ahorrado en una beca extranjera, del pago como *visiting professor* en Penn University y de honorarios como miembro del consejo de redacción de *Encuentro de la Cultura Cubana*. Anteriormente, de unos años de trabajo como ingeniero hidráulico. Hum, creo que nunca antes había intentado un resumen financiero como este.

Para mí es una sensación muy gratificante entrar a una librería en España y encontrar un libro tuyo. Siempre me imagino que andas cerca, caminando por ahí. ¿Cómo es tu relación con las grandes editoriales españolas? ¿Vas mucho a las librerías? Los libros son caros. Pero yo, por ejemplo, nunca me puedo concentrar en las bibliotecas. Me los tengo que llevar a casa.

Mi relación con las grandes editoriales española es nula. Publiqué en una de ellas mi primera novela y no funcionó la atención que le dieron ni (en consecuencia o no) la novela. Durante un tiempo me representó la Agencia Balcells, pero terminé pidiendo que me rescindieran el contrato.

Voy mucho a las librerías, gasto demasiado en ellas y recorro también las bibliotecas, porque puedes llevarte libros en prestámo, alguno de ellos inencontrables en librerías.

Pero déjame que te cuente las sensaciones de encontrar en venta un libro que haya escrito. Primero, alegría. Luego, con el paso del tiempo, una complacencia malévola en que no queden ejemplares.

Malévola, porque no viene de imaginar que esos ejemplares fueron vendidos y encontraron sus lectores, sino de sospechar que fueron devueltos a la distribuidora y van camino a las trituradoras. No me explico bien esa sensación, pero es como si me tranquilizara que no aparezca rastro en la superficie del cadáver que trataba de hundir. Como si hubiera conseguido borrar todas las pruebas del crimen.

Regálame el nombre de 11 autores y 11 libros.

Estos autores:

- Michel de Montaigne.
- Lewis Carroll.
- Marcel Proust.
- Arquíloco, Safo.
- Fernando Pessoa.
- William Shakespeare.
- Isak Dinesen.
- Jorge Luis Borges.
- Wallace Stevens.
- Sherezada.

De los libros voy a elegir, si no te parece mal, solamente obra ensayística. Y estos libros:

- *El arte de la memoria* de Frances A. Yates.
- *Apolo con el cuchillo en la mano* de Marcel Detienne.
- *Las bodas de Cadmo y Harmonía* de Roberto Calasso.
- *Naufragio con espectador* de Hans Blumenberg.
- *La poética del espacio* de Gaston Bachelard.
- *Calle de dirección única* de Wallace Stevens.
- *Praga mágica* de Angelo Maria Ripellino.
- *En el espacio leemos el tiempo* de Karl Schlögel.
- *La cantidad hechizada* de José Lezama Lima.
- *Jesús y Pilatos* de Giorgio Agamben.
- *El sexo y el espanto* de Pascal Quignard.

En internet se menciona bastante que eres guionista de cine. Háblame un poco de eso. ¿Eres muy cinéfilo? Dame 11 películas, 11 directores y 11 actores o actrices.

Solamente remendé unos guiones. Orlando Rojas me enseñó lo que supe del oficio, porque trabajé con él en un guion que no se filmó nunca.

La que sí se estrenó fue una comedia hecha a base de historias que su director, Enrique Colina, tenía acumuladas y que le ayudé a organizar.

Fui cinéfilo, ya no lo soy. Lo fui en La Habana, porque no podía ver pintura de los grandes maestros. Pero hace años que he dejado de ver tanto cine como acostumbraba y mi pasión es pasar horas en el Museo del Prado.

11 cantantes.

Con un par de condiciones. La primera, que ninguno sea de lengua española, porque no me alcanzaría esa casi docena. Y segunda, que sean 11 cantantes por 11 canciones. Aquí van:

- Frank Sinatra: «Where or When».
- Billie Holiday: «April in Paris».
- Amália Rodrigues: «Estranha forma de vida».
- Mabel Mercer: «Is'nt it A Pity».
- Sarah Vaughan: «Morning Star», con The Jimmy Rowles Quintet.
- Carmen McRae: «My Foolish Heart».
- Gerard Souzay: «Ich grolle nicht».
- Susan Graham: «À Chloris».
- Mina: «Il cielo in una stanza».
- Carly Simon: «All The Things You Are».
- Barbara Cook: «Losing My Mind».

A tres de ellos alcancé a oírlos en vivo, y asistí al sepelio de Amália Rodrigues. En el taxi que me llevó, antes de que le indicarala dirección, el taxista me dijo: «A grande Amália morreu». Es que ponían su música por radio.

A lo mejor es una paja mental mía, pero como eres una persona curiosa, te imagino viajando por el mundo y buscando o sintiendo los lugares por donde pasaron otros grandes cubanos. Eso me pasó las dos veces que estuve en New York o en Miami, me imagino en una esquina a Reinaldo Arenas, a Celia Cruz. ¿Cómo vives eso? ¿O es algo que te da completamente igual?

Me pasa, pero no tanto con figuras cubanas. En París, abundantemente. En Lisboa, con Pessoa. En New York, un callejoncito donde vivieron frente a frente Djuna Barnes y E. E. Cummings, o el edificio donde W. H. Auden vivió en el Village.

Tengo el recuerdo de haber dado una clase sobre la poesía de Heberto Padilla en la Universidad de Princeton y salir del aula y recorrer Linden Lane, que fue donde él vivió en sus primeros años de exilio y es la dirección que da nombre a la revista que hizo con Belkis Cuza Malé.

Y no dejo de llevar amigos a la tarja de la casa madrileña de Martí, en la calle Desengaño. Algunos se emocionan hasta el punto de emocionarme a mí.

¿Cómo surgió la idea de escribir La fiesta vigilada*? ¿Es de esas historias que te dieron vuelta en la cabeza por mucho tiempo? ¿Cómo fue el proceso de escritura? ¿A quién se la diste a leer cuando acabaste? ¿Lo tuviste que mandar a muchas editoriales?*

Releí *Nuestro hombre en La Habana*, la novela de Graham Greene, y me saltaron a la vista algunos detalles de la ciudad que estaban recuperándose de cara al turismo. Es como si La Habana intentara volver a ser la de aquella novela. Viajé a México a presentar un libro y me encontré con amigos y conocidos que me cuestionaban por qué seguía en La Habana. Y empecé a ver la decadencia arquitectónica habanera bajo la perspectiva de una disciplina que, irónicamente, llamé ruinología. Con todo esto y con el recuento más o menos esfuminado de lo que me estaba ocurriendo (expulsión de la Unión de Escritores, censura, prohibición de viaje al extranjero), organicé ese libro. Lo más difícil fue alcanzar una estructura que me complaciera, que fuera una estructura con zonas abiertas, lo mismo que una ruina.

Tenía un agente literario que lo envió a un par de editoriales, que lo rechazaron. Entonces viajó a La Habana el escritor mexicano Juan Villoro, con encargo de escribir sobre apagones, y en esa semana de su estancia no hubo ni un apagón siquiera. Nos vimos varias veces, conversamos en caminatas. Yo no lo conocía de antes, pero le debía mi primera lectura de los aforismos de Lichtenberg, que él tradujo del alemán, así que me parecía un viejo amigo. Villoro me preguntó en qué trabajaba, le contesté que esperaba por la suerte de un libro, le di a leer unos fragmentos y aseguró que Anagrama tenía que publicarlo sin falta. Pero Anagrama era una de las editoriales que habían dicho que no.

Él le insistió al director de la editorial, Jorge Herralde, quien prometió leerse el libro y, meses después, Herralde me llamó para decirme que lo editaría. Llamaba desde una playa mexicana donde estaba de vacaciones y donde lo había terminado de leer. Así que tengo varias deudas mexicanas por su publicación.

La Habana parece estar presente mucho en tu obra. ¿Por qué es esto?

Amor, supongo. Un amor con mala suerte. La mala suerte de haber asistido al espectáculo de una capital paralizada y decadente.

También aparece un interés por la comida. ¿Se debe a la falta de comida que vivimos ahora? ¿Eres a foodie person*?*

Más exactamente, es interés por la imaginación culinaria, no por platos. Me encanta comer, tengo amigos muy conocedores y me arrimo a ellos para aprender, pero no soy una *foodie person*.

¿Estas escribiendo algo sobre Nitza Villapol? ¿O es un libro ya terminado?

Es un libro terminado, breve, pero fue difícil de trabajar, porque buscaba una simplicidad que se me resistía.

¿Podemos hablar de amor? Pareces una persona tan discreta. ¿Tienes pareja? ¿Dejaste algún gran amor en la isla?

Voy a ratificar esa impresión tuya. Hay una frase de Peter Handke, creo que de su diálogo con Peter Hamm, en la que avisa que él vive de aquello que los otros no saben de él. Me acojo a esa lección. En cuanto a los grandes amores que quedaron en la isla, creo que hasta mis más pequeños amores se largaron.

Ahora, allá, ¿quiénes son tus cercanos? ¿Confidentes? ¿Amigos?

Tengo unos pocos nuevos amigos. Para contar con más, habría tenido que venir antes. Me acuerdo de una noche de lunes o martes con un par de ellos en un bar del centro de Madrid, lloviendo afuera (la lluvia aquí no es tan común como en La Habana o en Miami), en que sentí una felicidad tremenda, la de estar en un sitio propio, de pertenencia.

¿Qué signo zodiacal eres? ¿Y en la religión yoruba, hijo de quién eres?

Leo. Coincidir astrológicamente con el dictador hizo que durante mucho tiempo diera explicaciones cuando confesaba mi signo. Algo ridículo, como si aspirara a joderle la vida a la misma gran cantidad de gente y tuviera que disimularlo.

En el horóscopo chino, dragón de madera. Y en el panteón yoruba, todas las consultas me han hecho hijo de Yemayá.

¿En que estas trabajando ahora?

Acumulo ímpetu para empezar de nuevo. Estoy en salmuera, como llamaba Flaubert a estos momentos de espera para el arranque.

# CON ABILIO ESTÉVEZ
HACIA LO INMENSO DEL MUNDO

Hola, Abilio, como sabes no nos conocemos mucho, pero nuestras interacciones por las redes han sido muy lindas y simpáticas. La idea de esta conversación es hacer algo bien ameno, sin ninguna ambición, solo conversar. Y para los cubanos de la isla, que están tan agotados de lo mismo con lo mismo, darles un aire fresco. Por favor, siéntete libre de hablar de lo que quieras, y evitar lo que no te guste. Gracias por tu tiempo y descargarle con cariño, porque acá la gente te quiere bien.

¿Cómo es el día a día de Abilio? ¿Qué haces al levantarte? ¿Escribes de día o de noche? ¿Tienes algún otro trabajo? ¿Con quién vives? ¿Qué ves por la ventana de tu casa?

Mi día a día es muy aburrido, Carlos, o por lo menos lo sería para el *Big Brother* que me estuviera observando. Creo en la felicidad de la rutina. Primero, un café muy fuerte, leer los titulares de los periódicos, desayunar, leer entonces las noticias que me interesaron. Dedico una hora a ese «calentamiento». Trato luego de escribir, de «machacar», como decía Virgilio Piñera, de ver si sale algo. Si te sientas cada día, siempre sale algo, una línea aproximadamente bien escrita y ya es suficiente.

Hay que mantener la disciplina como si fueras un deportista o un bailarín. Soy de trabajo lento y necesito largos procesos. Y me gusta así. Me divierten esos procesos que parecen interminables. Además, debo preparar mis clases. Doy talleres de escritura creativa y también me estimulan. Da mucho gusto cuando encuentras personas con talento, o al menos con un interés especial, casi obsesivo, que se acerca al talento. Tengo un piso... bueno, no, no tengo un piso, estoy alquilado en un piso séptimo cuyo balcón da al Parque de las Estaciones, en Palma de Mallorca. Por mi calle pasa el tren de Sóller, que es un tren eléctrico y de madera. Tengo una vista sobre el sur de la ciudad, hacia Argelia, podríamos decir. Por la ventana de mi cuarto, hacia el noroeste, veo patios, una vista que me interesa mucho, como la de James Stewart en *La ventana indiscreta,* que en realidad se titula *Rear Window,* ventana trasera. En ese piso vivimos cuatro personas: mi madre de noventidós años, mi hermano, Alfredo Alonso y yo.

Te fuiste de Cuba ya con más de cuarenta años, ¿Cómo fue esa salida? ¿Esa llegada? ¿Llegaste primero a Barcelona? ¿Ahora estás en Mallorca?

Me fui de Cuba con cuarentisiete años, que es una edad para ir poniendo en orden ciertas cosas y no para desordenarlas. Una edad para entrar y no para salir. Pero fue el momento en que se dieron las circunstancias externas e internas para esa salida. El momento en que sentí el gozo del ciempiés ante la encrucijada. Me fui a Barcelona, porque tenía amigos allí y estaba la editorial que me publicaba y era una ciudad bastante amable que aún tenía un cierto tono cosmopolita que ha ido perdiendo a medida que se reforzó el sentimiento nacionalista. (Hoy Madrid es mucho más grande como ciudad que Barcelona).

Los dos primeros años de exilio fueron muy duros. ¡Muy duros, muy dolorosos! Todo lo que había sido mi vida había quedado atrás. Mis libros habían quedado atrás. Hay un momento en que te asomas al abismo de la falta de lugar. Quiero decir, te percatas de que no eres de ningún lugar. Nunca fuiste bien acogido en tu lugar de nacimiento y acabas de llegar a un sitio donde no saben quién eres ni a qué vienes. El momento en que descubres tu verdadera pequeñez. Y entiendes que la nación es una construcción, un invento de los románticos que no contaron con la burocracia.

Más tarde, te percatas de que es una sensación extraordinariamente beneficiosa; eso sí, tardas en darte cuenta. Tomas por desdicha lo que es una circunstancia de privilegio. Esa sensación impagable de que rompes amarras y a partir de ese momento ya puedes ir a parar a cualquier sitio, porque descubriste tu condición errante.

Creo que fue Elías Canetti quien dijo que todo hombre debiera sentirse exiliado alguna vez. Sí, te prometo que cuando vives bajo un régimen totalitario (paternalista, el estado como ogro filantrópico), la libertad es un vértigo al que cuesta adaptarse, aunque poco a poco comienzas a descubrir su grandeza. Quizá no debiera generalizar. Tú sabrás perdonarme. Yo hablo siempre desde mi experiencia personal.

Mi hermano, su esposa, sus hijas y mi madre vivían en Palma de Mallorca desde mucho antes de que yo saliera de Cuba. De modo que siempre venía mucho a Mallorca, desde 1998, que fue la primera vez. Luego, hubo una desgracia familiar, la muerte de mi cuñada; mis sobrinas se independizaron; mi hermano se quedó solo, mi madre cumplió ochentisiete años y pensé que era hora de acompañarlos. Por eso vine a Palma. Por eso estoy aquí.

¿Guardas algún mal recuerdo de la gente de acá? ¿Y buenos?

Por supuesto, guardo recuerdos malos, regulares, buenos y, como era de esperar, ningún recuerdo. No quiero dármelas de noble o de generoso, pero reconozco tengo una capacidad muy rara de olvidar algunos malos momentos.

Me he encontrado con personas de las que me digo: «A este no debiera de saludarlo, en algún momento me hizo daño», y el problema es que no recuerdo qué. También es cierto que hay maldades que son inolvidables. Bondades que tampoco olvido.

Desde muy temprano supe que vivía en una sociedad que ni me aceptaba ni me quería. Yo tenía algo demasiado lánguido, nostálgico, de «suspiro por las regiones donde vuelan los alciones sobre el mar», en una sociedad que declaraba que solo había una disyuntiva la patria o la muerte, un país de tableteos de ametralladoras y gritos de guerra y de victoria.

Quizá sea difícil vivir en un país en guerra. Quizá lo más complicado de todo es vivir en un país en guerra que no está en guerra. La universidad (y esto lo he contado mucho) fue uno de los períodos más horrendos de mi vida. En ocasiones, si tuviera que contar cuánto sufrí en aquella escuela de Letras de Zapata y G, no sabría qué decir. Porque a veces lo más grave no eran las cosas concretas (que las hubo), sino un ambiente general muy machista, de guerrilleros y heroísmo, un ambiente muy agresivo, un ambiente de chamamé y de quenas impostadas y banderas y frases del Che.

En aquellos años había una cosa llamada «inserción», consistía en que debíamos trabajar cuatro horas por la mañana y estudiar cuatro horas por la tarde. Se suponía que en primer año hacíamos un trabajo muy fuerte, en una fábrica de asbesto cemento. A partir de segundo año, aquello se hacía más flexible.

En efecto, muchos compañeros pasaron a trabajar a la Biblioteca Nacional, a diversos departamentos investigativos, etcétera. Yo continué en la construcción, en la reparación del edificio de Física, ese que está frente al hospital «Calixto García». Según me dijeron *sotto voce*, la UJC y no sé quién más habían decidido que yo debía «endurecerme».

Recuerdo a algunos compañeros de curso con mucho cariño y a otros, con verdadera repugnancia. Como uno que venía de mi mismo preuniversitario de Marianao y que luego llegó a ser profesor de marxismo en una escuela del Partido. Era un hombre pálido, con olor a muerto, como si ya hubiera muerto, y con una capacidad extraordinaria para una sordidez de poca monta, una sordidez nada literaria.

También recuerdo con horror mi período de corrector en la editorial de libros para la educación. Había personas maravillosas, claro (ahí, por cierto, conocí a una tal Vivian Lechuga que de algo te sonará), pero había otras que iban creando un círculo de azufre a su alrededor. Nunca me dejaron pasar de corrector a editor, porque, a pesar de cumplir con todos los requisitos, no era políticamente confiable. Allí, en aquella editorial que estaba en tercera y 60, trabajaba en 1980 cuando los sucesos de la Embajada del Perú.

Aquellos, te lo prometo, fueron días inolvidables, en el peor sentido de esta palabra. La maldad que vi en aquellos días o meses no la olvidaré nunca. Es una suerte que tú seas de una generación que nació años después, a pesar de que una sociedad en la que tuvieron lugar los actos de repudio de 1980 es una sociedad que ya no se recupera con facilidad, una sociedad en la que se ha inoculado una enfermedad mortal, de curación extremadamente difícil.

Creo que algo que tuvo muy claro siempre la dirección revolucionaria (hasta hoy) que nada resulta más eficaz para mantener el poder que enfrentar a unos hombres contra otros, el conmigo y el contra mí. Eso que ya Julio César conocía muy bien «*Divide et Impera*».

En efecto, hay muchos recuerdos malos. También los hay buenos, inevitablemente, y por lo general no tienen nada que ver con el ambiente social, si no con el familiar, el amistoso, o simplemente con el paisaje. Jorge Semprún contó alguna vez que cuando regresaban del trabajo a los campos de concentración nazi, se detenían un instante y disfrutaban la puesta de sol.

¿Cómo es tu proceso creativo? ¿Tomas notas? ¿Piensas varios meses antes de ponerte a escribir? ¿Lees mientras tanto, ves películas? ¿Cómo es?

Sí, llevo a cabo un largo proceso de preparación que es casi el más divertido. Creo personajes, los doto de un cuerpo y de una biografía, le doy forma a la historia, intento tener una estructura inicial. Preparo un cuaderno y ahí lo tengo todo, al alcance de la mano. Me gusta hasta dibujar el espacio en el que se van a mover los personajes. Ese trabajo me resulta estimulante. No quiere decir que luego no me deje llevar por el instinto, que a veces tiene sus iluminaciones. Se trata de que me gusta partir de un punto que yo considere lo más sólido posible, aun cuando después ese punto se convierta en otro y en otro y en otro.

Cuando estoy escribiendo una novela o un cuento, me cuesta mucho leer ficción. Es como si «vivir» en ese mundo de ficción me impidiera aceptar otros. Por lo general en esos momentos leo ensayos. Tampoco veo películas. Últimamente veo poco cine. Ignoro la razón. Aquella época dorada en que iba a la Cinemateca a ver ciclos de cine extraordinario, Bergman, Tarkovski, Kurosawa, Fellini, Wajda…, pasó quizá para siempre. Me cuesta mucho entusiasmarme con una película o una obra de teatro. El teatro sobre todo me aburre soberanamente.

¿Alguna manía o superstición antes de sentarte?

Hace tiempo tenía ciertas manías. Por ejemplo, me gustaba comenzar la jornada escuchando un aria de María Callas o de Magda Olivero. Me preparaba un café largo. Leía lo escrito el día anterior… Ahora ya solo me queda esto último, leer lo escrito antes, aunque no creo que sea una superstición sino un modo de reconectar, volver a entrar en la misma longitud de onda. Me doy cuenta de que ya casi no tengo supersticiones. Es probable que en esas manías estés tratando de influir en la realidad, de hacértela favorable. Y no, una de las cosas que aprendes con los años es que no hay nada que hacer ni a favor ni en contra de la realidad, salvo escribir, pintar, componer música, hacer cine o bailar. Probablemente con esas supersticiones no hay tanto un deseo de que las cosas se armonicen a tu favor, como de armonizar tú en relación con las cosas.

¿Qué música escuchas?

A los catorce años empecé a ir cada tarde a la sala de música de la Biblioteca Nacional, que entonces era una maravilla (supongo que ya no exista). Ahí comenzó mi verdadera pasión por la música. Lo escuchábamos todo, porque con algunos compañeros de la secundaria, hicimos un plan a partir del libro de Aaron Copland y escuchamos desde los Cantos Gregorianos hasta *Noche transfigurada* de Schönberg, disciplinadamente, por orden cronológico, tratando de entender las diferencias de los estilos.

Luego, empezamos a ir todas las tardes a los conciertos de la Sinfónica en el teatro «Amadeo Roldán», con aquellos extraordinarios programas de mano que firmaba Ángel Vázquez Millares. Me gusta tanto el barroco como la música romántica, Händel o Chopin. Me encantan los boleros, con esa manera tan desvergonzada de gritar que se sufre solitariamente en la cantina. Daniel Santos, Julio Jaramillo, Benny Moré, Rita Montaner, Toña la Negra, Ñico Membiela. Adoro el lado «encantadoramente cursi» de Lecuona. Adoro a Ignacio Cervantes, Manuel Saumell. Me gusta la ópera y me gusta el pop norteamericano y el góspel y el jazz y la música country.

Como ves, soy bastante amplio en mis gustos musicales. Lo que no quiere decir que resista cierta música, como el heavy metal o ciertos músicos de los últimos años, con esas canciones idiotas de ritmos aburridos y molestos. Tampoco puedo escuchar a los Beatles ni a los Rolling Stones. Y lo que menos resisto son las canciones con pretensiones poéticas o filosóficas, las que se proponen un «mensaje».

Cuéntame un poco de tus amores: pasados, presentes.

De amores, no puedo quejarme. He sido despreciado, mirado con indiferencia y también amado. Experimenté todas las sensaciones, que es de lo que se trata. Mi primer amor fue un compañero del preuniversitario de Marianao y fue un amor imposible, como Dios manda. Fue un amor (signifique lo que signifique esta palabra) muy intenso, admirativo, platónico, cuyos brillos llegan hasta hoy. Creo que ese amor estableció un modelo, una forma de acercarme a los demás. Te confieso que soy bastante frívolo, adoro la belleza. Como decía un personaje de Estorino: «Los hombres lindos me matan».

¿Signo zodiacal? ¿Creencias religiosas?

Soy Capricornio, del segundo decanato, 7 de enero, como Chano Pozo, José María Vitier, Kenny Loggins... ¿Viste que distinguida compañía?

No tengo creencias religiosas. De muy joven fui católico hasta que comprendí que mi catolicismo era estético. Disfrutaba esa puesta teatral tan perfecta. Aunque supongo que soy agnóstico. Carezco de afirmaciones. Dudo mucho, dudo siempre, de todo. Y si dudas, no puedes tener creencias firmes, no solo en la religión. Si dudas, tampoco puedes ser un ateo riguroso. Tengo la absoluta certeza, eso sí, de que hay otros mundos, pero, como decía Paul Eluard, están en este.

¿Eres hijo de Yemaya?

Es gracioso e inquietante que me hagas esa pregunta. Cuando tenía seis o siete años, una negra gorda y extraordinaria, amiga de mi familia y llamada Andrea, se apareció un día con una imagen de la virgen de Regla y le dijo a mi madre que siempre la tuviera conmigo, que yo era hijo de Yemayá. A partir de ese día, siempre me lo han dicho, aunque nunca he estado en ningún rito de iniciación y creo que sin esos ritos es imposible saber de qué orisha sería yo hijo. Como tampoco creo en religiones, animistas o no, saber esos detalles no me inquieta. ¿Cómo se te ocurrió hacerme esa pregunta?

Háblame un poco de tus padres.

Mi padre era un soldado que había nacido en Bauta. Mi madre una ama de casa que había nacido en Artemisa y que muy joven se fue a vivir a Bauta. Allí se conocieron un día de Reyes de 1944, el año del ciclón y se casaron en 1951. Yo nací tres años más tarde y mi hermano siete años después de mí. Cuando se casaron, se fueron a vivir al reparto Buen Retiro, en Marianao, porque mi padre era radiotelegrafista del Cuerpo de Señales. Luego, y como mi abuela paterna vivía dentro del Cuartel de Columbia, se mudaron a una casita que quedaba justo detrás del Instituyo de Marianao, donde nací yo. Mi padre era un hombre dulce que podía ser también muy áspero con las personas a las que no conocía. Lo recuerdo tranquilo, vestido de cuello y corbata los domingos, escuchando tangos y algunos cantantes mexicanos como el doctor Alfonso Ortiz Tirado y Pedro Vargas. Mi madre era, y es, todo lo contrario a la serenidad de mi padre, una mujer incansable, que parecía un ciclón ella misma, a quien el tiempo no le alcanzaba ni para vivir. Si es cierto que existe la inevitable relación amante-amado, mi padre era el amante.

¿Qué es lo que más te gustaba o recuerdas de Marianao?

No sé si intento glorificar a Mariano o el espacio de mis recuerdos de infancia. Debes tener en cuenta de que Marianao está asociado con mi infancia, mi adolescencia y que en ambas fui bastante feliz. Dice Fernando Savater que todo aquel que ha vivido una buena infancia va después por la vida con el paraíso detrás. Mi paraíso era Marianao. La playa de Marianao. Y en especial esa zona del Obelisco, de la calle 100, la Calzada Real hasta el Puente de la Lisa.

Me gustaba que subiendo por mi calle, la 102, que en otra época se había llamado Medrano (donde por cierto, vivió Arsenio Rodríguez y a donde iba a diario Benny Moré a jugar cubilete), y pasando la calle de la Línea (donde daba clases de piano la señorita Walkiria) llegaba a Buen Retiro, que entonces era para mí el colmo de la elegancia, con sus casitas de jardines y algunos castillitos góticos. En una de ellas Lam pintó *La jungla*. Muy cerca de mi casa, hacia una vinagrera, había un camino que es para mí el recuerdo que tengo del monte. Me fascinaba ir a la Sears, a la Quincallera, a la pequeña terminal de trenes que estaba por detrás de la quinta Durañona. Justo al lado de la quinta, había un café donde se tomaba una cocacola extraordinaria, porque ponían la cola en el vaso con hielo y luego el agua de Seltz que brotaban desde tuberías con grifos.

Uno de mis paseos preferidos era aquel que hacía con mi padre al Mercado de Marianao; el mercado en aquellos años era una fiesta. Y la panadería El Roble, frente al cine Principal. Íbamos mucho al cine en aquellos tiempos. Cuando aún se podía ir al teatro de Columbia, había funciones de cine cada noche. Después, íbamos a lo que se conocía como «chincheros» (una palabra muy descriptiva para aquellos cines de barrio), el Salón Rey (donde se organizaban peleas de boxeo), el Cándido, el Record, el Alfa (que era un cine precioso, con una cafetería y relieves de gladiadores en las paredes), el cine González, el más chinchero de todos y donde vi la primera gran película de mi vida, *Umberto D.*

Háblame, (sé que ya lo has hecho, pero bueno), un poco de Virgilio. ¿Cómo se conocieron? ¿Cómo era la relación de los dos? ¿Cuando murió dónde estabas?

No te voy a contar mucho sobre Virgilio, porque quiero, necesito, escribirlo. Y no se puede perder la energía literaria. Nos conocimos una noche de julio de 1975, en La Ciudad Celeste, la quinta de la familia Gómez (Juan Gualberto Gómez) en la carretera de Managua. Y los cuatro años que duró nuestra amistad hasta su muerte en 1979, fueron muy intensos. Tal vez los más intensos que he vivido. Los años de mi mayor aprendizaje, de mi epifanía. Como aquel primer amor de mi infancia, Virgilio me acompaña todavía. No creas que no me percato del tópico que acabo de escribir, solo que no me parece justo tratar de encubrirlo con una frase más elaborada. Sí, un tópico, todavía me acompaña. Nunca conocí, ni conoceré, a alguien tan «en la literatura», que estuviera todo el tiempo en estado de fábula. Si fue un escritor excepcional, también fue un personaje excepcional.

¿Hay algún escritor cubano que te gusta?

Sí, vuelvo siempre al propio Virgilio, a Lezama, a Lino Novás Calvo, a Guillermo Cabrera Infante, a Calvert

Casey, a Jorge Mañach... En el caso de Lezama y de Novás Calvo, voy una y otra vez porque trasmiten una fe muy especial. Son esos escritores que cuando los lees despiertan los deseos de escribir.

Recomiéndame cinco libros y cinco autores.

Recomendaré libros de emociones recientes, algunos porque los acabo de leer; otros, porque los acabo de releer para mis clases. Es decir, libros que me han impresionado recientemente, no clásicos de siempre o cosa así:

- *Knockemstiff* de Donald RayPollock. Un libro de cuentos al mejor estilo de *Winesburg, Ohio*.
- *Meridiano de sangre* de Cormac McCarthy. Una novela terrible.
- *Falconer* de John Cheever. La mejor novela de Cheever.
- *Zuleija abre los ojos* de Yuzel Gajina, una novela conmovedora sobre la Unión Soviética de Stalin, maravillosamente traducida por Jorge Ferrer.
- Y *La mucama de Ominculé* de Rita Indiana. Una pieza extraordinaria.

Cinco películas que te gusten.

Aquí sí te diré cinco películas de toda mi vida:

- *Umberto D* de Vittorio de Sica.
- *Moliére* de ArianneMnouchkine.
- *Las señoritas de Wilko* de AndrejWajda.
- *París-Texas* de Win Wenders.
- *Dodes'Ka-den* de Akira Kurosawa.

Y creo que he sido injusto. Podría mencionar diez más. Me molesta dejar fuera *Andrei Rubliov, Fanny y Alexander, Sunset Boulevard, Pieza inconclusa para piano mecánico*...

¿Cómo llegaste a la idea de La verdadera culpa de Juan Clemente Zenea?

Estaba bajo el influjo de *La dolorosa historia del amor secreto de don José Jacinto Milanés,* de Abelardo Estorino. La figura de Zenea siempre me inquietó, desde que estaba en la Escuela de Letras. Me fascinaba aquel bayamés que se fue a los Estados Unidos y en New Orleáns se hizo amante de Adah Menken, una mulata seguramente fascinante, judía, bailarina, equilibrista, acusada de bigamia y que aparecía casi desnuda sobre el lomo de un caballo. Ella murió de treinta y tres años; a él lo fusilaron con treinta y nueve.

¿Qué tenía que hacer ese poeta afrancesado y exquisito, intentando negociar una paz? ¿A qué fue a la manigua?

Un poeta es, por definición impreciso, ambiguo, ¿cómo podía entrar en una batalla de poderes políticos y económicos y creer que podía salir incólume? Pensé que su verdadera culpa era esa: acceder a una manigua para la que no estaba preparado y a una guerra que no era, que no podía ser, la suya.

Entonces, leí el ensayo de Lezama sobre Zenea. Y hay un momento en que dice textualmente: «A veces pienso en el proceso y ejecución de Zenea como una gran obra posible para el teatro del futuro». Y, con esa soberbia de la juventud, me dije Yo escribiré esa gran obra posible. Tuve la suerte de que en la biblioteca de la Casa de las Américas hubiera una copia del proceso de Zenea, que había encontrado el historiador Raúl Rodríguez La O y entregado a la institución. Eso fue una maravilla. Y en la Biblioteca Nacional, estaban sus cartas a María Luisa Más, madre de su hija Piedad, escritas de puño y letra.

¿Cómo un escritor enfrenta entrarle a una obra como esta? ¿Haces como un arco dramático, unas notas sobre los personajes, o ya vas directo a la forma de hablar?

Estuve alrededor de un año investigando, tomando notas. Preparé una estructura que condujera hacia los juicios. Luego, cuando ya tenía el material disponible, escribir la pieza fue bastante rápido. El conflicto principal era muy evidente, porque tenía que ver con un enjuiciamiento. Los conflictos secundarios convergían en el primero, porque intentaban explicar una conducta que llevara al enjuiciamiento. Lo más difícil fue quizá encontrar un nexo de unión entre el joven actual que quiere saber sobre Zenea y la atmósfera romántica del propio Zenea. Una atmósfera romántica y casi gótica. Las revisiones sí fueron luego concienzudas, trabajando con Estorino, que tenía una gran visión dramática, que sabía dialogar, que tenía gran experiencia de trabajo en el teatro en el que el texto funciona únicamente como una proposición para el trabajo del director y los actores.

Josefina la viajera *para mi es una obra fuerte, que te atrapa y te jode el corazón. ¿Cómo escribiste esto?*

Esa es otra obra que tiene el tono de una actriz, que fue pensada para una actriz extraordinaria. Una de esas actrices que tú sabes que pueden hacer lo que quieran con un texto. Me refiero a Grettel Trujillo. Fue escrita en Barcelona, a principios del nuevo siglo, y tiene que ver con un conflicto entre la errancia y el encierro, entre el deseo de viajar y el de tener una casa, un lugar adonde volver, con paredes y un techo que te amparen. Tiene que ver (no puedo remediar mis errores de sangre) con la nostalgia, con la sensación de fracaso personal, de fracaso histórico y el dolor por lo perdido. El deseo de partir de la reclusión de la isla hacia lo inmenso del mundo. Siempre he tratado de situar la historia de la isla en medio de la historia del mundo. Lo hago constantemente, como si buscara comprobar que teníamos, tenemos, una existencia que concuerda con la del resto del mundo.

¿Santa Cecilia *de qué nace?*

De un encargo. *Santa Cecilia* es una obra por encargo, en el buen sentido de la palabra. Recuerdo un largo viaje desde Camagüey hasta La Habana con la actriz Vivian Acosta y su esposo José González. Era principios de los años 90. Se había caído el muro de Berlín, acabado el bloque socialista de Europa del Este y disuelto la Unión Soviética. Terminaba la Guerra Fría. Se vaticinaba el fin de la historia, porque ya no quedaban grandes relatos. Pura postmodernidad. Y nosotros, en La Habana, mirando la destrucción de la ciudad, sufriendo la destrucción física y (perdóname la palabra) espiritual de la ciudad. Todos querían huir. La ciudad se empobrecía y también ella perdía su viejo relato. O mejor dicho, terminaba de perderlo. Vivian me preguntó si estaba dispuesto a escribir una pieza para ella sobre el derrumbe de la ciudad, sobre la huida de cubanos, sobre la falta de esperanza. Le dije que sí. Y *Santa Cecilia* es el resultado. Ah, y una pequeña aclaración, porque los críticos, sobre todo los de teatro, pecan a veces de una encantadora ignorancia. Santa Cecilia, el título, es por la canción de Manuel Corona, que tiene que ver con Cecilia de Roma, una noble convertida al cristianismo y por eso martirizada, convertida patrona de la música. Nada que ver con Cecilia Valdés, personaje de Cirilo Villaverde.

¿Actrices y actores cubanos que te gustaron en tus obras?

Tuve una gran suerte. Y es que siempre, o casi siempre, escribí los personajes pensando en los actores específicos que los desarrollarían. Eso da unas posibilidades de trabajo extraordinarias, porque logra que el personaje esté previamente encarnado. Conoces su cuerpo, su voz, cómo serán sus cadenas de acciones, su modo de relacionarse con el texto. Recuerdo, por ejemplo, a Adria Santana como Adah Menken; recuerdo a Hilda Oates como la marquesa viuda de Campo Florido; a Vivian Acosta en *Santa Cecilia;* a Grettel Trujillo (¡Grettel Trujillo!) en *El enano en la botella* y *Josefina la viajera;* pienso en Mario Guerra también en *El enano...;* en Osvaldo Doimeadiós en *Santa Cecilia* (aunque solo pude verlo en vídeo); en Lili Rentería como Grazziella Montalvo; en Mijail Mulkay y Alfredo en El ángel de La noche; en Jacqueline Arenal como La ciega...

En casa tengo las ediciones de Tusquets de Tuyo es el reino, Los palacios distantes, *y* El navegante dormido. *Perdona, no soy un crítico, ni sé si has hablado de esto antes, pero los siento, como libros que funcionan juntos como parte de un mismo mundo o lenguaje. No sé si fue una intención.*

No, no fue una intención. Creo que si un escritor es honesto, si un escritor necesita de algún modo «escribirse», lo que suceda será eso, un mismo mundo, un mismo lenguaje, una misma testarudez, una misma alucinación. Eso tan dicho y redicho de que siempre se escribe el mismo libro. En mi caso, hasta donde sé, ha sido fatalmente así. Con cada libro intento entender algo que se me escapó y se me escapa. Algo que no acabo de saber, de comprender. Dar vueltas en torno a las mismas personas, al mismo paisaje, con el propósito de mirarlo desde otro punto de vista y sacar algo en claro. Y siempre termino escribiendo otro libro para ver (infructuosamente) si acabo de tener una iluminación que, como diría Borges, no se produce.

Hay una sensualidad y una visualidad bien cinematográfica.

Sí, debes de tener razón. La primera experiencia estética que tuve fue con el cine, desde antes de saber leer, con tres años, cuando iba con mis padres al cine de Columbia. De modo que cuando ya fui capaz de leer, la imaginación cinematográfica estaba allí, auxiliándome. Hace mucho que la técnica cinematográfica se mezcló con las técnicas narrativas. Yo tengo presente la sensualidad en mi vida. Soy un hombre que otorga mucho valor a la sensualidad, un hombre a quien le gusta escuchar, saborear, oler, tocar, mirar… Y siempre he intentado que en mis novelas esté presente esa sensualidad.

Para escribir una novela como Tuyo es el reino, *tienes la posibilidad de parar los demás textos. ¿O al mismo tiempo escribes teatro, trabajas en algo más?*

Tengo poca capacidad de trabajo. Si escribo una novela todas mis obsesiones tendrán que ver en ella. Entonces no puedo pensar ni hacer otra cosa.

¿Has regresado a la isla? ¿Qué es lo que más extrañas?

Regresé en 2008. Encontré la misma Habana que había dejado. Esto, en realidad no es cierto, la encontré un poco más destruida. No es cierto que el tiempo se haya detenido. Da la impresión de tiempo detenido. El tiempo es tan corrosivo como el salitre.

¿Lo que más extraño? Cosas que ya no existen. Ni volverán a existir. Cosas, lugares, personas que están asociadas con mi infancia.

Extraño perderme en la arboleda del patio de mi abuela, que era la arboleda de la escuela de Columbia, Flor Martiana, que después se convirtió en la Escuela San Alejandro.

Extraño ir a la quinta de los Peguero en el Wajay, donde había un olor a mango, a guayaba, a flores, hasta que prendían la barbacoa.

Extraño llegar de la escuela y que mi madre me tuviera preparada la comida, y comer escuchando las aventuras de Kazán, el Cazador.

Extraño ir con mi padre a la plaza de Marianao, a buscar arenques que luego él ahumaba. La plaza de Marianao con su explosión de colores y de ruidos.

Extraño las reuniones familiares en La Minina, Bauta, con una mesa larga y muchas cervezas.

Extraño ir a Playa Habana, en Baracoa (Bauta), con una caja de tamales y un tanque de cervezas en hielo.

Extraño ir al Ten-Cent de la calle Galiano a comer los bocaditos especiales y echarle una moneda a un muñeco bailarín.

Extraño ir con mi hermano todos los agostos a Finca Vigía, a sentir cómo vivía un gran escritor.

Extraño a mi amiga Marta, que trabajaba en la Biblioteca de 100 y 51 y quien murió con veintiocho años, en 1980.

Extraño a mi amigo Otto, muerto en Nueva York en 1991, con quien paseaba cada tarde por la playa cuando terminábamos las clases en el Pre de Marianao.

No hace falta que continúe, ¿verdad?

¿Te sientes de alguna manera traicionado?

No. Traicionado no es la palabra. A uno lo traicionan cuando le han prometido algo que no se cumple. Aunque muchos me hayan traicionado, no sé si es el sentimiento que domina en mí. En realidad me siento expulsado. Un sentimiento que llevo desde 1967 o 1968. Muy temprano.

Sentirse expulsado tampoco es tan malo. Debo confesar que comienzo un hermoso período de reconciliación con mi propia vida. Todo aquello que hice mal me parece que fue justo para alcanzar el punto en el que estoy. Por supuesto, igualmente lo que hice bien.

No descubro resentimiento en mí. Ningún afán de revancha. No tengo ganas de batallar, salvo con las palabras y la pantalla del ordenador.

Se trata de aceptar las cosas como vinieron, como vienen, y saber (cínicamente) cuánto sirve todo ese material para la creación literaria.

No, no tengo propósitos de revancha ni de venganza. Tampoco me interesa tener un palacio en ninguna calle de La Habana, ni dirigir institución alguna. Sí, en cambio, vivir tranquilamente la vida que llevo y el deseo (obstinado) de contar cosas tal como las imagino, con un español aceptable.

Nos sometieron a un experimento que ni siquiera lo era. Todo se reducía a un afán desmedido de poder. Una especie de psicopatía del poder. Nadie quería nuestra felicidad, ni la justicia social. Nadie quería hacer algo por nosotros. Afán de poder. Solo eso.

Muchos intelectuales se dejaron seducir por ese espejismo. Muchos intelectuales que solo quisieron participar de ese poder. Ahora mismo hago un esfuerzo por entender a los intelectuales (los honestos, claro) que creyeron y aún creen en eso que se llama la revolución. Una revolución de sesenta años, lo cual plantea un inmediato contrasentido. Destruyeron un país, una sociedad, una economía...

Lo destruyeron todo; nada nuevo colocaron en su lugar. Salvo el poder, las prohibiciones, la policía y el miedo. La única igualdad ha venido por el lado de la pobreza, del sufrimiento y del miedo. Nos hicieron (nos hacen) sufrir mucho y eso hay que contarlo, como cada cual pueda. Hay que contarlo, porque no hay otra consolación.

¿En que trabajas ahora?

Acabo de terminar un libro de cuentos que supongo saldrá en Tusquets este año. El título (provisional) es *Cómo conocí al sembrador de árboles*. Y ahora, en estos días del confinamiento, en que parecemos venecianos del siglo XV, personajes del Decamerón, he comenzado una novela de la cual no pienso decirte ni una palabra.

A veces te siento como alejado de todo, como si no te interesara ser parte, ¿me equivoco?

Es que nunca fui parte. Y ahora, que tengo sesenta y seis años, experimento más que nunca un absoluto cansancio de toda esa historia que vivimos. Veo a algunos compañeros míos en Cuba que tienen ánimo de escribir artículos y ensayos y defender cosas y criticar otras, ir a reuniones, discutir lo mismo que ya discutieron hasta la fatiga, como si la realidad cubana tuviera remedio aún con esas condiciones de poder. Es una batalla perdida.

No hay nada que hacer en un país perdido, destruido, y no entiendo cómo esos amigos pueden mantenerse como el hámster que corre inútilmente en la misma rueda. Soy pesimista, ¿no?

A veces entro en el canal de la televisión cubana. Hay unas mesas redondas donde la retórica es la misma de hace cincuenta años. Veo, por ejemplo, una discusión sobre cómo mejorar la relación de los dependientes de una tienda con sus clientes y me parece que es la misma discusión de hace cincuenta años, solo que en medio ya del absoluto desastre.

Los «cuadros» del partido hablan como los «cuadros» del partido de hace cincuenta años. Es el mismo cuadro que cada cierto tiempo cambia de cara, pero que repite la misma retórica. Hay una retórica reiterativa y espantosa.

Soy de un profundo escepticismo en relación con la isla. Ya nada se resuelve con batallitas y discusiones que no entran en lo verdaderamente catastrófico y profundo que sucede en Cuba. Me desanima cuando escucho jóvenes cubanos que casi no saben hablar, sin la cultura más elemental, con desconocimiento del mundo en que viven, que carecen de la más elemental idea de la civilidad. Por el contrario, también experimento cierta esperanza cuando descubro jóvenes escritores, artistas, músicos, cineastas, periodistas independientes que han superado el miedo que paralizaba (y en muchos casos encanallaba) mi generación.

Por suerte, hay jóvenes a quienes ya no se les puede decir «eres lo que eres gracias a la revolución». Porque, además, eso que ellos sienten que son no es demasiado alentador. Y han perdido el miedo. El miedo es lo más paralizante que hay. Yo te confieso que a ratos aún lo siento. Cierto que soy un hombre muy miedoso. O, dicho de otro modo, soy un hombre con un concepto hedónico de la vida.

Si me dicen que mi vida depende de afirmar que la tierra es plana, lo afirmo con rapidez. Luego ya veré cómo lo resuelvo en la literatura. Concluyo, Carlos, con la certeza de que no soy un intelectual, de que no soy un reformador social o político que se proponga influir en la sociedad.

Ahora mismo, con tantos relatos venidos abajo, no sé cuál es el camino a seguir. Siempre repito como mi amiga, la querida actriz Marta Farré: «Sigo creyendo en la justicia social». Sin embargo, ya sé que esa es otra aspiración que no se logra con un Estado todopoderoso y un partido único. Al menos eso sí lo sé.

En cualquier caso, mira, soy alguien que simplemente se ha propuesto contar historias. Lo más que puedo hacer es contar bien esas historias y contar lo que yo supongo una verdad. Es el mejor modo que entiendo de «participar», o como tú dices, de «ser parte».

OMER PARDILLO: CELIA CRUZ ERA CUBA

Omer Pardillo, cubano, mánager de Celia Cruz, nos regala un tiempo de su ajetreada agenda para hablar de su trabajo y su vida al lado de Celia. Esta es una conversación sencilla, pero a la vez muy emocionante. Gracias, Omer, por tu tiempo y por mantener vivo el legado de Celia Cruz.

Omer, sé que naciste en la isla, ¿en qué momento sales de Cuba?

Soy oriundo de Vertientes, Camagüey. Salgo de la isla a la edad de diez años, acompañado por el obispo de Camagüey, monseñor Adolfo Rodríguez Herrera, para encontrarme con mis abuelos en Nueva York, a los que no conocía, porque habían salido al exilio en los años sesenta.

¿Qué recuerdas de Cuba?

Los recuerdos son muy lindos: una vida familiar, católicos, aunque era una época en que era prohibido ser católico. Me acuerdo mucho de las vacaciones en Varadero, con mis primos, alrededor de la calle 18 y la segunda avenida. También de visitar la finca familiar Mampai, en Vertientes, y estar en contacto con la naturaleza. Una vida sana.

¿En que trabajaban tus padres?

Mi madre era asistente dental y mi padre nunca ejerció ninguna profesión específica. Era un tipo *playboy*, solo fiestas y diversión.

¿En qué momento decides trabajar en la música?

A los dieciséis años empecé a trabajar como interno en una compañía disquera en Nueva York. Y ahí supe que eso era lo que quería hacer por el resto de mi vida.

¿Cuándo conoces a Celia?

La conozco a la edad de catorce años a través de una amiga de mi familia, María Hermida, la cual era muy amiga de Celia, y desde que nos conocimos, como éramos Libra, enseguida compaginamos en muchos aspectos.

En 1996 empiezas a ser el mánager de Celia, ¿cómo fue ese proceso?

Resulta que yo ya conocía a todos los empresarios y todo el proceso de trabajo con ella, y cuando Celia decide dejar a su mánager por más de veinticinco años, Ralph Mercado, me propone que si quiero manejarla.

Yo le hablé a ella de mi falta de experiencia, de mi juventud, que podía cometer errores, y Celia, tan genuina, me respondió: no te preocupes, Omer, que soy yo quien te lo está pidiendo, porque sé de la forma tan profesional en que trabajas. Si algo sale mal yo entenderé. Pero afortunadamente fueron sus mejores años, de muchos éxitos.

Te siento más como un amigo, un hijo, un familiar para Celia. ¿Cómo era la relación de ustedes?

Celia, Pedro y yo pasábamos más tiempo juntos que con nadie más. Nuestras giras eran de once meses y en las vacaciones, que eran en enero, también viajábamos juntos. Así que te puedo decir que formamos una familia.

¿Cómo era Celia en la intimidad?

Era todo lo contrario a la artista en el escenario. Una mujer muy tranquila, de un tono de voz bajo, que lo que más disfrutaba era justamente lo que no podía hacer: disfrutar de su casa.

¿Hablaba mucho de Cuba?

Siempre tuvo a Cuba presente, porque ella era Cuba fuera de Cuba.

¿Profesaba alguna religión? ¿Ponía su vasito de agua para los espíritus?

Católica y como buena cubana, cuando se inspiraba, ponía su vasito de agua con una gardenia.

¿Qué no le gustaba?

Que le pidieran un autógrafo dentro de una iglesia, mientras estaba rezando. Pero amablemente le pedía a la persona que esperara afuera para dárselo.

¿Cómo era su relación con sus padres? ¿Con sus muertos?

Con su madre muy cercana, con su padre tengo entendido que un poco distante. Los seres de luz de Celia de siempre.

¿A Celia le gustaba el mar? ¿Iba a la Ermita de La Caridad?

Mucho, aunque solamente la vi bañarse en el mar dos veces. Sí, iba a la Ermita, cuando venía a Miami no dejaba de visitar el santuario.

¿Cómo recordaba ese viaje que hizo a la base naval de Guantánamo?

Fue algo muy emociónate para ella. Ahí están las imágenes de cuando llegó: besó la tierra.

Entre amigos, ¿bailaba?, ¿se ponía a cantar?

Celia no asistía a ninguna fiesta, a no ser que fuera necesario. Llevaba una vida muy tranquila en los pocos ratos que tenía para su vida personal. Le encantaba invitar a sus amistades a cenar a algún restaurante de moda o que le gustase mucho en Nueva York.

¿Qué lugares le gustaban?

Celia adoraba Nueva York, era su ciudad favorita, le encantaba ir al barrio neoyorquino de Soho de compras; y a su restaurante francés preferido, Baltazar, a almorzar. Miami solo la visitaba. Lo que más le gustaba era el sabor cubano allí, porque la ciudad en sí, no le atraía mucho, pues nunca vivió allí. Celia era totalmente de Nueva York. En Miami solía almorzar en Larios, un restaurante muy popular. Cuando tenía tiempo.

¿Qué le gustaba comer?

Le encantaba la cocina francesa, le parecía muy sana; y, obviamente, la nuestra.

¿Fumaba? ¿Tomaba café?

No fumaba, solo puros, en un par de ocasiones, por alguna ocasión especial. Por ejemplo, cuando el escritor cubano Guillermo Cabrera Infante publicó el libro *Holly Smoke*, en la fiesta de lanzamiento, se fumó un puro Cohiba.

No tomaba mucho café, pero sí mucho té. Ni que hubiese nacido en Inglaterra. Pedro le decía La inglesa.

¿Celia manejaba? ¿Cocinaba?

Nunca manejó, siempre tuvo chofer. Cocinaba muy poco, posiblemente una vez al año. Y su especialidad era arroz, los frijoles, picadillo y tostones.

¿Cómo era Pedro Knight con Celia?

Simplemente te puedo decir que eran dos cuerpos, pero una sola alma. Se adoraban. Yo con Pedro me llevaba muy bien, era Libra también. Los tres Libra.

¿Cómo se llevaba Celia con Tito Puente? ¿Y con Cachao?

Tito Puente fue su hermano en el escenario y fuera del escenario. Hicieron maravillosos discos y giras juntos. Con Cachao también, se conocían desde Cuba y Celia lo admiraba mucho como bajista. De vez en cuando se encontraban en Miami para cenar y recordar viejos tiempos.

¿Escuchaba a algún artista de la isla?

Claro, escuchaba siempre a Elena Burke y también, en sus últimos dos años de vida, escuchaba mucho un disco de Pablo Milanés, que le regalaron los ejecutivos de Universal Music, en México. A quien ella por cariño le decía «Pablito». Cuando manejábamos decía: Omer, pon el disco de Pablito. Ella adoraba su tono de voz y la forma de interpretar. También un disco tributo que le hizo la cantante Haila Mompié, bajo la producción de Isaac Delgado. Le encantaba «Bemba Colorá» en ese disco. Con Haila coincidió en un par de ocasiones e Isaac Delgado la acompañó varias veces durante el tiempo que vivió en Madrid.

¿Cómo era la relación de Celia con Elena, Omara, Olga Guillot?

Celia y Elena tuvieron una amistad de toda la vida, aunque marcadas por la distancia. Siempre encontraban la forma de poder hablarse. Y en su casa la única cantante cubana que se escuchaba era Elena Burke.

A Omara la unía una amistad desde inicios de su carrera, pero tras su salida nunca más la vio, hasta 1996, que se reencontraron en México.

Y Olga Guillot siempre fue una de sus mejores amigas en la música, porque empezaron y compartieron muchos triunfos y tristezas en el exilio.

¿Cómo se sentía Celia cuando ganaba un premio?

Para ella todos los premios eran importantes, pero estaba muy contenta con sus Grammy. Tuvo Grammy latinos y tres Grammy americanos. Y otro Grammy después que falleció. En total ocho Grammy.

¿Cómo era un día normal de trabajo tuyo y de Celia?

Nosotros nos veíamos a diario, porque siempre estábamos de gira. Si estábamos en la promoción de algún disco o concierto, pues le gustaba empezar a trabajar muy temprano. Tipo siete de la mañana para poder terminar a las cuatro.

¿Cómo era Celia en el estudio?

Extremadamente organizada y rápida.

¿Qué hacía para la voz? ¿Miel? ¿Agua tibia?

Té caliente y miel solamente.

¿Tenía alguna manía o superstición antes de salir al escenario?

No le gustaba que le vieses el vestuario cuando caminaba del camerino al escenario. Entonces iba cubierta con una capa hasta que estaba en el escenario. Nunca le pregunté por qué.

¿Cómo fue el proceso de grabación de «La negra tiene tumbao»?

Celia grababa muy rápido, ella hacía un disco en cuatro días. Era muy rápida en el estudio, un día grabó un tema de navidad para un álbum de Sony en seis minutos. El productor le dijo que eso nunca le había pasado.

¿Cómo Celia escogía a los músicos?

Ella confiaba en el productor para que escogiese los músicos.

¿Tenía su propia banda o invitaba gente?

No tenía su propia banda. A través de los años la acompañaron bandas y artistas como Johnny Pacheco, Tito Puente, Pete «El Conde» Rodríguez, José Alberto «El Canario», Oscar D' León y Alain Pérez, quien fue su director musical en España por alrededor de tres años.

¿Cómo escogía a los autores?

Cuando le enviaban los temas los veía y si le gustaban los ponía en una caja para cuando fuese a grabar presentárselos al productor.

¿Cuántos conciertos hicieron juntos?

Imagínate que ella hacía alrededor de ciento cincuenta conciertos por año. Yo recorrí todo el mundo con Celia, excepto China, Rusia, Bolivia y Cuba.

¿Cómo fue lo del concierto con Pavarotti?

Lo de Pavarotti fue una experiencia inolvidable para ella. Decía: imagínate, yo con mi música tropical y cubana, haciendo «La guantanamera» con Pavarotti, qué más puedo pedir...

¿Celia sabía que en Cuba la seguían escuchando?

Sí, siempre supo que, aunque estaba prohibida, su pueblo nunca la olvidó.

¿Cuéntame, qué es The Celia Cruz Foundation?

La Fundación «Celia Cruz» es una organización sin fines de lucro cuyo compromiso principal es preservar, proliferar y promover el legado de la fallecida cantante cubana y «Reina de la Salsa», Celia Cruz; y ayudar a estudiantes en la educación musical.

Omer, ¿en qué estás trabajando ahora?

Sigo en el negocio de la música con diferentes proyectos y en los últimos dos años con las giras sobre Celia: *El Musical* y *Celia vive*.

Sé que eres un defensor del exilio, ¿qué crees de la situación de Cuba?

Celia le llamaba el Digno Exilio, que simplemente somos todos aquellos exiliados que sin país hemos logrado un éxito a través de nuestro arduo trabajo. Para entender lo que es el exilio hay que vivirlo. Siempre admiraré a nuestros abuelos y padres que tuvieron una visión para que sus hijos crecieran en libertad, con un futuro próspero y digno. La isla desafortunadamente tiene un futuro muy incierto.

¿Cómo se refería Celia a la situación de Cuba?

Celia no hablaba de política a no ser que le preguntaran, y respondía siempre su opinión sobre la dictadura. Ella muy jocosamente decía: yo no veo que a los políticos le pregunten de los artistas.

En Regalo del Alma *ya estaba enferma, ¿cómo se mantuvo positiva?*

Grabó el disco enferma, bajo un invierno muy fuerte, y ya un poco más despacio que antes. Pero el disco la mantuvo positiva y quitándole de la mente los momentos difíciles que pasaba. Lo grabó en los estudios de Frank Sinatra, en Englewood, New Jersey. Muy cerca de su casa.

El homenaje de Telemundo, de 2003, dicen que fue su última aparición pública, ¿cómo se sentía ella con ese homenaje?

No, su última aparición pública fue en un concierto en Nueva York, pero su última aparición de televisión sí fue el homenaje de Telemundo.

¿Ella era consciente de la gravedad de su enfermedad?

Sí, pero tuvo una fuerza muy grande y dignidad.

¿Cómo fueron los últimos días de Celia? ¿Se fue en paz?

Yo no me separé de su lado nunca. Desde el día que le diagnosticaron la enfermedad nos veíamos a diario y había veces que hasta dormía en su casa. Aunque vivíamos muy cerca.

¿Cómo y dónde te enteras de la muerte de Celia?

Yo estaba allí presente todo el tiempo, fue un momento de mucha luz, se fue en paz y estoy seguro de que nunca se imaginó el amor y la pasión que su público tenía por ella. Fue un velorio digno de una reina, paralizó la ciudad más importante del mundo y cerró la Quinta avenida para que el carruaje con su féretro diera su última despedida.

Cuando Pedro quedo solo, después de tantos años, qué difícil...

Claro, Pedro sin Celia no era nada.

JULIO HERNÁNDEZ CORDÓN: EN UN MOMENTO VOY A VENDER MI ALMA

A Julio lo conocí en Costa Rica y después coincidimos en Francia y la pasamos muy bien. Siempre ha sido un referente y una fuerza infinita para poder hacer cine, aunque no se tenga un peso. Su obra es bien difícil de catalogar, pero lo que nadie le puede negar es que en sus imágenes hay una fuerza y una bomba tremendas. Muchos directores vienen y van, algunos se ponen de moda y luego desaparecen. Es una alegría saber que Julio siempre va a estar ahí. En los momentos de bajón emocional me ayuda mucho pensar en su manera de tirar para adelante. Te prometo anarquía *es una película a la que hay que volver. Te aprieta el corazón. Te deja sin aliento.*

Hoy tengo la suerte de conversar con él.

¿Dónde estás pasando la cuarentena? Me imagino que debes de estar trabajando en nuevas historias... ¿De que va el guion nuevo?

Me encuentro en la Narvarte de la Ciudad de México. Uno de los barrios céntricos de la ciudad. Barrio donde vivieron Pérez Prado, Pedro Infante y el Che Guevara. Estoy con tres guiones de ficción, uno de ciclistas que se creen la reencarnación de Nezahualcóyotl y Sor Juana Inés de la Cruz. Ellos se dedican a hacer sacrificios humanos al dios de la lluvia de los aztecas, Tláloc, para inundar la ciudad de México. Otro es acerca de un vampiro que no quiere ser vampiro y sus hijas, cuando descubren que también son vampiras, tienen pavor de atacar a su mamá. La madre no es vampiro. El guion nuevo es acerca de un hombre divorciado que va a Kingston a buscar la tumba de Alton Ellis, pero su verdadero plan es que lo maten a golpes en una fiesta callejera de *dance hall*. Y unos niños que viven en los árboles le dan otro sentido a su vida. Es una especie de Peter Pan y los Niños perdidos de la isla de Nunca Jamás. Estoy con los tres guiones. Además me encuentro en la pre y desarrollo de dos series acerca de la frontera mexicana-estadounidense. Pero esos guiones no son míos.

Creo que acabas de terminar una película llamada Se escuchan aullidos, *que ha tenido un proceso bien indie e interesante. ¿Qué me puedes contar de esto?*

La película se estrenó en el FICUNAM 2020. Es una película de búsqueda, muy personal y orgánica. Se hizo sin guion, con puras improvisaciones. Actúa mi hija Fabiana, ella recorre los lugares donde fui niño, donde jugué y se los apropia. Ella narra mi historia y de cierta manera crea un autorretrato de ella. Hice esa película porque me negaron un fondo en México. Decidí que puedo hacer película cuando yo quiera y bajo mis reglas. Es un ejercicio de autogestión, de hazlo tú mismo. La película se preprodujo en una semana, se rodó en una semana, el rodaje se hizo con cuatro mil dólares, dinero que fue invertido por Francisco Barreiro, que es el coprotagonista de la película y el resto del dinero fue donado por varios amigos. Me asocié con Daniela Leyva Becerra Acosta y Andrea Toca, ellas consiguieron el apoyo de varios laboratorios de post producción para finalizar la película. Rodamos en los alrededores de la Universidad de Chapingo, que es un centro de enseñanza de agricultura que se ubica en Texcoco.

En general, ¿cómo trabajas? ¿Le das mucha importancia al guion o te permites improvisar? ¿Vas al rodaje con un storyboard? *¿Ensayas? ¿Haces plantas con el fotógrafo para ver el movimiento de la escena?*

Me gusta escribir mis películas, pero no uso el guion en los rodajes. No quiero que se sienta el peso del papel. Intento que sea una especie de documental ficcionado. No uso *storyboard,* ni *shootinglist,* no ensayo. Todo es improvisación. La cámara la pongo en la locación y con la cámara voy montando la escena. Luego el fotógrafo pule mi encuadre y pone la luz. La toma uno es mi ensayo. Después de la toma uno, cambio diálogos, puesta en escena y a veces el arte o la locación.

En Centroamérica eres como el rey de los directores que salen a filmar estilo guerrilla, con actores no profesionales, onda documental (perdona, es una visión un poco cliché definirte así), ¿cómo te ves?

Me gusta contar historias, encuadrar, buscar locaciones, me gusta saber que me salgo con la mía. Que puedo hacer películas sin dinero o con dinero. Me gusta hacer cine, pero a mi modo. No me gustó la manera en que me enseñaron hacer cine en la escuela donde estudié. Ahora estoy con la idea que quiero grabar o rodar cualquier cosa que escriba. Escribir con libertad en el sentido de no pensar si es viable o no por el presupuesto. Y esa posibilidad me la ha dado México, de cierta forma. Todo lo que hice en Guatemala fue escrito junto con un ábaco o una calculadora. Me moría por hacer cine, por contar mis historias, nunca me importó si había presupuesto o no. O si la falta de presupuesto desnudará las costuras. Me gustaba la idea de hacer cine artesanal. Ahora hago pelis con mejor presupuesto pero mi espíritu sigue siendo el mismo. He visto demasiadas películas con presupuesto que están mal hechas y sin alma. No quiero hacer cine sin alma.

¿Te verías filmando una peli en Hollywood?

Sí, me gusta el paisaje de Texas, el del delta del Misisipi y la cultura popular de ellos. Tengo ganas de hacer algo de vaqueros en bicicletas.

Te prometo anarquía *para mí es una joya. Hay planos que nunca se me van a ir de la cabeza. Como aquel en que acabando el tercer acto, el personaje viene caminando y el amigo le salta a la espalda. Tiene un nivel de poesía en el medio de una vida bien urbana y cruda. ¿Qué estado de ánimo te llevo a hacer esta película?*

Gracias. Iba a ser mi segunda película y no la pude desarrollar en Guatemala. Para mí es una historia de desamor, pensé en las chicas de las que me enamoré y no puedo olvidar. Escuché una historia de amor de mi hermano, que es gay. Quise hacer una película *noir* con patinetas. Creo que hice ocho versiones del guion.

En un inicio traficaban con cocaína y sentí que era un cliché. Sin querer googleé la palabra sangre y vi que en México se trafica con sangre. La venden de manera ilegal. Me pareció que podía contar una historia acerca del narco con la premisa de la sangre.

¿Cómo trabajaste en la edición?

Para mí la edición es parte de la escritura del guion, edito sin usar el guion, reescribo la película con las escenas que me gustan o funcionan. Desecho mucho material. Mis películas no tienen el orden cronológico de mis guiones.

Atrás hay relámpagos: *te escuche hablar de que una de las actrices quería trabajar contigo. ¿Con cuánto dinero se hizo la película? ¿Cuántos días de rodaje? ¿Cómo haces cuando acabas un largo?*

Una amiga de Costa Rica quería trabajar conmigo. Le dije que si conseguía veinte mil dólares podíamos hacerla. También le dije que tenía ganas de hacer una peli sin escribir un guion. Que si me dejaba improvisar con la construcción de la historia en el rodaje, me subía al barco. Se rodó en doce días. Con esa experiencia entendí y comprendí muchas cosas de cómo hacer una película sin guion. Y que es mejor escribir antes de rodar. Sobre todo que, en una película pequeña, el director tiene que tener más control en la producción. Por un accidente no pude rodar el final de la película. Creo que la película merecía otro final. Se editó en cinco semanas, porque nos ofrecieron el estreno en Rotterdam. El rodaje lo terminamos a finales de noviembre.

Siempre subo fotos o videos de mis proyectos en las redes sociales. Y los programadores me preguntan si pueden ver lo que llevo. Más bien conozco a la mayoría de los programadores y les mando directamente la película en un estado de *wip*. Los agentes de ventas llegan cuando ya tenemos confirmado el estreno mundial.

A Cómprame un revólver *le fue bastante bien en Francia. ¿Consideras que es tu película más accesible para el público? ¿Trabajaste con tus hijos? ¿Cómo fue esa experiencia?*

Puede ser. Es mi película de mayor presupuesto. Me sentía más seguro debido a mi experiencia. Estuve muy protegido por la producción y eso me hizo dedicarme solo a dirigir. Abordé un tema que me aflige, que es la violencia del narco. Trabajé con mis hijas, fue intenso, fui papá las veinticuatro horas y también, director las veinticuatro horas. Una película por la que me están llamando para hacer series en México.

Con Hasta el sol tiene manchas *te has ganado la fama de cineasta de culto. ¿Qué crees de las etiquetas en el mundo este del cine?*

Me gusta. Estoy metido en la creación por los artistas que admiro. Nunca he realizado o escrito una película por hacer taquilla. Sé que podría. Pero eso no es cinefilia. En un momento voy a vender mi alma y haré cosas para generar ventas.

Hasta el sol tiene manchas es una película con muchas costuras, pero esas costuras le dan un universo particular y único. Es una película que no se había visto antes y nació de una frustración por no conseguir dinero para producir una película. Pensé quiero hacer algo donde voy a jugar y además me voy a despedir del cine de bajo presupuesto. Y aún no logro despedirme del todo del cine guerrillero. En el cine se te obliga a depender de gente externa (fondos, festivales, taquilla, crítica, permisos para rodar) y eso me da ansiedad. *Hasta el sol tiene manchas* es un testimonio de que hice lo que quise y además con la compañía de mis amigos.

¿Qué recuerdos tienes de… Gasolina:

Mi tarjeta de presentación, pero sobre todo fue un robo por parte del agente de ventas, los productores europeos. La vendieron a Netflix, Ibermedia y en otros sitios y nunca me dieron mi parte. El medio está lleno de tiburones. Pablo Stoll me dijo: «te tienes que asociar con peces de tu tamaño o te comen». Entendí cómo una película puede incomodar a un país. Tuve muchos *haters* en Guatemala por la manera en la que fue hecha y por la forma que retrato el racismo, el aburrimiento y la impunidad en Guatemala.

Polvo:

No quise hacer una postal del indígena en Guatemala. Aún me niego a eso. Me centré en retratar que las verdaderas heridas de un conflicto armado están en la posguerra. Por esa película estuve en la Cinéfondation del Festival de Cannes y la pasé muy bien en París. París me dio otra mirada, tuve acceso de manera orgánica a información que no encontraba en Guatemala. Es una película compleja para mí. Porque estoy en ella, en uno de los personajes, además, es una película sin panfleto, sin el romanticismo al indígena guatemalteco y a los paisajes. Es una película cruda. Su rodaje coincidió con una separación, entonces no tenía ganas de estar en el set. Nunca me había pasado eso. Es mi película más oscura y triste. Una vez coincidí con Apitchapong en la Ciudad de México y estuvimos hablando de *Polvo*. Él había sido jurado en Locarno cuando competí con esa película. Según él, la quería premiar pero no hubo consenso. Tengo la sensación que mi cine no es tan comercial ni tan radical, entonces no se ponen de acuerdo con sus apreciaciones acerca de mi trabajo. Intento ser fiel conmigo y mantener esa sensación de lo artesanal, de lo político en el subtexto y tener mis propias reglas en la construcción del guion y la puesta en cámara. Mis guiones no son académicos, tampoco uso Final Draft. No soy de manual ni de teorías cinematográficas, no me interesa hacer cine pensando en otras películas. No me sale.

Las marimbas del infierno:

Una película que se hizo con cero expectativas y me puso en el mapa de una manera que nunca me imaginé. La película genera empatía y cariño. La hice con cinco personas, sin un guion. Solo tenía una sinopsis. Experimenté con el fuera de cuadro, con la improvisación, con el humor y el drama. Es la película por la que más veces me han abrazado. Retrata mi sentir o lo que significa crear en un lugar como Guatemala. Guatemala es el país que más se autosabotea. Guatemala se encuentra en la lipidia por las decisiones que toman y porque una guerra ocasionó que la gente no piense en comunidad.

¿Qué cambiarías? ¿Crees que más presupuesto te hubiera ayudado más?

No cambiaría nada. Todo han sido mis decisiones y he aprendido de ellas. A veces me dan ganas de no tener tanto pudor en vender mi alma.

Por favor regálame once directores o directoras de Centroamérica que crees que hay que seguir.

Hay tres que no hace falta mencionar: Jayro Bustamante, Paz Fábrega y César Díaz.

Pero gente que hay poner en el radar para mí son:

- Laura Baumeister, de Nicaragua. Ella es la sensación actual y es probable que se convierta en un referente.
- Ana Endara, de Panamá.
- Ariel Escalante, de Costa Rica. Estoy colaborando en la producción y lo he acompañado en la escritura de su segunda película.
- Sofía Quirós, de Costa Rica.
- Josué García, de Guatemala. Joven documentalista.
- Peppe Badalamentí, de Guatemala. Es muy estético y sus historias son oscuras.
- Julio López, de El Salvador.
- Kim Torres, de Costa Rica.
- Ameno Córdova.
- Pepe Orozco, de Guatemala. Sus videoclips son artesanalmente bellos.
- Andrés Rodríguez, de Guatemala. Acaba de terminar su ópera prima, se llama *Roza*.
- Alexandra Latishev, de Costa Rica.
- Nicolás Wong, de Costa Rica. Es el fotógrafo más reconocido de Centro América pero también es director. Cuando decida hacer una película, va ser muy poderosa.

Y once películas imprescindibles (de cualquier parte).

No soy mucho de listas. Ni de *top tens*. Te voy a decir películas que compré en DVD y me emocionan que estén en mi casa:

- *For a few dollars more* de Sergio Leone.
- *Familia Tortuga* de Rubén Imaz. Me hizo sentir que podía hacer cine con lo que tenía a la mano. Además, estudió un año más arriba que yo en la escuela de cine. Entonces su actitud me inspiró.
- *Paisaje en la niebla* de Theo Angelopoulos.
- *Pickpocket* de Robert Bresson.
- *Leaving las Vegas* de Mike Figgis.
- *Wendy and Lucy* de Kelly Reichardt.
- *The cranes are flying* de Mikhail Kalatozov.
- *El hombre del brazo de oro* de Otto Preminger.
- *Slacker* de Richard Linklater.
- *Las tortugas pueden volar* de Bahman Ghobadi.
- *¿Dónde está la casa de mi amigo?* de Kiarostami.

Bueno, mano, muchas gracias por tu tiempo y tus ganas. Ojalá podamos ver pronto esos nuevos proyectos que tienes en la cabeza. Antes de acabar... Si solo puedes salvar del fuego tres de tus obras, ¿Cuáles serían?

Hasta el sol tiene manchas, Las marimbas del infierno y Te prometo anarquía.

EN LA CAMA CON MATÍAS BIZE

Hace dos años me invitaron a una charla en Santo Domingo, para que les diera una serie de consejos a un grupo de jóvenes que aspiraban a hacer cine. Por poco me sacan a patadas ya que, en un brote de sinceridad, les dije que la sensación que uno tiene antes de hacer una primera película es muy similar a lo que se siente si no has perdido la virginidad. La cabeza te empieza a dar vueltas y te parece que nunca lo vas a lograr. Tu ópera prima, como tu primera vez, tiene que ver mucho con que uno lo intente, pero también con la suerte.

Imagínate soltar una frase tan mundana en un ambiente académico, delante del productor de Apitchapong *y de un grupo estirado de seguidores de la estética de Cannes.*

Preparándome para hacer mis primeros cortos, admiraba mucho a Alejandro Amenábar. Pero, claro, el tipo aparte de ser un genio contaba con un presupuesto al que yo nunca iba a llegar. Y contaba con celuloide.

Pensando en opciones baratas y averiguando acerca de las películas que se habían hecho con una simple idea y con mucha bomba, me encontré con algunas opciones.

Películas que ocurrían en una pantalla de celular, en una cabina telefónica, o simplemente en una cama.

El chileno Matías Bize apareció en el panorama mundial y acá en La Habana nos puso la cabeza mala a unos cuantos. Con pequeñas cámaras digitales y diez dólares en el bolsillo salimos a comernos el mundo.

El director de En la cama *sabía mucho de cine de pocos recursos, pero también sabía bastante de cuestiones del corazón.*

Muchos años después nos encontramos y hoy me ha dado el placer de poder conversar de cine.

Sábado *es tu primer largo de ficción. Tengo la sensación de que tanto en esta obra, como* En la cama, *hay unas ganas tremendas de sacar una película adelante. Sin embargo, siempre hay una historia. No hay una camisa de fuerza en la técnica porque sí, en el fondo hay mucho corazón.*

Sábado la hice con veintidós años. Me trajo muchas satisfacciones. Es una película que se hizo en un solo plano secuencia. Dura sesenta y cinco minutos y nació como un desafío de actuación. Era yo que tenía muchos deseos de hacer una película sin recursos. Nos costó cincuenta dólares, una cinta Mini Dv, dos tarjetas de teléfono y nada más. *Sábado* salió de probar a hacer este plano secuencia, además de un ejercicio teatral y actoral, y terminó siendo mi primera película, una película que estuvo en Mannheim, que ganó el premio Fassbinder y que a mí me convirtió en director. Tuvo un recorrido muy bonito se presentó en festivales, se estrenó comercialmente en Alemania y en varios países.

Se estrenó también en Chile con muy buena crítica, y cuando el digital todavía no estaba muy establecido, en el 2003. Y a mí me convirtió en director con una coproducción en Alemania y mucha más confianza. A los veintidós años, fue un gran paso para mí, para convertirme en director.

Si viéramos tu obra en conjunto podríamos señalar algunos temas, situaciones, que parecen volver. No me acuerdo quién era el que decía que un director de cine siempre está haciendo la misma película.

A mí los temas que me apasionan son los temas de pareja, siempre termino hablando de eso, porque me siento hablando desde la honestidad, desde la verdad y para hacer una película tienes que hacerla porque eso que sucede, te mueve, y eso que sucede te dan ganas de trasmitirlo, te dan ganas de preguntarte cosas sobre ese tema, de tener interrogantes, de reflexionar y para mí, hasta el momento, ha sido ese: la historia humana, emociones, historias de amor, historias de parejas en sus diferentes circunstancias.

Pero de alguna otra manera en todas mis películas está, es algo que las cruza, que las atraviesa, y probablemente en algún momento van a cambiar mis temas, pero hasta ahora ha sido eso y me siento muy honesto y me siento muy cómodo hablando de estos temas, y creo que para hacer una película como decía hay que hablar desde la honestidad, desde la verdad y para mí el cine así sí funciona, cuando veo que hay un autor detrás, un director que me está hablando de una manera honesta de sus temas, de su gusto, de su pasión ya esa película me parece interesante, porque hay un autor detrás.

Hablemos de En la cama, *una película que obsesionó a todos mis amigos que estudiaban cine, a mis amigos, editores, actores...*

La idea surgió con Julio Rojas, mi guionista. Hay dos cosas, queríamos hacer una película muy pequeña, ya yo había hecho *Sábado*. En el fondo, queríamos hacer otra película en que la energía estuviera puesta entre un buen guion, buenas actuaciones y que fuera una película con una producción muy chica y salió la historia de *En la cama*, que es una historia que va solo de dos actores en una cama, es la historia de dos amantes que no se conocen y eso tiene que ver con la pregunta que nos hacíamos, hasta dónde se puede uno involucrar con un amante o con alguien desconocido.

A partir de ahí fuimos reflexionando y salió *En la cama*. De hecho, es una película que me ha dado muchas satisfacciones incluso en Cuba, donde ganó un Coral al guion y creo que, también, el tercer Coral de mejor película. Fue súper importante. Fueron catorce días de rodaje. Es una película que se hizo en poquito tiempo, pero también muy cómoda, porque estábamos solo los actores y el equipo, que era un equipo muy reducido en esta habitación, que era un motel de verdad que nos conseguimos. Fue muy cómodo. Se rodó cronológicamente y eso fue importante y facilitó mucho el trabajo. Estuvimos seis meses trabajando con la editora, en un proceso muy cómodo, porque teníamos mucho material y pudimos priorizar las actuaciones. Lo disfrutamos mucho, porque teníamos muy buen material, y eso hizo que el trabajo fuera cómodo y satisfactorio.

¿Cómo fue el trabajo de escritura?

Hicimos muchas versiones del guion. Estuvimos al menos un año y medio trabajando en el guion, puliéndolo, y eso nos ayudó muchísimo. Íbamos al seguro. Estuvimos seis meses ensayando con los actores en la misma locación y eso nos ayudó también a soltarnos y a entender la película. Los diálogos, en el fondo, era ponerse en el papel de los personajes y que surgiera, de qué nos pasaría a nosotros en esa situación, hacerlo lo más verosímil, lo más real. De ahí viene eso de ponernos en la piel de ellos y no buscar lo espectacular y brillante.

La película tuvo un recorrido bien interesante...

Sí, fue increíble lo que pasó con *En la cama,* una película que tuvo un recorrido de festivales impresionante y un recorrido de ventas también impresionante. A mí me tocó estar en muchos estrenos comerciales alrededor del mundo y fue súper lindo lo que pasó, porque siendo una película pequeñita, con dos actores en una sola locación, fue una película que se abrió las puertas y que, gracias a los premios, gracias a las críticas y gracias a lo que pasaba en los festivales con el público, tuvo un desarrollo comercial increíble en salas de cine y eso fue muy bonito y me sirvió muchísimo para mi carrera también.

La vida de los peces *también tiene este juego de usar un dispositivo (una cama, un solo plano), pero en este caso es una casa, que es como un acuario.*

Trabajé con Bárbara Álvarez, una fotógrafa uruguaya, ella hizo *Whisky, La mujer sin cabeza* y lo que yo quería era bastante especial, porque se desarrollaba en una casa que representaba este acuario y en esta casa al igual que se mueven los peces en un acuario, yo quería que se movieran los personajes, quería que existieran objetos delante, como en un acuario están las plantas, están las burbujas, el movimiento del agua y lo que hicimos fue que existieran elementos en primer plano, entre la cámara y los actores, que estuvieran desenfocados y, también, detrás de los actores. Esa cámara estaba como escondida detrás de esa lucecita descubriendo a nuestros personajes. Fue un trabajo súper interesante con la Bárbara y es un trabajo del cual estoy súper orgulloso.

¿En tu piel es tu última película? Pero no ocurre en Chile, ¿no?

En tu piel es mi última película. Es una película dominicana, que en un comienzo nació como una invitación a ir a República Dominicana a hacer un *remake* de *En la cama*. Fui invitado por Elsa Turull de Alma y el Che Castellanos, que son dos productores bien importantes en República Dominicana y yo les hice una contrapropuesta de que no hiciéramos *En la cama*, sino que hiciéramos una nueva película. Si bien tuviera algunos elementos de *En la cama*, como que fueran dos amantes en una única locación. Ya yo era doce o trece años mayor que cuando hice *En la cama* y quería que me representara a mí, mucho más en lo que yo era hoy día distinto de lo que yo era a los veinticinco años, que fue cuando hice *En la cama*. En ese sentido fue súper interesante y a ellos les encantó la idea de hacer una nueva película y así surgió *En tu piel*, como la historia de dos amantes que se juntan todos los jueves en un departamento en Santo Domingo y cómo se van enamorando y qué les va pasando a ellos cada jueves mientras se van reuniendo. Y fue una película muy interesante, que me ha traído mucha alegría y me ha dejado muy orgulloso. Es la historia de dos amantes que se reúnen cada jueves a tener sexo, esa es la excusa, pero poco a poco se van enamorando y van bajando sus defensas. Era una reunión totalmente sexual y poco a poco se van metiendo en el fondo y comienzan a enamorarse.

¿Los festivales de cine te han servido para continuar haciendo cine?

Creo que los festivales cumplen muchas funciones. Primero, a los espectadores les facilita ver muchas películas, que sin los festivales sería difícil que las pudieran ver. A los directores nos facilita llegar a diferentes países, a diferentes lugares del mundo, a diferentes ciudades que no tienen tanto acceso al cine y en ese sentido me parece que tienen una función importantísima. Y, además, nos permiten exhibir nuestras películas, compartir con los espectadores y, de todas maneras, nos ayudan en nuestra carrera. O sea, no solo a la carrera de la película, sino a la carrera del director y, en ese sentido, a mí me ha servido muchísimo lo que ha pasado con mis películas. Las críticas en los festivales que he estado, los premios, han sido fundamentales para seguir haciendo películas y para poder seguir desarrollando mi carrera y seguir creciendo también. En ese sentido estoy muy agradecido de los festivales, porque me han permitido mostrar mis películas en prácticamente todo el mundo y, también, potenciar mi carrera, muchísimo.

Te diría que de todos o de muchísimos de mis festivales, hay dos recuerdos muy importantes para mí. Mi primer festival que fue en Mannheim, que fue increíble cómo gustó la película. *Sábado* ganó cuatro premios, entre ellos, el premio Fassbinder. Yo tenía veinticuatro años y fue un antes y un después. Diría que fue un crecimiento gigante en mi carrera. Y luego, muy importante para mi carrera, fue Valladolid, donde mi película ganó la Espiga de Oro, en la edición 50, del año 2005 y me convertí en el director más joven en ganar Valladolid, con *En la cama*.

No solo para la película que tuvo una carrera importante en España, sino para mí, para mi carrera fue súper marcador lo que pasó, tanto en Mannheim con *Sábado*; como en Valladolid con *En la cama*. Y luego, muchas vivencias de conocer personas, de que alguien se te acerque a la salida de un festival. Son recuerdos muy importantes y el de La Habana es muy lindo, por cómo se vive el cine en esos cines tan grandes, con gente tan participativa, es realmente una experiencia impagable.

¿Cómo ves la salud del cine chileno?

En Chile siempre tiene que ser una coproducción, no es suficiente financiarlas con el dinero que hay en Chile, entonces hay que recurrir a España, a Alemania, a Francia, a Argentina. Pero sí es necesario que sea una combinación de países en el fondo. Y también en ese sentido he sido muy afortunado, porque he tenido coproductores que me han apoyado mucho, que han confiado en mí, en mis guiones, que les gustan mis anteriores películas. Por eso siempre he tenido la libertad total para hacer una película y eso me da tranquilidad y confianza para hacer la película que quiero hacer.

¿Qué es lo próximo?

No sé todavía qué película voy a hacer. Siempre sueño con hacer la película que me gustaría pagar por ir a verla. La película que no es solo para ver en una hora y media. Quiero hacer una película que permanezca en el espectador. Eso es lo que intento y me propongo con cada película que hago. La película que me gustaría hacer es en la que estoy, es la siguiente, es la próxima y esa es la que me motiva. Lo que voy a hacer en los próximos tres o cinco años.

INTERCAMBIO DE SUEÑOS CON PABLO STOLL

Yo no sé hasta qué punto Pablo es consciente de lo importante que ha sido su obra para mucha gente. Es una cosa súper loca, porque uno no hace una película para inspirar. Uno hace una película, porque tiene que hacerla. Sin embargo, hay obras que tienen la capacidad de mover a alguien, aunque viva a miles de kilómetros de distancia.

El día que yo vi Whisky *mi vida cambió. Yo era chico y llevaba meses con un millón de ideas en la cabeza sobre la relación complicada que tenía con mi padre. Después de ver esta película, que venía del lejano Uruguay, me puse a escribir.*

Guanajay, mi primer guion, era una copia a la cubana de Whisky. *Nunca la logré filmar. Pero me abrió las puertas para conocer a Humberto Solás, que amó el libreto; luego pude entrar a la escuela de cine y así acabé dirigiendo* Melaza *y luego* Santa y Andrés.

Me siento mal, obsceno, al mencionar al desaparecido Juan Pablo Rebella. No tuve la posibilidad de conocerlo, pero como coautor de Whisky *me quito el sombrero ante él también.*

A Fernando Epstein, productor y editor, sí he tenido la suerte de conocerlo. Hemos coincidido en varios festivales, talleres. A veces me veo con un guion bajo el brazo tratando de tirárselo por la cabeza, molestándolo, cayéndole atrás.

Pero luego desisto, porque pienso que está en otras ligas. Gracias a él pude dar con Pablo.

Después de esta sencilla charla, que es de las que más he disfrutado en la vida, he vuelto a revisar varios de mis viejos proyectos, entre ellos Guanajay.

No quiero sonar exagerado. Pero estoy muy orgulloso de este encuentro.

Allá va eso.

¿Vives en Montevideo?

Vivo en Montevideo. Soy muy montevideano, muy citadino. Conozco más otras ciudades del mundo que el resto de Uruguay, pero conozco Montevideo. La he recorrido mucho por dos razones: para filmar y para ir a ver a mi equipo de fútbol: Defensor, un «cuadro chico» que se desplaza a jugar en canchas (casi nunca estadios) inverosímiles, en todos los barrios de Montevideo. Filmando, además, accedes a veces a casas de personas, o a edificios oficiales y eso es hermoso y aterrador a veces, pero bueno, conoces la ciudad.

¿Tienes un ritual o un horario específico para escribir tus guiones? ¿Desde dónde escribes? ¿Cuál es la vista desde tu puesto de trabajo?

Escribo en casa y no tengo horarios, aunque prefiero la mañana y la noche. No necesito mucho, un café tal vez. Lo que sí necesito es un *deadline*. Soy muy vago.

No miro mucho para afuera cuando escribo. En estos días de mierda, de consenso mundial por el cual la gente te puede contagiar de algo mortal si te le acercas, seguí por mi ventana la construcción de una panadería. En medio de las noticias más funestas, los tipos seguían trabajando con la convicción de que era importante una panadería, casi como una misión. Me daban esperanzas. Finalmente abrieron en medio de todo esto, y el pan que venden es carísimo, pero bueno, nadie es perfecto.

¿En qué momento empiezas a mostrar el manuscrito? ¿Se lo mandas a algún colaborador cercano? ¿A un familiar? ¿A tu chica?

Depende un poco del guion. Muchas veces escribo en dupla o en trío. El proceso siempre empieza juntos y charlando, y después nos separamos y cada uno escribe lo suyo y nos intercambiamos lo escrito. Lo hacíamos así con Rebella, y con Gonzalo Delgado Galiana. Con Adrián Biniez, que escribimos una serie juntos, lo hicimos sentados uno a cada lado de una mesa, pero cada uno en capítulos distintos; y con otro guionista, Carlo Tanco, que escribía desde su casa y nos mandaba.

Ahora estoy escribiendo con Leti Jorge, mi esposa, y con ella es distinto también. Hablamos mucho y escribimos separados primero y después reescribimos juntos. Por los niños es una organización complicada, pero lo logramos.

Los pocos guiones que he escrito solo, que me llevan mucho más tiempo, los doy para leer después de la segunda versión. Generalmente a la misma gente que nombraba más arriba. A veces, también, se los mando a Arauco Hernández, a Inés Bortagaray y a Cote Veiro. Algunas veces he pedido ayuda a gente menos cercana, pero con otras visiones de estructura y de desarrollo, según vea qué es lo que me está faltando, pero son casos de asesorías. A veces he sido asesor de guiones también, que es un trabajo que me gusta bastante y en el que hay que ser muy cuidadoso.

Cuando he trabajado como guionista contratado, lo he hecho en colaboración estrecha con el director. Es un trabajo lindo, porque hay que pensar como otros. Es casi interpretar.

¿Haces muchas versiones? ¿En el proceso tomas notas, dibujas, buscas referencias visuales?

Todas las versiones que sean necesarias, que siempre son menos que las convenientes. La versión que más me gusta hacer es la del rodaje, después de tener a los actores, los ensayos que cambiaron diálogos, las locaciones que determinan la puesta en escena. Ese es el mejor guion, el más contenedor de la película, el *blueprint*. A veces ese guion no es tan lindo de leer, porque deja menos lugar a la imaginación del lector. Mientras escribo no tomo ni hago dibujos, sí los hago sobre este guion, antes de empezar a filmar. Tomo muchas fotos, hago pequeños videos. Ensayo posiciones de cámara y lentes. En general no busco referencias, pero sucede que ves cosas y que las relacionas. Ahora estoy en medio de un proyecto de zombis y encuentro ideas en cualquier cosa, desde una comedia de Bogdanovich a una película de Ozu. El lenguaje es uno solo.

¿Sueñas mucho en las noches?

No duermo mucho por lo niños, por lo cual mis sueños son entrecortados y frenéticos. Tengo un sueño recurrente que es con Juan. Me pasa cada tanto tiempo, pero no le he encontrado relación con el hecho de la vigilia, solo sucede. Va cambiando de a poco.

¿Crees en algo? ¿Tienes una fe?

Creo en las personas. Específicamente en que son más inteligentes y solidarias de lo que se piensa. Como la realidad me da evidencias contrarias de eso diariamente, es ya una fe.

¿Qué te gustaría hacer?

En términos de vida: crecer con mis hijos y, al mismo tiempo, volver a disfrutar con mi esposa como cuando éramos novios. Llevamos juntos unos diecinueve años y solo hace uno que tenemos niños, por lo cual ahora todo es un caos. Hermoso, pero caos.

En términos narrativos, me gustaría seguir haciendo películas. No importa si grandes, chicas o medianas, no importa si para el cine o para Netflix o para tener en un VHS, pero seguir haciendo. En el sentido más laboral, me gustaría poder ser mejor en el empleo de las herramientas del oficio de dirigir. Me parece importante afirmar eso: es un oficio, como ser carpintero o costurero. Estoy un poco cansado del tema del artista, de la personalidad (la pose, los libros que leyó o los anteojos que usa), de que el director sea más importante que la película que hizo. Me aburre que las películas tengan que traer un manual y que «el mundo del cine» se cuele tanto en el cine, en la relación entre la película y el espectador. Y lo peor es cuando eso es una condición de «la industria»: cuanto más «artista» sea un director, más posibilidades tiene de que lo convoquen a dirigir un *thriller* que, finalmente, podría haber filmado igual o mejor, cualquiera con anteojos normales. Esa «industria de autor» me parece un paquete bastante complicado.

En el boletín de la Cinemateca Uruguaya había una frase recurrente para definir a algunos directores (todos los que no fueran Bergman, Wajda o Kieslowsky) «un buen artesano». Es a lo que aspiro.

¿Tienes un nuevo proyecto? ¿Zombis?

Tengo un proyecto desde hace diez años que es de zombis. Es raro estar haciéndolo ahora, porque, además, la historia va un poco de eso: una plaga que a Uruguay llega tarde, como casi todo. Tuve muchas vueltas, entre ellas plantearlo como una película de «industria» en algún momento, lo cual me llevó a perder cuatro años de reescrituras y presentaciones. Cuando te dicen que la novia de Neymar podría actuar en tu película, es el momento de parar la pelota y darte cuenta de que eso no va suceder.

Ja, ja, ja. Qué bueno. Te entiendo. Lo mismo me pasó con una peli de vampiros que nunca logré hacer. ¿En Hiroshima cómo fue el rodaje? ¿Cuántas semanas?

Fueron doce días con ocho personas en el equipo, más los actores. El guion tenía cuarenta y cinco páginas y sí, estaba bastante cerrado. Había visto las locaciones y hecho pruebas. No había mucho lugar a la improvisación. Había hecho un corto con mi hermano antes, como para probarnos en ese lenguaje. Esa vez no hice *story board*, trabajé con Arauco Hernández de fotógrafo y con Gonzalo Delgado Galiana en arte y asistencia, por lo que trabajamos bastante de memoria.

¿Cómo trabajas el proceso de casting? *¿Desde el guion tienes pensado a alguien? ¿Sales a la calle a buscar?*

La elección de los actores correctos y actrices correctas para los roles es el noventa por ciento de la dirección. En general me involucro en los *castings*, por lo menos en alguna etapa. Me gusta trabajar con personas que tengan la disciplina y el oficio de la actuación. Más allá de eso, en todo lo que he hecho hay muchos «no actores», es decir gente sin entrenamiento actoral formal. En general es gente que tiene ganas de meterse en ese mundo y que absorbe todo lo que está a su alrededor, al final del proceso ya no son tan «no actores».

En algunos casos he tenido las caras presentes a la hora de escribir, es el caso de Néstor Guzzinni y Gabriela Freire los protagonistas de la serie *Todos detrás de Momo*, que hicimos con Adrián Biniez, en 2018. No es lo más común, generalmente prefiero que alguna cara o alguna voz me cambie la idea que ya tengo del personaje. Nos pasó con Andrés Pazos en *Whisky*, que fue la última persona en llegar al *casting* y no tenía nada que ver físicamente con el personaje que habíamos escrito.

Si tuvieras que escoger once películas y once directores que te gusten.

- Al arco, Hitchcock.
- Línea de tres con: Ozu de central, por izquierda Truffaut, por derecha Ford.
- En el medio, doble 5: Bogadanovich y Polansky.
- Abiertos: Jarmusch y Moretti.
- Tres adelante: Hawks, Wylder, Payne.

La lista de películas la voy cambiando cada tanto tiempo, tiene más que ver con lo que veo que con la memoria. Algunas, sin embargo, se fijan porque las vuelvo a ver siempre:

- *El apartamento* de Billy Wilder.
- *Soberbia* de Orson Welles.

- *El Veredicto* de Syndey Lumet.
- *Stranger than Paradise* de Jim Jarmusch.
- *Rio Bravo* y *My Girl Friday* de Howard Hawks.
- *Psicosis* de Hitchcock.
- *Election* de Alexander Payne.
- *El hombre quieto* de John Ford.
- *Los muertos* de John Houston.

Este mes volví a ver *Noise Off* de Bogdanovich, *A Scene at the Sea* de Takeshi Kitano; *De mendigo a millonario* de John Landis, y *Las reglas del juego* de Renoir.

Unas horas después de escribir estas líneas me enteré de la muerte de Rosario Bléfari, poeta, escritora, música y actriz. Ella fue y será, *Silvia Prieto*, el personaje que cambia su vida a los veintisiete años en la película de Martín Rejtman. Una película que sigue teniendo una vigencia absurda y penetrante. *Silvia Prieto* y la obra de Rejtman fue y sigue siendo muy importante. Vuelvo a ver *Silvia Prieto* cada tanto y *Los guantes mágicos* también.

¿Desde cuándo pintas?

Je, no pinto.

Ja, ja, ja... Tengo que dejar esta respuesta...

Sin embargo, ahora mismo dibujo todos los días con mis hijos. Con crayolas.

Montevideo tiene como un aire o tempo bien curioso. Alguien ha hablado de la comedia uruguaya, que es como un género en sí mismo. ¿Crees que vives en un ambiente melancólico?

Sí, Montevideo es el principal exportador de nostalgia del mundo. El problema es pensar que eso está bueno y que es lo único que hay.

¿Cómo sales de esos momentos de bajón? Me es curiosa la frase: «Vamos arriba». No creo que exista algo así en ninguna otra parte del mundo. ¿Son más las veces que estás arriba?

Acá se convive con el bajón, de ahí la frase que te parece curiosa: siempre hay que ir arriba, porque se entiende que estamos de bajón perpetuamente y con normalidad.
Se complementa con el siguiente diálogo:
—¿Qué hacés, vos?
—Acá, tirando ¿y vos?
—Todo bien.
(Silencio de unos segundos.)
—Buuueno...
—Buuueno... arriba.
—Arriba.

Háblame de Fernando Epstein.

Es un amigo muy cercano, con él trabajamos durante catorce años. Estamos tan entrelazados en nuestras vidas profesionales, que es difícil pensarnos en ese plano el uno sin el otro (y sin Juan, por supuesto). Es mejor editor que productor, pero es mejor productor que muchos productores que conozco.

Sé que es delicado. Pero, me podrías decir algo de Juan Pablo Rebella. ¿Lo extrañas? ¿Fue raro filmar sin él?

No fue raro volver a filmar sin Juan. Fue raro levantarme todos los días sin él. Fue raro no marcar más su número de teléfono y fue, y sigue siendo raro, no poder hacerle comentarios que solo le podía hacer a él y que solo él podía entender. Es raro no saber qué pensaría de esta mierda de la pandemia, por ejemplo; qué chiste me estoy perdiendo. No lo extraño tanto en el set, lo extraño el resto del tiempo.

¿Qué recuerdos guardas de... 25 watts:

Filmar 48 horas sin parar, algo que ya no podrá hacer nunca más.

Whisky:

Tomar whisky durante el rodaje, sentado al monitor, pero solo a partir de que bajaba el sol.

La universidad católica de Uruguay:

No es una institución que me haya marcado como tal. Sí pasó que casualmente, en sus pasillos, nos encontramos un grupo de gente que haríamos cine y que en ese momento no lo sabíamos, porque en Uruguay no había cine.

¿Cómo fue el proceso creativo de 3?

El proceso de 3 fue largo, porque se vio cruzado por la muerte de Juan. Cuando Juan murió había treinta y seis páginas que habíamos escrito junto a Gonzalo Delgado Galiana. Ahí estaba toda la historia que después iba a ser 3. Esas páginas quedaron en un cajón durante más de un año. Me costó mucho leerlas de nuevo después de la muerte de Juan. Cuando las leía, sin embargo, reconocía la intención que teníamos y el placer que me daba contar esa historia. De todas maneras, tuve que pasar otros procesos, tanto personales como laborales, para poder volver a esas páginas y finalmente encararlas como un proyecto. La primera versión del guion la terminé solo, a partir de esas páginas. Después se sumó Gonzalo y lo seguimos entre los dos. La idea fue desde el primer momento no hacer *Whisky* de nuevo. «Eso es whiskero, no va» decía Gonzalo y eso se iba del guion.

¿Qué crees del cine uruguayo actual?

Creo que debería haber más. La idea en Uruguay, en este momento, es alquilarse como locación con mano de obra más o menos barata, para comerciales y series. Ese esfuerzo oficialista y nacional puede dejar aparcada la idea de contar una historia uruguaya o en lenguaje que los tecnócratas puedan entender: «la generación de propiedad intelectual nacional».

¿Cómo ves la situación de la industria a nivel mundial?

No le presto mucha atención. Vivo en Uruguay.

Julio Hernández Cordón me contó que una vez le dijiste que tenía que trabajar con peces de su tamaño, porque si no te comían. ¿Tuviste muy malas experiencias con foros europeos o coproductores?

Recuerdo un largo viaje en auto una madrugada en Francia. Él; Laura Astorga, directora de Costa Rica; y yo. Hablamos mucho, aunque no recuerdo haberle dicho eso a Julio. En cualquier caso, él ha demostrado manejarse muy bien en el mundo del cine. Mejor que yo, seguro. He trabajado con un grupo chico de coproductores y con casi todos he desarrollado buenas relaciones. Mi experiencia tratando de agrandar mi proyecto de zombis a propuesta de unos productores fue responsabilidad mía y no de ellos. Me gustó la idea de jugar, por una vez en otra liga y no funcionó.

¿Cuánto tiempo más o menos te toma levantar una peli?

En Uruguay el promedio es cinco años. Tres con buena suerte, diez con mala suerte. Es un tiempo que ya ni cuento.

¿Fue fácil después de Whisky? *¿Fue más fácil o igual?*

Siempre es más fácil después de la primera película. Después de *Whisky* podríamos haber hecho lo que quisiéramos, pero en ese momento no queríamos hacer nada.

Whisky es una gran marca en mi frente, a veces para bien, a veces para mal.

Nada, mano, me siento honrado, los cineastas cubanos vamos a agradecer mucho esta charla. Abrazón. Se te admira.

FRANCISCO BARREIRO EN LOS SUEÑOS DE LUIS BUÑUEL

Francisco Barreiro es uno de esos actores que siempre te sorprenden para bien. Como un experimentado equilibrista se ha hecho una carrera, pasito a pasito, llena de títulos sorprendentes. Sin ninguna pisada en falso. Películas certeras, que, además de entretenernos y hacernos volar la mente, nos dan una esperanza. Una fe que nos lleva a creer que el cine de los sesenta y los setenta del pasado siglo no se ha extinguido.

Verlo es como estar con un joven Paco Rabal o un Fernando Rey, actores hispanohablantes, que, como si nada, se iban a trabajar a una película internacional. Intérpretes siempre ligados a directores de culto.

Mexicano de nacimiento, pero hombre de mundo, Paco es una rara avis en este mundillo: arriesgado sin dejar de ser serio, chiquito de estatura, pero pura bomba (a lo Bogart). No me extraña que muchos de mis amigos, de los más nerds, *se hagan ciclos de cines de sus películas; dejando a un lado a los directores o los títulos. Mis amigos JuanCa, Sancho y Braulio se echan ciclos de Francisco Barreiro como mismo se tiran a ver todas las películas de Mickey Rourke o Anthony Perkins.*

Esta charla es un regalo para ellos y para los fanáticos del buen arte cinematográfico.

Hoy Paco, me ha abierto un huequito en su agenda, para hablarnos. Por esto y por su arte, gracias...

¿Dónde naces? ¿Cómo era tu familia?

Nací en la Ciudad de México, la madrugada del 15 de febrero de 1983. Soy el menor de dos. Crecí dentro de la clase media mexicana junto a mi hermana y mis padres, en un entorno cariñoso y sin mayor apuro, al sur de la Ciudad de México. Mi madre es una persona sumamente paciente y amorosa, y mi padre es alguien tímido y sensible. Creo que tengo cosas de ambos y al mismo tiempo siempre tuve un carácter más radical. Somos un núcleo pequeño, muy al contrario de lo que se estila o se estilaba en las familias mexicanas. Los roles se han ido modificando con el tiempo entre nosotros o quizás ahora que todos somos adultos nos entendemos desde otro lugar, mejor. No puedo dejar de mencionar a mi tía, la cual es una segunda madre para mi hermana y para mí.

¿Cómo empezaste en el mundo de la actuación?

Empecé de forma intuitiva y relativamente tarde, no crecí en un entorno cercano al arte, ni a la creación artística, digamos que todo lo fui buscando y encontrando. Cursaba el tercer semestre de la carrera en Ciencias de la Comunicación cuando cruzó por mi cabeza estudiar teatro. Ya había hecho un par de obras en la preparatoria y había algo del escenario y de los personajes que me cautivaba. Apliqué a CasAzul, una escuela de teatro que era prácticamente nueva, y me aceptaron. Por un par de semestres intenté combinar ambas carreras, pero no funcionó. Me decidí por el teatro. Tenía casi veinte años. Pero en realidad mi carrera empezó cuando conocí a Luisa Pardo y a Lázaro Gabino Rodríguez, en 2004.

¿Por qué te sumas a tantas películas de terror?

Pura casualidad y quizás un poco de «estar en el lugar y en el momento». Creo que es muy complicado decir: «Quiero ser esta clase de actor o actriz» y que suceda, sobre todo cuando se tiene que sobrevivir de esto, es algo que toma su tiempo y en el mejor de los casos se puede ir construyendo o diseñando.

Lo que sí creo, como alguna vez alguien me dijo, es que una carrera artística es un discurso personal. Así que intento ser cuidadoso con mis decisiones.

Sin dudas, todo empezó con *Somos lo que hay*, pero creo que el haber trabajado con Adrián García Bogliano, icono del cine de terror latinoamericano y un director muy querido y respetado por la comunidad, en *Ahí va el Diablo,* me posicionó en el género, además de darme un premio («Mejor Actor» Fantastic Fest., 2012) y una nominación importante («Mejor actor del 2013» Fangoria Chainsaw Awards) junto a Elijah Wood, Patrick Wilson, Toby Jones y Bill Sage, que creo hicieron mi trabajo más visible.

De ahí vinieron algunas invitaciones y películas, pero, sobre todo, buenas relaciones de amistad con personas de esa comunidad.

Somos lo que hay, es de mis películas favoritas de todos los tiempos. La siento como Ladrón de bicicleta, *pero en género y en Latinoamérica. ¿Cómo llegas a este pro-*

yecto? ¿Cómo fue el trabajo con el director? ¿Qué edad tenías? ¿Qué recuerdas del rodaje?

A Somos lo que hay llegué después de un largo proceso de audición, pero a Jorge Michel ya lo conocía de años atrás. Habíamos trabajado en otros proyectos de su generación en el Centro de Capacitación Cinematográfica.

Jorge Michel es un director interesado en el trabajo del actor y con el actor, lo cual es bastante raro de ver. Tuvimos semanas de ensayos previos, viendo películas, leyendo textos, planteando preguntas, haciendo comentarios, etcétera.

Tenía veinticinco años.

El recuerdo que más presente tengo, sobre todo en estos momentos, es el brote que hubo del virus AH1N1 (influenza), que retrasó un par de semanas la filmación, a lo que Jorge Michel aprovechó para dejarnos un ejercicio de —aislamiento en casa— a Paulina, Carmen, Alan y a mí, como una forma de experimentar con las sensaciones y la vida de los personajes.

Recuerdo que yo me aislé por cinco días y no pude más. Lo pienso hoy que llevo más de cien días en este confinamiento.

Here Comes The Devil *me encantó también y aquí en la isla gracias a la piratería se vio mucho. ¿Cuándo conoces a Adrián García Bogliano? ¿Cómo fue la experiencia? ¿Te es fácil hacer escenas de sexo o desnudos? ¿Dónde la filmaron?*

Qué interesante lo de la piratería.

A Adrián lo conocí cuando recién llegó a México. Él había visto mi trabajo en Somos lo que hay y me buscó con la intención de colaborar en su cortometraje *ABC´s of Death 1;* desafortunadamente no lo logramos. Tiempo después nos volvimos a reunir. Me ofreció colaborar en *Ahí va el Diablo*. En menos de un mes estábamos filmando en Tijuana, Baja California, con un *crew* y un elenco completamente ecléctico, muy a su estilo.

Adrián es sin dudas el director con el que mejor me he entendido a lo largo de los años, quizás, porque nuestra relación se basó desde el primer momento en la admiración mutua, el cuidado, la libertad creativa y el deseo explícito de colaborar a lo largo del tiempo. Nos hicimos buenos amigos.

Creo que esos factores fueron trascendentales para aceptar desnudos o escenas de sexo en sus películas, pero para nada fue sencillo.

En Scherzo diabólico *trabajaste con el genio cubano Jorge Molina. ¿Cómo fue la experiencia?*

He de reconocer que no conocía la obra personal del maestro Molina para cuando hicimos la película. Sabía quién era, lo había visto actuar en un par de películas, pero sobre todo sabía lo que representaba para Adrián tenerlo en el set.

Trabajar con Molina fue una experiencia muy interesante, tiene una energía y una presencia muy peculiar; pero lo más fascinante es que te lleva a otro tiempo, tiene una forma de abordar la actuación, que a mi manera de ver ya no existe. Es un actor que no tiene ningún tipo de límites.

¿Te gustaría dirigir un largo? ¿Qué temas te apasionan?

Por el momento no tengo ninguna intención de dirigir una película, no me siento con el bagaje suficiente y no me gustaría ser un improvisado más; aunque por ahí guardado en mi computadora hay una especie de guion. Quizás en algunos años.

Pienso que mi lugar sigue estando en el teatro, es dónde tengo más confianza, seguridad y experiencia.

He hecho dos proyectos escénicos (monólogos) de mi autoría, los cuales también dirigí y actué, ambos con tintes documentales: *Está escrita en sus campos* (2014) y *Ya nada nos dará lo mismo* (2018). Este último lo presenté en La Habana, en septiembre del 2018, en la sala Adolfo Llauradó.

Ahí es donde están o han estado muchos de mis intereses, en el teatro, en el entretejido entre ficción y documental, mayormente basado en momentos de la Historia de México, pero, también, en la presencia de un actor o actriz en el escenario, y en el material de archivo: imágenes, documentos, entrevistas. En el cómo nos contamos ciertas historias y la relación que estas tienen con el presente.

Con las series Narcos México *y* Luis Miguel *el público te ha podido ver en unos personajes bien diferentes a algunas de tus películas de género. Y creo que has llegado a una audiencia mayor. ¿Te gusta hacer series?*

Para serte sincero, las series son un universo que no termino de comprender. En mi poca experiencia creo que hay poco riesgo en estas y no me refiero a «valores de producción», sino a propuesta. Me parece que todas van tras la fórmula del éxito comercial.

En cambio, las películas no, algunas aspiran a ser obras, a solo ser contempladas. En ese sentido creo que las diferencias pueden ser todas, tanto fuera, como dentro.

Me gusta mucho actuar, pero no soy alguien que consuma series, a veces ni siquiera en las que actúo.

Lo que sí me han permitido las series, y en eso quiero ser completamente sincero, es que me han brindado por primera vez en mi vida una estabilidad económica y con esta, el poder desarrollar otras actividades, dentro y fuera de mi quehacer artístico.

Se escuchan aullidos dirigida por Julio Hernández Cordón te tiene como productor también. ¿Cómo se filmó esta peli? ¿Cómo fue el proceso de conseguir la plata?

Esta película es una respuesta de un grupo muy pequeño de personas al sistema de producción en México y a la idea absurda de que se necesitan millones de pesos y decenas de personas para levantar un largometraje.

Era decir: «¿Queremos hacer una película? Hagámosla».

Me encontré a Julio en un restaurante y me platicó que le habían rechazado un fondo gubernamental para una película muy grande que quería hacer. Se veía incómodo.

Me dijo que quería regresar a sus tiempos de cine-guerrilla, que necesitaba filmar, que tenía una idea en donde una de sus hijas transitaba y recordaba su infancia por Texcoco, que quería hacerla con un celular.

En ese entonces yo tenía algo de dinero ahorrado (justo de mi trabajo en una serie) y se lo ofrecí. Él lo aceptó.

La idea era solo financiar el rodaje, pero terminé haciendo siete personajes ya que no había para pagar a más actores. Fue una semana de pre-producción y una semana de rodaje, sin guion, sin permisos, todo improvisado.

Es una película muy personal y lúdica. Creo que a partir de ahí construí otro tipo de vínculo con Julio. Entendí, mientras grabábamos, que mi rol, más que poner una cantidad de dinero o improvisar siete personajes, era ser un lazo entre un padre y su hija.

Tuvo su estreno mundial en FICUNAM 2020, que a mi parecer es el mejor festival de cine en México, una semana antes de comenzar la pandemia y tendrá su estreno internacional en el prestigioso FID Marseille a finales del mes de julio.

¿Qué tiene que tener un proyecto para que te sumes? ¿Algunas veces dudas y te demoras más en dar el sí o de una primera lectura de guion ya te lanzas?

Creo que cada proyecto llega en algún momento específico de tu vida, lo que te hace tomarlo o hasta provocarlo. He tenido la oportunidad de trabajar en proyectos muy diversos, con directoras y directores de todo tipo y las razones han sido de igual forma, distintas.

Este año se estrenará la quinta película que hago con Nicolás Pereda, *Fauna*. Además existía la posibilidad de filmar con Geoff Marslett *(Loves her Gun)* junto a la musa del cine Anna Karina, pero desgraciadamente falleció a finales del año pasado y aunado a la pandemia, todo terminó por posponerse.

De igual forma he hablado con Bernardo Arellano *(El comienzo del tiempo)* sobre hacer un *western* y con Julio Hernández Cordón *(Se escuchan aullidos)* existe el plan de filmar el próximo año una película de vampiros que me entusiasma bastante.

¿Crees que existe compañerismo entre el gremio de actores? Me imagino que como en todo en la vida con algunos te lleves bien y con otros no. Pero en general, te sientes parte de una generación, por ejemplo, con Gael o Diego Luna.

No creo que exista un gremio de actrices y actores en México, no lo veo, no lo he visto. Supongo que ha habido intentos, pero mi sensación es que no hay escucha, ni diálogo, ni estructura, ni ideas nuevas y por lo tanto es muy complicado que exista colectividad. Lo que sí percibo es mucho desorden, pero sobre todo mucho egoísmo.

Aun así, sí me considero afín a un grupo de personas que son las y los integrantes del colectivo «Lagartijas tiradas al sol» (Luisa Pardo, Lázaro Rodríguez, Mariana Villegas, Carlos Gamboa, Juan Leduc, Sergio López, Marcela Flores), con las cuales hemos construido a lo largo de casi dos décadas, además de proyectos escénicos, libros, audiolibros, películas y talleres, una forma de vida en torno al quehacer artístico.

¿Te consideras más underground *o independiente?*

Me considero alguien receptivo a cualquier tipo de proyecto, pero también es cierto que con los años me he vuelto más selectivo, más desconfiado.

Me parece que funciono mejor en círculos de creación pequeños, porque estoy más habituado a estos y generalmente ahí hay más libertad, más riesgo en las ideas o en las formas, un mejor diálogo. Otras maneras de ser parte.

En ABCs of death 2 *hay una serie de actores y directores que forman un grupo bien interesante. Yo tuve la oportunidad de verla en Austin. ¿Cómo llegó a ti el papel?*

Me parece curioso que me preguntes por este proyecto, ya que ha sido el único en donde el proceso fue el contrario. Es decir, en algún momento vi los cortometrajes de Dennison Ramalho y me causaron un fuerte impacto. Meses después hice un viaje a Nueva York y yo sabía que él vivía allí, así que me aventuré a escribirle por Facebook para invitarle a unas cervezas, conocernos y platicar. Dennison aceptó, para mi sorpresa él conocía mi trabajo. Ya en Nueva York nos pusimos tremenda borrachera juntos y dentro de las cosas que platicamos fue que lo habían invitado a dirigir un segmento para *ABCs of Death 2*, que le hubiera gustado invitarme, pero que el presupuesto era bastante limitado, además de que pensaba filmarlo en São Paulo.

Entonces, bastante borracho y sin un centavo en la bolsa, le dije: «Yo pago mi boleto a Brasil».

¿Qué rol te gustaría? Uno que nunca te haya llegado.

No tengo idea, pero hay algo que he estado pensando últimamente a raíz del proyecto de uno de mis mejores amigos, que es que, en los últimos diez años, tanto en teatro como en cine, el personaje que más he interpretado, es a mí mismo: Paco.

Creo que me gustaría, de pronto, ir en sentido opuesto, volver a otras ficciones.

¿Qué estás preparando ahora? ¿Cómo llevas la cuarentena?

Dentro de «Lagartijas tiradas al sol» estamos trabajando en un libro sobre los primeros diecisiete años del colectivo, una especie de recorrido que intenta abarcar toda nuestra obra y a las personas que nos han acompañado.

El trabajar en este libro ha sido una respuesta al confinamiento y al aprovechamiento de este tiempo, además de una excusa para vernos una vez por semana por Skype, platicar de otras cosas y tomarnos unos tragos.

De igual forma estoy trabajando en una serie de pequeñas colaboraciones con amigas y amigos que se desenvuelven en ámbitos distintos al cine o el teatro.

Creo que en general llevo bien la cuarentena, vivo solo, eso me da tranquilidad y libertad para actuar a mis anchas, pero definitivamente ha sido intenso y desconcertante.

La salud de mis seres queridos es lo mejor que me han dejado estos meses, Carlos Lechuga.

¿Qué les puedes recomendar a los jóvenes actores que están empezando?

Que sean disciplinados, que estudien y se apasionen. Que trabajen en equipo y busquen ser extraordinarios. Que no esperen a que alguien les diga qué hacer o cómo hacerlo, que se equivoquen y lo vuelvan intentar. Que no se cansen.

MAGDIEL ASPILLAGA:
UN LOCO EN EL PATIO DE DAVID LYNCH

Una de las cosas que más tristeza me da en la vida es abrir los viejos catálogos de la Muestra de Jóvenes Realizadores y descubrir que todo el mundo se ha ido del país. La mayoría de la gente de mi generación, de los directores y las realizadoras de la isla se han ido echando. Un montón de carreras se han parado, otras han mutado y se han reinventado. Mis colegas han tratado de encontrar una manera, un escape, una puerta para continuar. Ojeando me detengo en las fotos, ¿qué fue de la vida de este? ¿Dónde está esta otra? Y así la vida sigue y no pasa nada.

A inicios de los 2000, en La Habana, se respiraba un aire de renovación tremendo. Un piquete de gente estaba al pecho haciendo lo que fuera para poder hacer sus peliculitas. Nada parecía detenernos. Todo eso se extinguió.

En aquellos años, el más loco, el más obseso, el más valiente era Magdiel Aspillaga. Cuando digo valiente me refiero a que Magdiel con cincuenta pesos y una cámara prestada se lanzaba a hacer un filme. A veces, el mismo filme lo tuvo que rodar dos veces. No paraba. En un año podía hacer mil cosas.

Gracias a Magdiel pude trabajar de verdad en un rodaje. En su primer corto profesional como director, me tenía como tercer asistente de dirección y de producción.

Yo hacía de todo. Gracias a su confianza y a la oportunidad me fui haciendo de un currículo.

La obra de Magdiel es bien loca, rara y diversa. Algunos le llamaban independiente, underground, trasho, trash-arty. *Con atmósferas de Won Kar Wai y de David Lynch, Magdiel hacía un cine que no se parecía a nada de lo que se hacía en la isla.*

Muchos críticos empeñados en hablar del novísimo cine cubano lo han dejado fuera de libros, catálogos, listas. Mucha gente joven, de las que están empezando ahora, ignoran su obra, su fuerza, su potencia visual.

Esta entrevista se la mandé hace meses a Miami y ya pensaba que no la iba a responder, cuando me empezó a reportar para atrás. De las charlas que he tenido esta está entre mis preferidas. He tratado de salir rápido de ella porque me duele. Me da mucho dolor. Me recuerda una época que ya no volverá. A gente que ya no está. Gente que murió. Gente que trató.

El buen sabor a boca viene de que a Magdiel nada ni nadie lo para. Sigue ahí, con la cabeza a mil, estudiando y creando nuevos mundos locos. Su película Neuralgia *es una prueba de eso.*

Por eso y por todo, gracias, Magdiel.

Allá va eso...

¿Cómo llegaste a ver tanto cine en Aguacate? ¿Cuáles fueron esas primeras películas?

Toda mi infancia y la de todos los del pueblo estaba conectada con el cine, como en *Cinema Paradiso*, la película de Giuseppe Tornatore, y no estoy exagerando.

Yo veía las latas que dejaba el tren en la estación con los títulos escritos encima a plumón, y en la marquesina del cine ponían las fotos en una especie de mural, fotos en blanco y negro acompañadas de la sinopsis de la película y su clasificación como «drama social», «suspenso psicológico», «drama histórico».

Iba con mucha frecuencia a ese cine, muchas veces por semana y de seguro dos tandas. Recuerdo que en una ocasión las dos tandas se convirtieron en una, con una película muy larga: *Ran*, de Akira Kurosawa.

Era muy niño y recuerdo que aquello me impactó. Todavía tengo muy vivos los colores de la película, las escenas de batallas sin diálogos; nunca más la he visto, por cierto. Ahí estaba todo el pueblo viendo y disfrutando a Kurosawa.

Recuerdo también cómo destruyeron los cristales de la taquilla y hubo que hacer varias tandas cuando se puso *La niña de los hoyitos*, una película con Pedrito Fernández, una total revolución.

Existía una relación de los habitantes del pueblo con el cine, ir al cine era un evento social que se perdió tiempo después. A inicios de los noventa, ya no había cine ni se proyectaba en cine. Un vecino que vivía junto al cine, tenía un video y ponía las películas de manera ilegal en el patio de su casa con unos bancos de madera. Ahí vi los filmes de Chuck Norris, Jean Claude Van Damme, sabes todo ese cine bélico hecho para consumir en video, los *home-movies*.

Otra parte del cine que vi en mi niñez fue en la televisión y en blanco y negro, sobre todo cine de Europa del Este y latinoamericano, y te puedo decir que vi películas en la televisión y en blanco y negro que se me quedaron para siempre como *Bye Bye Brasil* de Carlos Diegues, *El imperio de la fortuna* de Arturo Ripstein, *Lucía* de Humberto Solás y *Amarcord* de Fellini.

Son películas que se me quedaron por la fuerza de sus imágenes única y exclusivamente, desprovistas para mí, en aquel momento, de todo juicio analítico o intelectual, lo cual hace que las haya consumido de manera más pura, desprovisto de todo prejuicio al respecto.

¿En qué momento sientes que quieres dirigir?

Fíjate que no recuerdo con exactitud, creo que sería a mediados de los noventa, yo tendría unos quince o dieciséis años, había intentado entrar a San Alejandro y hasta llegué a hacer las pruebas, a partir de ahí me quedé con el aquello de que quería ser «artista» o hacer «arte».

Regresar a mi pueblo y asumir la realidad académica que me esperaba, no era una opción. No entré al preuniversitario (que me tocaba) y mi madre logró que estudiara el equivalente al preuniversitario en lo que en aquel momento era la facultad obrero campesina, sin tener que becarme. Eso y un curso muy atípico de guion y publicidad en la Casa de la Cultura de Plaza, en El Vedado, en el que me inscribí, forman parte de mi comienzo y mi acercamiento al cine.

Empezaba a comprender que había un universo detrás de aquello y estaba decidido a no seguir siendo solo espectador.

Conseguí una cámara y empecé a hacer videos «inocentes» en aquel momento, pero ahora viéndolos en el tiempo muy auténticos, en Aguacate. Eran videos que editaba desde la cámara de manera casera con un reproductor de video VHS que había en mi casa. Aquellas fueron las primeras mesas de edición y los primeros rodajes en los que participé. Lo curioso es que eran piezas observacionales sin ninguna intención de hacer ficción todavía.

¿Cómo llegas a la escuela de medios audiovisuales?

En 1999 entro a la Facultad de los Medios de Comunicación Audiovisual del Instituto Superior de Arte, (ese nombre largo es como se le conoce) a estudiar Dirección, es la época en que nos conocimos y en que decidí filmar mi primer corto de ficción.

La facultad era una sucursal del Instituto Superior de Arte, una antigua casa de Miramar convertida en escuela, la biblioteca era un clóset pequeño, un solo librero donde estaba toda la literatura fílmica de la escuela.

Después, en 2003, la pasaron a otro lugar que habían construido ya como escuela y ahí terminé los dos últimos años. Me gradué en el 2004. «Me gradué de cineasta», suena rara esa frase repitiéndola en voz alta. Allí empecé a ver cine de arte, mezclado con video arte y cine experimental, y sumado a las ganas de hacer, sabía que lo que quería era hacer cine, en cine o video o en lo que fuera.

Recuerdo que hubo cortos que tuviste que filmar dos veces. Había una forma de hacer cine al pecho, sin cobrar, solo por amor al arte. Así sacaste adelante unas cuantas pinchas.

Yo creo que deliraba un poco en aquellos años, quizás sigo delirando, pero sí te puedo asegurar que estaba envuelto en una fiebre de filmar y mezclar cosas, buscar estilísticamente, consumiendo cine y comenzando a perfilar de manera consciente mis gustos cinematográficos, los directores y películas que me impresionaron. En medio de esta especie de delirio no pensaba en exhibir nada, cosa muy rara, porque: ¿quién hace cine sin pensar en exhibir? Un amigo mío decía que mi verbo podía ser filmar, filmar y filmar.

Algunos de aquellos primeros trabajos empezaron a exhibirse en festivales alternativos fuera de Cuba, sobre todo los video artes, que pienso ha sido mi trabajo más exhibido en general.

¿Lo primero que rodaste era en MiniDV? ¿Guardas copias de esas cosas? ¿Hay alguna película que hayas perdido?

Casi todas las copias las conservo, en una caja guardada en algún lugar están todos los masters en MiniDV, Hi8 y VHS. He perdido algunos video-artes, ninguna ficción ni documental, la calidad de las copias es tan mala que parecen filmadas durante el expresionismo alemán.

Háblame del grupo A.N.A. ¿Qué era? ¿En que consistía?

Enrique Pineda me sumó a su equipo siendo muy joven, ni había cumplido los dieciséis. Fui *script* de un corto de Enrique, *First*. Sin lugar a dudas, de las experiencias más significativas de mi vida, al igual que un taller de creación cinematográfica que tenía con el grupo Arca, Nariz y Alambre (A.N.A), donde pude presentar mis primeras ideas en guiones y proyectos, de uno de esos talleres o encuentros creativos surgió *La mujer de Onán*, mi primer cortometraje.

La mujer de Onán *fue el primer rodaje en que trabajé de verdad. Recuerdo que tuvimos que cargar un cable inmenso por un surco enfangado para llegar a la locación en el monte. Los insectos nos hicieron la noche infernal en aquel lugar perdido en la maleza. Fue una ex-*

periencia hermosa. Luego vino El regreso de la mujer de Onán. *Me quedé con ganas de ver el fin de esta trilogía.*

En el 2000 había filmado *La mujer de Onán*, que básicamente era la historia de un esclavo que lo llevan como un semental a que tenga sexo con una esclava para hacer crecer la dotación. El esclavo comprende que ese hijo va a nacer esclavo y decide verter su semen en la tierra para no fecundar a la esclava. Era una apropiación de la historia bíblica de Onán. Fue un rodaje duro también, ahí te conocí. Creo que una de las razones por las que he filmado poco en el campo es porque los rodajes se me hacen muy brutales.

El regreso de la mujer de Onán, en el 2004, era como una continuación de la primera. En general siempre me ha interesado el cine de género, sobre todo si está pasado por un filtro más personal.

La Consejería Cultural de España en Cuba convocó a un concurso de guiones cinematográficos y participé, y el guion fue premiado. El premio fue si mal no recuerdo mil dólares y después la Consejería me dio otros mil para rodarlo, además de otras ayudas.

En *El regreso...* la historia sucede en la Cuba de Machado. Un guardia rural amenaza a un campesino que lo va a desalojar si no paga el tributo al terrateniente dueño de la tierra. Está sucediendo una sequía y el campesino no tiene cosecha. Suceden muchas cosas que no te voy a describir ahora mismo, pero además de tener una esposa ninfómana en el bohío, que hace sexo con él todo el tiempo, el campesino siguiendo el consejo de una pitonisa misteriosa, decide «verter» su semen en tierra y así volver fértil la tierra, pero todo se enreda. En fin, ya conoces la historia.

En todos estos cortos, incluido el tercero que aún no he filmado, se hace una parodia de las imágenes icónicas que el cine revolucionario institucional ha mostrado todo el tiempo: esclavos, guardias rurales, terratenientes, obviamente hay apropiaciones, citas, medio pasoliniano, Glauber Rocha; muy ecléctico, eso sí.

Y también me acuerdo de Pareja, *un trabajo que hiciste casi sin un peso. Eran tiempos en que eras muy prolífico y con cualquier ayudita y una idea te lanzabas a filmar.*

Tampoco recuerdo el presupuesto, eran varias historias que en algún punto coincidían, ese esquema que ya hemos visto bastante, y por el tema de producción decidimos que íbamos a filmar cada secuencia en un solo plano. Eso nos ahorraría tiempo, nos iba a abaratar el presupuesto y de paso, le daba un sabor visual que me gustaba, a lo Jim Jarmush de *Stranger Than Paradise* o algunas cosas de Kaurismäki.

¿Por qué el cine rural? A ver, ¿te sientes bien con esa clasificación?

Me llama la atención que menciones que hago un cine rural, porque salvo *La mujer de Onán* y *El regreso de la mujer de Onán* todo lo demás lo he filmado en la ciudad. Tu cine, por ejemplo, creo que es más rural si te refieres a los escenarios. Lo que sí es cierto es que en mis video artes sí está presente el campo, lo nocturno, pero tiene más que ver con Aguacate y mi origen y todo lo «embrujado» que tenían para mí aquellos ambientes.

¿De aquellos años cuáles eran los temas que más se repetían? Había un ambiente muy sensual en todo, ¿no?

Los temas han variado como ha variado mi vida, es algo natural, creo. En aquellos años me interesaba y estaba fuertemente rodeado de la represión. La represión no solo política, por estar viviendo en un país totalitario, sino, también, el efecto de esto en ti, en la familia, en tu desarrollo psicosexual.

Eran temas filosóficos como la muerte de los ideales y el acoso a la individualidad. Yo creo que tu cine también tiene mucho de eso. Crecimos en una sociedad que nos homogeneiza, no solo en lo político sino a todos los niveles y esto desencadena una vulgaridad extrema.

Lo vulgar puebla todos los estratos de la sociedad cubana, cargada de un machismo y represión político-sexual. Viendo mi trabajo en el tiempo, creo que iba por ahí la cosa. Lo rural no es tanto, la mayoría de mis trabajos fueron filmados en ciudades, en lo personal no me gusta mucho el campo.

En alguna entrevista hablaba de que me interesaba el cine, el sexo y la muerte, y son tres cosas que me rodean como cuestionamientos. Muerte y sexo son inherentes a todos los humanos, el cine ya es cosa de anormales.

¿Qué pasó con el documental sobre Julio García Espinosa?

De Julio García Espinosa desarrollé el proyecto de un documental sobre su trabajo, me interesaban sus películas experimentales como *Las aventuras de Juan Quin Quin* o *Son o no son*. El proyecto nunca se llevó a cabo como lo teníamos pensado, solo un breve extracto de algunas entrevistas que realizamos.

Recuerdo el furor del momento con Naturaleza rota. *Mucha gente hablaba de esa peliculita, que tenía un encanto tremendo.*

Fue la tesis del ISA, me gradué con ese corto. Había escuchado la historia de que en una ocasión había llegado al hospital Calixto García, una pareja que se ponía vidrios en los genitales para tener sexo. Y decidí que esa iba a ser la historia. Recuerdo que la filmamos de nuevo completamente, y que fue un calvario editarla. Nos prestaron un Avid en una institución oficial y editábamos en las noches cuando no había nadie trabajando. No sé ahora, pero en aquella época la escuela no te daba casi ningún recurso para filmar o editar y todavía en Cuba se editaba analógico, es decir, en cinta. Muchos de mis trabajos los edité en cinta. El hecho de poder editar digitalmente en aquel arcaico Avid era algo que queríamos aprovechar. Editábamos en las madrugadas, fue un tormento aquel corto, no tengo un buen recuerdo de él.

Sí, no me queda claro, pero creo que no fui de mucha ayuda en ese rodaje. Yo estaba bastante verde y no tenía idea de casi nada.

Hay un momento en que te pierdo la pista y creo que te centraste más en hacer videos artes y frecuentabas más la fundación Ludwig de La Habana. ¿Fue un momento importante para tu vida? ¿Como un punto de giro en tu carrera como cineasta?

Sabes que nunca he hecho cine, en el sentido literal, nunca he tocado el celuloide. Como productor, par de veces. Todo mi trabajo está filmado en cassette, video, o digital ahora. Con esto te digo que no he dejado de filmar la misma película, el mismo video raro experimental, que hice en Aguacate arrastrándome por las cuatro paredes del cuarto donde pasé mi infancia y adolescencia. Fue mi primer video arte y mi primer video en general, mi primera cacería de «realidad» con la cámara.

A partir de ahí, a la Fundación Ludwig le gustó mi trabajo y empezó como a patrocinarme, me dieron una beca donde me pagaban mensual y en realidad me sirvió, mi trabajo fue más expuesto.

Si te soy sincero no ha habido puntos de giros en mi carrera, en mi vida sí, por supuesto, pero no en mi carrera, sigo haciendo los mismos videos que hacía en Aguacate y las ficciones siguen teniendo esa mezcla, es la misma película, más larga quizás. Lo veo como una serie por temporadas. La temporada Aguacate, temporada Vedado, temporada Miami.

Con el tiempo empiezas a preocuparte por otras cosas, la factura, por ejemplo, o cómo te ven los demás, eso aplica a tu imagen, a cómo te vistes o a cómo me vestía o me peinaba, quizás es que estoy más viejo. De lo que sí puedes estar seguro, y no sé si es un error o no, es de que nunca he pensado cuando hago cine, en sí podré vender esa película como producto.

Creo que era Nicholas Ray quien decía que el primer error de un cineasta es pensar en el público, pero tan siquiera me refiero a la audiencia. Cuando uno hace cine, o video arte o simplemente crea algo, está respondiendo a una necesidad expresiva, pudiéramos llamarla; pero yo diría, fisiológica. Si no tengo ganas no lo hago. A ver, nunca lo he visto como una profesión y, sin embargo, nunca he hecho otra cosa en mi vida que esto.

Punto de giro cuando entendí que podía comer del audiovisual (aunque no necesariamente de mis películas). Un día, un creativo con el que trabajé me decía, las campañas que te han dado o los comerciales que has filmado no han sido por ningún comercial de Coca-Cola que hayas hecho antes, sino por esos videos domésticos que hacías en Aguacate, y creo que tenía algo de razón. No hay nada más certero que ser tú mismo y venderte como lo que eres y créeme, ahí tienes todas las puertas abiertas; por lo menos, en mi caso, no me quejo. Si de algo me ha servido el cine es para compartir con el mundo, y dejar algo en la tierra.

De las primeras películas independientes en la isla hay que hablar de Vedado, *tu primer largo, ¿qué te llevó a unirte a Asori Soto?*

Enseguida que nos conocimos comenzamos a trabajar juntos en proyectos bastante diversos, lo mismo un videoclip de reguetón, el documental *Tosco, el rey de la timba,* que dirigió Asori sobre El Tosco, del cual hice la fotografía y viajamos juntos en esa aventura a Europa con NG la banda. Video artes, exposiciones visuales, presentaciones, uno de los momentos más productivos de mi vida en cuanto a arte se refiere. No teníamos miedo a nada, a quedar bien, mal, a ser *trasheros* o buenos, a ser reconocidos o no. Justo ahí surge la idea de lanzarnos a un largometraje, sin dudas, inspirados por los modelos de producción de películas de horror de la época. Sabes, esa cosa de que aquella película se hizo en cinco días con un presupuesto mínimo. Veíamos mucho cine de horror por aquellos años. Pero de pensar en filmar un largo de horror de bajísimo presupuesto a realizar *Vedado* una película más «de arte y ensayo» o como lo quieras ver, la verdad no sé ni cuándo, ni cómo surgió.

Empezamos a tocar puertas tratando de buscar dinero. Recuerdo que nos apoyó Juan Carlos Fernández, el que era dueño del paladar Hurón Azul. Sin pedir nada a cambio nos dio 400 CUC y en gran medida, gracias a eso pudimos realizarla, además de los esfuerzos de todo el equipo y de mucha gente que se sumó: Luis Lago, un gran amigo productor; la cámara que nos prestaron unos amigos americanos; una semana de rodaje, y la hicimos.

Con Ernesto Oroza también codirigiste algunas cosas, ¿cierto?

Ernesto Oroza colaboró conmigo en muchos de mis proyectos de ficción, inclusive aquí, en Estados Unidos. Pero con él hice en conjunto, sobre todo, video artes y trabajos experimentales. Aquí codirigí con él *Marakka 2012*, un proyecto documental-experimental sobre Waldo Fernández, «Marakka», un señor de Miami que vendía y «pirateaba» películas que han formado parte de la iconografía de los cubanos en los últimos cincuenta años. En su tienda lo mismo te encontrabas *La vida sigue igual* de Julio Iglesias que *Toqui* o todos los episodios de *Día y noche*. Es un documental interesante y que se ha puesto en *shows* y museos en varios lugares del mundo.

¿Por qué codirigir?

Los momentos en que he codirigido siempre tienen que ver, como es lógico, con determinados momentos y circunstancias donde ha surgido la colaboración. En Cuba fue Asori; aquí Malena Barrios con *Me, Japanese*; Joe Cardona, con *Trago amargo* y *Subterráneo*. La producción fílmica es costosa, trabajosa y lleva un esfuerzo sobrehumano para lograr llevar a cabo un proyecto. La unión ha sido provechosa en sentido creativo, pero también de producción. Unir esfuerzos en un mismo objetivo y en lo personal, me gusta y enriquece. Siempre han sido proyectos que han surgido con la persona que lo voy a dirigir, es decir, lo hemos concebido juntos.

¿Qué pasó luego con el dueto con Asori?

Con Asori no he vuelto a dirigir, no por razones específicas, creo hemos hablado de algún momento de regresar sobre algún proyecto, pero a veces la vida, la geografía, las cosas en general, conspiran o no para realizar en conjunto algo, no ha vuelto a pasar.

Ahora vives en Miami, pero estuviste en México, Los Ángeles, ¿cómo fueron esos años con el trabajo en la publicidad?

Hacer publicidad es venderle el alma al diablo literalmente y de ese viaje solo tengo recuerdos borrosos, quizás como un resorte de la memoria. Los borré casi por completo, son bastante imprecisos y no exagero.

Neuralgia *es de las primeras películas que se logran filmar entre cubanos en Miami ¿Cómo fue el proceso? ¿La idea? ¿El casting?*

Traté de jugar con la experiencia de hacer una película más «comercial», por decirlo de alguna manera, aunque la estructura de la película sigue siendo libre y experimental. Una película neo-noir, según se llamó en alguna crítica.

Había conocido un grupo de artistas acá, los cuales me dieron todo el apoyo para realizarla. Fue un proceso más duro, más tiempo de rodaje, creo que un mes y pico. El presupuesto no sé exactamente de dónde venía. El productor ejecutivo lo puso en aquel momento, aunque todo el equipo, incluido yo, trabajamos gratis con el contrato de ganar si se vendía la película, cosa que no sucedió.

Fue a un par de festivales, pero no navegó con la misma suerte que *Vedado* que, opino, es una película que tuvo mejor aceptación. Creo que el hecho de que la hiciéramos cubanos de Miami «quedados» (los del lado de acá), influyó mucho en las barreras que tuvo para su distribución.

Siempre he pensado que es mucho más exótico el artista que permanece en la isla para el resto del mundo. Cuando te vas, dejas de ser interesante, y no hablo de mí, hablo en general. Eso sin contar que el *establishment* cubano se ha encargado de que todo artista (yo diría todo cubano) que se haya ido pierda su tierra, o el derecho y resguardo que te da pertenecer a un país. Literalmente dejas de ser de tu país, nadie te va a representar, no eres cineasta cubano, eres un cineasta que se quedó o ese tipo de términos. Sé que muchos creadores de otras partes del mundo pueden esgrimir sus opiniones sobre esto y siempre se va a generar polémica, pero en el caso de los cubanos creo que es así.

Un artista que reside en Cuba siempre tendrá ventaja en tierras foráneas que el que decidió irse. A la vez que se quedan, artistas inclusive con una obra, dejan de ser percibidos.

Aquí en Miami filmé otro corto *Error code,* con el cual estoy bastante satisfecho. Ryuichi Sakamoto lanzó un concurso en su web donde podías usar uno de sus temas del disco *Async,* y eras exhibido en su plataforma. Lo hicimos, participamos y me parece curioso que una película mía tenga la música de Ryuichi Sakamoto.

¿Qué recuerdos guardas de tu productor Osmey Hernández Colina? Viejo amigo de los buenos, fallecido hace poco.

Muchos, demasiados. Cada pieza que hicimos juntos estuvo llena de experiencias difíciles, agradables y momentos divertidos, una persona llena de vida y alegría. En lo personal no lo creo fallecido, solo ausente.

A todo el mundo le pregunto por sus películas favoritas, sus directores, sus actores. Juguemos a eso.

Los directores:

- Glauber Rocha.
- Pier Paolo Pasolini.
- Michelangelo Antonioni.
- Alain Resnais.
- Andrei Tarkovsky.
- Kim Ki Duk.
- John Cassavettes.
- Francis Ford Coppola, Martin Scorsese, Steven Spielberg (te colé tres en uno).
- Hal Hartley.
- Lars Von Trier.
- Krzysztof Kieślowski.

Las películas:

- *Tierra en Trance* de Glauber Rocha.
- *The goonies* de Walter Hill.
- *Stalker* de Andrei Tarkovski.
- *3 iron* de Kim Ki-duk.
- *El inquilino* de Roman Polanski.
- *Old Boy* de Park Chan Wook.
- *Burning* de Lee Chang-dong.
- *Viridiana* de Luis Buñuel.
- *Vivir su vida* de Jean Luc Godard.
- *Hiroshima, mi amor* de Alain Resnais.
- *Confianza* de Hal Hartley.

No creo tenga once actores ni once actrices. Eso sí, soy fan de Mickey Rourke y después, de Marlon Brandon. Luego, me gustan:

- Jeanne Moreau.
- Roger Vadim, no por actor ni director, sino por haber estado casado con esas tres obsesiones para mí: Jane Fonda, Brigitte Bardot y Catherine Deneuve.
- El actor de Tarkovsky, Anatoli Solonitsyn, que trabajó también en otras muchas películas soviéticas.
- Song Kang-ho, el coreano.
- Chaplin, por supuesto,
- Liv Ullman.
- Al Pacino, antes de que se convirtiera en un payaso gritón.
- Los equipos de actores de Glauber Rocha y Rainer Fassbinder, que lo mismo rodaban un filme, que te hacían un teatro interactivo en la calle.
- Anna Karina.
- Miguel Gutiérrez y todos los actores que han trabajado conmigo, los cuales dedicaron tiempo, esfuerzo y una parte de sus vidas a la mía, indefectiblemente.

Me gustan también mucho algunos actores por sus película:

- La Natasha Kinski de *Los novios de María,* de Andrei Konchalovsky.
- Tom Hanks en *Big* y *Forrest Gump.*
- Peter O'Toole en *El creador* y, de paso, Mariel Hemingway en *El creador* y en *Manhattan* de Woody Allen.
- Javier Cámara y Darío Grandinetti en aquella carta que ambos leen, si la memoria no me falla, en *Hable con ella* de Pedro Almodóvar.
- Geraldine Chaplin en *Peppermint Frappé* de Carlos Saura.

- Henry Fonda y Charles Bronson en *Erase una vez en el Oeste* de Sergio Leone.
- Silvia Pinal en *Viridiana*, y creo que me pasé.

¿En qué trabajas ahora?

Como te comenté anteriormente, desde hace un tiempo estoy colaborando con Joe Cardona y hemos realizado juntos dos documentales *Trago Amargo* (2019), que recorre la historia del ron Havana Club como protagonista y testigo de la historia cubana, además todo lo sucedido alrededor del litigio legal por la marca.

El otro proyecto es *Subterráneo* (2020), una serie documental sobre el hip hop en Cuba, desde su nacimiento en medio del Período Especial, a principios de los años noventa.

Ambos documentales, producidos por Radio y Televisión Martí. En estos momentos estamos continuando con la serie y un proyecto de ficción *Lapsus*, junto a la actriz Alina Robert, que queremos comenzar este año si Dios lo permite.

¿Qué encontraremos en Lapsus?

Lapsus es una ficción que tengo en la cabeza desde hace años, curiosamente una historia de confinamiento. En su momento lo quería hacer solo con *webcams*. Ahora tengo el conflicto de que estamos en confinamiento y estoy seguro de que, cuando se levante la pandemia, van a salir miles de proyectos sobre esto.

Una ex *pornstar* olvida que puso el café y al recordarlo, asustada, se da cuenta de que está embarazada sin haber tenido sexo en más de un año. Una madre que olvidó a su hijo pequeño en el carro y este muere de asfixia. Y un hombre que deja la llave de la casa adentro y, justo sin poder entrar, llega un cartero con una carta de su supuesto padre al que no conoce, un recluso en el corredor de la muerte.

Muy a tono con las últimas cosas de Godard, llenas de imágenes de video, *low res*, *webcams*, teléfonos inteligentes, *social media*, algo del Hal Hartley de *Trust* y *Flirt,* otro intento entre ficción y experimentación.

¿Qué película no hiciste que quieres hacer?

En realidad, todas las que no he podido hacer, tengo el plan de hacerlas en algún momento. Todo parece indicar que nunca filmaré *Balas vs Onán*, la tercera parte de la serie Onán, que en lo personal quiero hacerla. Sucede en la Sierra Maestra en 1958 y son dos rebeldes que, asediados por las tropas de Batista, descubren que pueden rellenar las balas con su semen.

Es una parodia también. Hay tráfico de mariguana en la Sierra, fantasmas, violencia, como un *thriller* violento. El guion está listo ya pero siempre aparece otro proyecto mucho más «inmediato».

Balas vs Onán» es algo onanístico, a propósito del tema, un poco un capricho manierista.

Me está dando la vuelta de sustituir la Sierra Maestra por escenarios actuales de Miami y rodarla en la calle, como si fuera la Sierra Maestra medio Dogville de Lars Von Trier o *The Niklashausen Journey* de Fassbinder.

Aunque no está teniendo buena recepción entre los colaboradores, que quieren que haga otros proyectos. Así que se puede decir que este proyecto ya está comenzando con el pie izquierdo.

¿Te queda familia en La Habana, en Aguacate?

Mi padre falleció este año, solo me queda mi madre, allí mismo, en Aguacate, donde todo parece ir feneciendo más y más.

¿Te volveremos a ver filmando en La Habana?

Hace un tiempo regresé a Cuba para filmar una serie de cortos documentales por encargo y fue interesante. Ficción no creo, no lo veo, los proyectos que últimamente estoy pensando los ubico en otros contextos. La Habana es un lugar que veo lejano, muy lejano.

Fade a negro y cartel de FIN.

SANTIAGO MITRE:
HAY ALGO MISTERIOSO, CASI MACABRO, EN CÓMO SE ADMINISTRA EL PODER

Hoy tengo la suerte de poder dialogar con un guionista y director de cine argentino que es todo un misterio.

Santiago Mitre tiene una carrera como guionista envidiable. Con títulos como Leonera, Carancho *y* Elefante blanco, *todas dirigidas por Pablo Trapero, ya había calentado el ambiente.*

Con su primera película como director, El estudiante, *irrumpió en la escena cinematográfica y cambió la conversación. Así, como si nada, con sencillez, nos dijo a todos: Paren un momento y miren para acá. Les quiero mostrar algo.*

No me gusta hablar de cine político, ni voy a teorizar sobre el estudio del poder, de los poderosos y de la sociedad argentina que hay en su obra; pero sí quiero hablar de su capacidad para desde la sencillez mostrar temas bien complicados. Situaciones que a simple vista nos pueden pasar de largo. Ideas que nos pueden recordar a un cine de antes, pesado; pero que Mitre logra colárnoslas con una naturalidad nueva.

Odio la palabra «necesario», pero si hubiera que escoger un cineasta latinoamericano con una obra necesaria, ese sería Santiago Mitre.

Gracias a la productora Agustina Llambi nos ponemos en contacto.

El estudiante *es una película que me sorprendió mucho, sobre todo en el momento en que salió. Parecía una obra de la* nouvelle vague, *pero en colores y con una sencillez tremenda, sin perder su fuerza. No era nuevo lo que se contaba, pero al mismo tiempo era como si fuera la primera vez que se contaba algo así. Como si hubieras sacado del clóset una «belleza otra»...*

Es un ejercicio de memoria el que me estás haciendo hacer, que no me viene mal, porque ya los años van deteriorando ese órgano tan importante. Como toda buena película es algo que madura junto con uno, es también una película sobre el paso a la madurez, es una película que traía durante mucho tiempo en paralelo a mi trabajo como guionista.

Estudié en una escuela de cine, trabajé como montajista, en equipos de dirección, en películas y demás, luego empecé a escribir guiones para terceros y siempre mi objetivo primario fue transformarme en director y lograr hacer una película. La idea de *El estudiante* era algo que me rondaba desde no me acuerdo cuánto antes de que empezara a escribir el guion.

Es interesante lo que me señalas, porque recuerdo que una de las primeras cosas que sentí que debía limar era el espacio universitario, la universidad pública argentina en la universidad de Buenos Aires, que era un espacio que me producía, que tenía como una cosa anacrónica y a la vez de una vitalidad y una fuerza que me parecía muy atractiva. Así que mi exploración fue en primera instancia como la de un documentalista. Yo sabía que quería trabajar una película en la universidad de Buenos Aires, sobre un personaje al que no le interesaba lo que se hace en las universidades, que es estudiar, y que iba vagabundeando de una carrera a la otra.

Esa era mi idea y empecé a ir a la facultad de cine que es una escuela muy chica, que no tiene relación con esa universidad y en algún momento, bueno, la universidad pública en Argentina es un lugar interpolitizado y a mí la política siempre me interesó mucho y yo vengo de una familia que se ha interesado mucho en la política y muchos la han ejercido y que, sin dudas, para todos es su pasión, así que era un tema que me atravesaba y bueno, empezó ese personaje que era un poco un chanta de provincia, como decimos en Argentina, una especie de vivillo de pueblo que llegaba a la ciudad y que lo único que le interesaba era conocer chicas y para nada el estudio, y empezaba a encontrar como una intuición que su vida podía pasar por la política universitaria.

Bueno, y después la política universitaria se empezó a transformar en una especie de, cómo decirlo, en analogía de la gran política ¿no? En utilizar esas microunidades de entronización política —que son complejas y muy interesantes— y que pudieran de alguna manera referir a otros ámbitos de poder. A partir de ahí era construir un dirigente político con los malos hábitos de la política. Digamos que no la asume desde una posición ideológica, sino más bien desde una posición práctica. Sería una política sobre la práctica política y el espacio universitario como escenario plástico.

¿En que te inspiraste?

Las inspiraciones vienen de diversos lugares, utilizamos un cuento de Borges que tiene un modelo narrativo bastante canónigo en relación a la construcción de un personaje y su evolución, pero bueno le pedimos prestada la estructura simplemente. Buena, es una estructura bastante simple, alguien que llega a un espacio que no conoce, va aprendiendo sus reglas, va aprendiendo y en su momento esas reglas lo obligan a confrontarse con algo o alguien y empieza a replantearse un poco qué es lo que verdaderamente quiere.

¿Cómo fue el casting?

La ciudad de Buenos Aires tiene un ámbito teatral independiente y muy interesante y tiene muchos actores muy jóvenes, muy buenos. Y yo estaba influido por unos amigos que habían empezado a dirigir: Matías Piñeiro, Mariano Llinás, muy interesados por la escena teatral de Buenos Aires.

El *casting* propiamente proviene de ese espacio. Son actores jóvenes. Esa película lo permitía porque tenía un *casting* en un noventa por ciento de actores muy jóvenes. Son actores que venían de eso que se llama Teatro independiente argentino.

La película a pesar de ser una ficción tiene un aire documental muy latente ¿Esta intención viene desde la escritura?

Algo que me enseñó *El estudiante y* que yo aplico y trato cuando trabajo en alguna *workshop* o estas cuestiones… trato de darle un tratamiento documental a la escritura. La escritura es el proceso que menos disfruto al hacer una película y, sin embargo, es el que más hago en mis películas y el que más hice a través de mi vida como persona de cine, pero no termino de disfrutar del todo. Lleva esa soledad que me da que es un poco abrumadora.

Bueno, siempre escribo con guionistas e intento que el proceso se colectivice pero, además, me parece importante hacer que el guion tenga vínculo con el objeto que uno va a filmar en principio. Por eso te digo: cuando escribí *El estudiante* viajaba muchísimo a la UBA, a los pasillos a escuchar cosas, a grabar cosas y a sacar fotos y a eso, a sentir el objeto que yo intentaba describir.

Volvamos a tu proceso de trabajo ¿Cambia mucho en dependencia del proyecto?

Mi proceso de trabajo es... yo empecé a trabajar como guionista o sea, que mucho de mi formación tiene que ver con eso, así que mis procesos de guion suelen involucrar una investigación que excede la investigación de la escritura de guion, yo viajo a los lugares donde voy a filmar, saco fotos, filmo con una cámara de video muy simple, trato de estar en los lugares y eso va un poco invadiendo el guion y ayudándome a darle fuerza y verdad, qué se yo... o a darle detalle al guion.

Ahí empieza un poco la puesta en escena. No hago *story boards* pero sí muchas fotos, observo los lugares y trato de pensar cómo se moverían los personajes y demás. Después que tengo una idea conceptual de la película, digamos. Por ejemplo, en *La Patota* sabía que era una película que tenía que tener mucho nervio, que quería trabajar planos largos porque siempre imaginé la película como una película de actores y había algo como una arbitrariedad, esas arbitrariedades que siempre nos inventamos los directores, y no quería que las actuaciones no estuvieran muy manipuladas por el montaje porque los actores tenían que poder apoderarse del tiempo interno de la escena y poder manejarlo y apoderarse de la película y ser los narradores que siempre intenté en cualquier caso, eso el nervio de una cámara un poco móvil y el plano largo. *La cordillera* era una película que desarmaba su naturalismo y llegaba a... iba extrañándose en la puesta en escena y abriendo huecos hacia lo fantástico o hacia una zona enigmática y tenebrosa. La paleta se iba modificando, los contrastes se iba modificando y los movimientos de cámara también iban modificándose. La película iba tomando una puesta en escena con más aplomo.

Bueno, esas ideas son las que rigen. Luego, cómo organizo la puesta de cámara. Hay una parte que la hago con el fotógrafo y otra parte de la dirección, que la hago con el director de arte, instancias de trabajo, y luego lo que me parezca el día de la filmación. Me permito seguir los impulsos, trato de llegar al día de la filmación con una hipótesis, porque siempre uno tiene que tener una hipótesis y luego abandonar esa hipótesis si me parece que hay algo que es mejor. Me gusta llegar y armar la puesta escenográfica y ver los movimientos de los actores en la escena y a partir de eso trabajar los planos que hay que hacer, a veces es uno, a veces son diez.

Eso trato de hacer con anterioridad, porque influye en el tiempo de filmación. Es un trabajo larguísimo, de meses, te diría de años y a veces lo que surge en el día.

Quiero decirte que soy el fan número uno de Paulina. *¿Por qué en algunos lados es* La Patota? *¿Es cierto que es un* remake? *¿Dónde y cómo descubriste la película? ¿En qué momento piensas que puede haber una nueva película? ¿Qué mantuviste? ¿Qué quitaste? ¿Trabajaste con el guion viejo o reescribiste de cero?*

Bien, vamos a hablar de *Paulina* que es un *remake* de una película argentina del año 61, que se llamó *La Patota* y fue dirigida por Daniel Tinayre.

Este proyecto me llegó por encargo. Un amigo productor que trabajaba en ese entonces en un canal de televisión importante, me contó que tenía los derechos para hacer un *remake* de esa película. Yo no la conocía. Bueno, había oído hablar mucho de ella, conocía al director, a la actriz que ha devenido en conductora de televisión y la vi, y me pareció una película cargada de potencial y me interesó muchísimo trabajar en una adaptación. Pero de todas maneras, cuando la vi, yo iba a ponerme a escribir de las cosas que vi y me interesaron, pero no sabía todavía si la iba a dirigir.

Mi compromiso era escribir un guion. Luego cuando empecé a trabajar me entusiasmé y me di cuenta de que había algo en relación a la política como vocación. La película original giraba en torno a una situación mística religiosa. A mí la religión, la verdad es que me importa poco, pero sí me parecía que podía haber una traslación interesante a través de la asunción del acto político. Digamos de poner el cuerpo políticamente, como una especie de creencia, como una especie de fe, que es algo que yo admiro, pero que puede representar problemas para Paulina, el personaje central, al que le cambiamos el nombre, porque la película original era sobre la patota. La patota es una expresión argentina, que significa una banda de muchachos, digamos, y en mi adaptación era sobre Paulina, que era el personaje femenino de la elaboración original.

Paulina toma la decisión de abandonar su comodidad de clase para ir a trabajar a una zona rural del noroeste argentino que limita con Paraguay y con Brasil. Una provincia interesantísima en términos visuales, pero que también tiene problemas sociales muy importantes.

No es la misma película. Le modifiqué muchas cosas. La película trabajaba sobre una idea del perdón o sobre una idea de comprensión, pero siempre desde un parámetro rígido. Pero a mí me parecía que nuestra Paulina del 2015 no podía ser una católica. Entonces, que tenía que trabajar una idea de perdón también problema desde acá, porque lo que le hicieron es atroz, pero desde otros parámetros. Trabajamos en confrontación el personaje del padre que es un juez y es un buen juez, que en la película original era también un pasaje desdibujado. Y en esa dialéctica entre ellos dos estaban las cosas que a mí más me interesaron para nuestra adaptación.

La película original la vi una vez y no la volví a ver. De hecho le pedí a los actores que no la vieran tampoco. Creo que Oscar Martínez la había visto pero no la revió. Era una especie de Antígona extraña lo que queríamos hacer, y bueno trabajamos sobre esa idea, porque había como un cuestionamiento a la justicia y al hecho de, bueno, qué sé yo...

Es una película muy compleja, muy problemática, que nos llenó de preguntas y nosotros entendimos que esas preguntas eran justamente lo interesante que tenía la película. No intentar entender a Paulina, no intentar justificarla, sino simplemente poder observarla y acompañarla y no juzgar lo que hace ella y qué es lo que es cuestionable en sus actos.

Es una película en la que yo admiro el trabajo de Dolores Fonzi y yo creo que ella potenció la película hacia niveles que la película nunca hubiese llegado sin su compromiso y sin la capacidad emotiva que tiene, la capacidad empática que tiene y de arriesgarse y de ser dura y a la vez frágil, de ser inflexible y piadosa. Es una película que me dio muchas alegrías también.

Hay mucha gente que considera La cordillera *como la más «americana» de tus películas. No sé si es un término positivo o negativo. A mí me gustó mucho la película y me funcionaron rebién ciertas cosas que la diferenciaban de tus otras pelis. Se ve una película más grande, con una visualidad más cuidada, respetando bien este mundo de cumbres y encuentros de altos mandatarios. ¿Por qué este salto? Siento que con* El estudiante *y* Paulina *hay como un efecto de escalera, onda, hablas de un estudiante, hablas de una mujer en un lugar rural, ahora una cumbre. Es como si te hubieras propuesto hablar de los males de la sociedad desde la base y vas subiendo. Las tres son un vivo retrato de lo que es la vida.*

Bueno, *La cordillera* es la más americana de mis películas pero, qué sé yo, si uno supone que las películas americanas son las más caras, lo cual esta tiene razón. Es verdad que es una película que tiene un salto de escala significativo en relación a *El estudiante*. Es una película independiente, exageradamente independiente, con apoyo y coproducciones, pero también es una película chica, es una película con una escala de producción más importante, es un proyecto ambicioso con el que yo venía fantaseando desde hace muchísimo tiempo, solo que ese salto de presupuesto tiene que ver con la lógica propia, con el objeto de lo que la película cuenta: la alta política, los presidentes que vivían rodeados de lujos, los autos en los que se mueven, la ropa con la que se visten, los aviones privados, las infinitas personas alrededor haciéndote que los asesoran, la seguridad. Es un entorno palaciego, digamos. Entonces reconstruir todo eso desde toda una ficción cinematográfica implicaba un presupuesto grande. Afortunadamente tuvimos el apoyo de una productora argentina que podía afrontar eso y la hicimos con la calidad y la fastuosidad, que la representación que ese ámbito de presidentes requería.

De una manera bien sutil, el tema del poder político está en las tres películas.

Bueno, en cierta forma las tres películas se relacionan, son películas sobre el poder o el poder en algunas de sus formas ¿no? *El estudiante* en micro escala. Como reflejo de otros ámbitos en *Paulina*: una conciencia del territorio, del cuerpo, la desigualdad, una especie de rebeldía un poco caprichosa pero rebeldía al fin. Y en *La cordillera* era sobre cómo se construía el poder en las más altas esferas y un poco también era cruzar dos elementos de género. Hay algo misterioso, casi macabro, en cómo se administra el poder. Una de las hipótesis del relato sobre el cual trabajamos en el guion y luego toda la puesta en escena, era eso: trabajar una película que se fuese construyendo de a poco, que se fuese construyendo un pequeño hueco, dentro de su propia lógica. Y empiezan a aparecer elementos fantásticos, digamos.

¿Estudiaste las películas de Costa-Gavras y de Sidney Lumet?

Me encantan, claro, pero la película necesitaba distanciarse del *thriller* político que aparece todos los días en los periódicos. La película necesitaba que fuera menos tangible que la miseria y la corrupción, y entonces por eso ir más a Polanski y a Kubrick que han trabajado más el tema de la política.

¿10 películas que te encanten?

- *El ejercito de las sombras* de Jean Pierre Melville.
- *El inquilino* de Roman Polanski.
- *El salario del miedo* de Henri Clouzot.

- *Europa 51* de Roberto Rossellini.
- *Pacto de sangre* de Billy Wilder.
- *El tercer hombre* de Carol Reed.
- *Contacto en Francia* de Francis Copolla.
- *La batalla de Argelia* de Gillo Pontecorvo.
- *Sin techo ni ley* de Agnès Varda.
- *Tiempo de revancha* de Adolfo Aristaraín.

Tu última película Petit Fleur, *que todavía no se ha estrenado, es una adaptación de un texto de Iosi Havilio ¿Cómo llegas a la novela?*

Petit Fleur es una película que rodé en Francia en diciembre, enero y un poquito de febrero, poco antes de esta calamidad llamada coronavirus. Por suerte la pude terminar, porque tengo amigos que a raíz de esto detuvieron sus proyectos. Es una adaptación de una novela de Iosi Havilio, un amigo y escritor argentino, y la novela se llama *Pequeña flor*. Hice el guion con Mariano Llinás que es con quien habitualmente trabajo los guiones. Es una novela fantástica en el sentido de género, es una muy buena novela, fue muy buen material de base. Es de género fantástico, de la tradición del género fantástico latinoamericano, diría.

¿De qué va la historia de Petit Fleur*? ¿Qué podemos esperar?*

Es la historia de un joven padre, que se muda a una ciudad remota, en el interior de Francia, por motivos laborales. Está emparejado con una chica francesa con quien tuvo una hija, y le suceden una serie de situaciones un tanto particulares a raíz del desarraigo, de la soledad, de la incomprensión de la lengua, de una nueva cultura y los problemas que se generan al haber sido padre y no entender muy bien cuál es el lugar y la función de él en el cuidado de esa nueva vida. En eso asesina a alguien, a un vecino y a los pocos días ese vecino vuelve a aparecer con vida. Él lo vuelve a asesinar y el otro vuelve a aparecer con vida y mientras, la película narra las desventuras de este joven padre, la crisis de pareja, la separación y como él reconstruye su vida, y como él aprende a ser padre, y como da ese pequeño paso hacia la madurez. Este hecho fantástico, sobrenatural o metafísico, se va repitiendo y va dotando la historia de cierto misterio y de cierta cuestión extraña.

¿Cuándo la podremos ver?

Bueno, la película ahora con la cuarentena no sabemos cuándo se estrenará, pero aunque se pensaba estrenar en el 2020 veo muy difícil que se pueda estrenar en el 2020, así que esperaremos a que se reabran las fronteras para poder terminarla, porque la película está finalizando su proceso de edición con mucha dilación, por supuesto, y empezando su proceso de sonido, y de composición. Es una película que tiene mucha música. Uno de los personajes es un músico de jazz y estoy explorando todo ese universo y componiendo con un músico argentino con el que me divierto mucho. Nada, en esa instancia: esperando poder terminarla y poder estrenarla.

Muchas gracias, Santiago, cuídate.

EL LIBRERO. CONVERSANDO CON ALEJANDRO MAINEGRA

Cuando yo era niño y los adultos, los amigos de mi mamá, me preguntaban qué quería ser cuando fuera grande, yo siempre respondía lo mismo: turista. Quiero ser turista.

Por cuestiones de trabajo, para terminar las películas o para asistir a algún festival, he tenido la posibilidad de caminar por ciudades desconocidas, como un turista más. Una de las cosas que más extraño, ahora en momentos de crisis y cuarentena, es esa cosa de ir caminando y descubrir una librería nueva.

En Madrid, por ejemplo, tuve que pasar un proceso interesante. Empecé visitando la FNAC, luego La Casa del Libro, La Central... y mientras pasaban los días me fui yendo para centros más pequeños, como la Machado, con aquella librera tan simpática, o la librería de Andreu en Chueca.

Ahora aquí, trancado, me siento un poco vacío. He regalado todos mis libros. Trato de compartir, de intercambiar.

Mi librero está desolado. El único rayito de esperanza vino con mi amigo G que me habló de La Tertulia, un lugar donde hay joyitas, libritos perdidos, textos sorprendentes.

Ubicada en El Vedado, en la calle J entre 25 y 27, en el número 562, la librería de Alejandro Mainegra y Yoan Rivero es un oasis. Gracias a Alejandro he podido encontrar los libros que necesito leer para lanzarme a escribir mi novela Yo soy muy hembrita.

Una novela que me está costando un huevo parir. Estas lecturas de finales de agosto y principios de septiembre me están cambiando la forma de ver las cosas.

Hoy Alejandro me da la posibilidad de indagar un poco y de hablar sobre un espacio que es bien necesario.

Hermano, ¿qué es La Tertulia? ¿Por qué ese nombre? ¿Cómo fueron esos inicios?

Te hago una historia primero. A finales de los años cincuenta, Fayad Jamís (que además de excelente pintor y buen poeta, era un ser creativo de todas todas) funda la librería y editorial La Tertulia, en 27 casi esquina a L, en el Vedado. De allí salieron los primeros libros de la generación de poetas de los 50 de Cuba y sus coterráneos latinoamericanos.

Te puedo citar: *En claro* de Antón Arrufat, con el diseño de Raúl Martínez y una tirada de 300 ejemplares. La mítica edición de *Oceana* de Pablo Neruda, de tan solo 50 ejemplares, todos dedicados por su autor, aprovechando la visita de este a La Habana, en 1960. *Nombre custodio* de Miguel Ángel Asturias, o *El Mar* de Roque Dalton. Libros de pequeño formato, con portadas de Fayad o Portocarrero, entre otros artistas. Una maravilla. Sin contar las visitas a ese espacio de Cabrera Infante y todo el universo de *Lunes,* y claro, los publicados por su catálogo, que es extenso.

Entonces, el nombre es como un homenaje a lo que fue, una remembranza y el sueño de ser algo parecido a La Tertulia de Fayad. Incluso en el mismo sitio y con las ediciones, sueño que quizás sea concretado. Por otro lado, nos encanta conversar, así que nos funciona por partida doble, además con el libro hay que estar en constante diálogo.

Empezó en Cárdenas por diversas razones. Somos de ahí, y no te imaginas la tarea heroica de encontrar un buen libro en la ciudad. Teniendo en cuenta que estábamos en La Habana y se podía tener un flujo interesante de textos decidimos que fuera allí, pensando como comerciantes y como lectores.

Por supuesto, tener disponibles un garaje de los abuelos sin costo, en una de las esquinas principales de la urbe también ayudó bastante. Después nos mudamos a la ACCA de Cárdenas, con espacio propio y ambientado. Fue lo más parecido a la librería que soñamos hasta ahora. Hacia dónde vamos, creo que está respondida de alguna manera; no queremos estar como simples vendedores, sino que se convierta el proyecto en un impulsor de la cultura, con ediciones, peñas y todo lo que se nos ocurra en el camino.

¿La Tertulia se dirige a un público en especial?

La verdad, no; es para todos. Puesto que, como decían los viejos, en la librería hay de todo, como en botica. Je,je,je.

Háblame de las lecturas que han organizado.

De La Tertulia en sí no hay nada hecho. Aunque ya hay un camino recorrido con la Libra de Libros, que es el espacio de cultura de los libreros de la Plaza de Armas, algo colectivo en que todos ponen para ello y yo soy el panelista. Se han regalado libros y vinilos a todo el que llega por primera vez. Se presentó la edición cubana, después de tanto tiempo, de *Trilogía sucia de La Habana,* con la presencia de Pedro Juan

Gutiérrez. Una tarde inolvidable. Se lanzó el libro sobre los libreros cubanos del colombiano escritor y librero también Álvaro Castillo. Planes para el futuro… son muchos.

¿Cómo es un día normal en La Tertulia?

Un día normal consiste en levantarnos, yo primero y Yoan algo después, es más remolón, je, je. A las seis de la mañana y con una taza de café ponerme al día en el tema en las redes y aquellos que me han escrito en la noche. Voy llegando al Vedado sobre las nueve de la mañana. Todo si el transporte está fresco. Y monto los libros en una media hora. Diariamente reponemos libros nuevos. Te comento la dinámica y el por qué de lo plural. Yo soy la cara del negocio, me encargo de la venta, de estar…Yoan (y yo también en ocasiones) se encarga de buscar los pedidos, visitar bibliotecas que quieran vender y catalogarlo todo en casa. Lo que sería trabajo en equipo.

¿Cuál es el horario y los días que están abiertos?

Estamos abiertos de lunes a viernes, de 10 de la mañana a 5 de la tarde.

¿Cuánta gente te visita más o menos en un día?

Tiene sus días. Hay ocasiones que pasan más de veinte personas y también hay días que se llegan solamente cinco o seis.

¿Lees? ¿Usas el celular? ¿Ves a la gente pasar? ¿Cómo es esa espera?

Mira yo soy mucho de dejarme llevar por mis ánimos. Hay días en que espero leyendo y otros que me pongo a ver alguna serie que haya pasado para el teléfono o a veces van amigos y se sientan allí a conversar casi todo el día. También aprovecho ese tiempo en revisar listados de personas que quieren vender libros o sinopsis de lo nuevo que no haya leído, algo así como para estar preparado.

¿Cuáles son los libros que más buscan?

Eso es complicado porque no todos leen lo mismo. Te puedo mencionar autores que buscan mucho, como Bukowski, Murakami, Cortázar, Cabrera Infante, Yukio Mishima, Milan Kundera, Dostoievski, Leonardo Padura, Reinaldo Arenas, Octavio Paz… y, claro, los libros de autoayuda, que no los puedo dejar de mencionar.

¿Alguna vez has tenido un libro en venta y no se lo has vendido a alguien por algo?

Sí, dejando a un lado los libros que muchas veces no vendemos, porque están en mal estado, existen los otros, de nuestra colección, que no vendemos por valor sentimental y personal. También lo contrario, hay algunos que recomendamos, porque sería de mucha ayuda para la persona en ese instante. Recuerdo a una amiga que tuvo un hijo preso. Era el momento de que leyera *Dichosos los que lloran* de Ángel Santiesteban Prats. Cambió tanto su perspectiva. No imaginas cuántas gracias nos dio.

¿Libros más valiosos que han tenido?

Otra pregunta complicada. Sobre todo, porque el concepto de libros valiosos es muy relativo. Una cosa es el mercado y otra es el valor agregado que le des a un objeto por diversas razones. Hay casos en que coinciden los dos. En este punto tengo que decirte que también somos coleccionistas de primeras ediciones raras, manuscritos y libros dedicados por los autores. Por nuestras manos han pasado, por ejemplo, la primera edición de *Platero y yo*, de 1917, dedicada por Juan Ramón Jiménez en su visita a Cuba. La edición príncipe de *Por quién doblan las campanas*, dedicada por Hemingway a un senador español. Algunos catálogos de artistas con dibujos originales de los mismos, como Lam o Abela. Y, bueno, muchas ediciones del grupo Minorista, Orígenes y de autores latinoamericanos como Vargas Llosa, Julio Cortázar, García Márquez y Pablo Neruda. Todas dedicadas por los escritores.

¿Qué libros nunca venderías? (Porque no lo soltarías por nada).

Je,je,je… son muchos y por un sinnúmero de razones. Hay unos que nos acompañan desde la infancia, otros que nos han regalado amigos y familiares y, claro, los que nos han dedicado e, incluso, regalado escritores, como Lina de Feria, Senel Paz, Pedro Juan Gutiérrez, Carilda Oliver Labra, Leonardo Padura, Laura Ruiz Montes… en fin.

Y, claro, otros que por su belleza o su carga histórica son como tesoros: La primera edición de *Juan Criollo* de Carlos Loveira, dedicada a Jorge Mañach y con notas de este último… sus pensamientos y correcciones en torno a la obra.

Uno de los veinticinco (esta es la cifra que se maneja dentro de la mística del libro) ejemplares de la edición príncipe del *Solo de rosa* de Mariano Brull, que acuarelaron a mano René Portocarrero y Mariano Rodríguez.

La edición de la *Isla en peso* del 1944, dedicada por Piñera a Francisco Morín, director del grupo teatral Prometeo, donde se estrenó *Electra Garrigó*.

Jardín de Dulce María, hecho en España en el 1951, y dedicado por Dulce a su médico de los años 90.

Un *Tratados en La Habana*, dedicado por Lezama Lima a un ser innombrado, un misterio que solo le acompaña.

Una *Historias de cronopios y de famas* autografiado por Julio Cortázar, enviado desde París en 1967, a unos buenos amigos suyos en la isla.

La Casa Verde de Vargas Llosa, que el autor escribe, que la lea… pero que nunca entre.

O una libreta de autógrafos con la letra de casi todos los escritores de la República. Y algún que otro manuscrito, incluso inéditos de grandes poetas cubanos. Son muchos… demasiados; la memoria y el tiempo son finitos.

¿Cómo se hacen de libros nuevos?

Hay muchas maneras, desde el que viene a la librería interesado en vender hasta el que nos contacta vía *online*. Este mundo es del tiempo invertido en él. Cuando llevas años y eres bondadoso o justo con el pago que ofreces y vendes, las personas te buscan para poner en nuestras manos las bibliotecas de sus padres o abuelos. Es como darte sus memorias.

Por supuesto, tenemos anuncios puestos en diferentes plataformas. La recomendación de los amigos a otros amigos. Existe un personaje casi mítico (algo así como el Mario Conde de Padura) que se ocupa de comprar por todo el país prácticamente y distribuir libros en las librerías de La Habana, tanto particulares como estatales. Bárbaro es como un arma secreta y, sobre todo, es amigo. Esa es la base, la amistad.

¿Cómo conservan sus libros?

La clave está en tener un buen librero (para los que llevan ese cuidado estricto por su valor económico o sentimental), esos de caoba, con cristales, como de película y nunca poner un libro en mal estado con otros buenos. Ya la cuestión con los hongos y manchas son inevitables por el clima, cosa que los clientes saben de antemano, incluso los extranjeros.

¿Tu peor experiencia como librero? ¿La mejor?

Te voy a hacer una anécdota. Hace muchos años, cuando trabajaba como ayudante en la Plaza de Armas, nosotros gastábamos casi todo nuestro salario comprando libros. Bueno, pues trabajando allí, me llevan la primera edición de *Fuera del juego*, la del 68, y en ese momento literalmente comencé a temblar, me faltaba el aire, tuve que sentarme jajajje. Hoy, cuando recuerdo aquello, no dejo de sonreír, porque mira que han pasado por nuestras manos libros duros, pero aquella reacción solo con aquel. Creo que fue lo que significó aquel libro para muchas personas y para una generación, un antes y un después. Otra experiencia fue el enfrentamiento por primera vez a una biblioteca importante, la del pintor del grupo de Los Once, Antonio Vidal. Una vida reflejada en libros perfectamente organizados y cuidados. Eran los ejemplares de un bibliófilo. Hoy todavía conservamos ejemplares de ahí.

¿Te relacionas con otros libreros? ¿Hay foros de intercambios?

Mira, te confieso que todos nos conocemos, unos más que otros, unos más libreros, otros más comerciantes, pero esta pasión no es masiva, y, por lo tanto, conectamos alguna vez o de alguna manera. Así como también te digo que, cuando tienes un buen libro, o una buena biblioteca entre manos, todos se enteran. Esta es una ciudad que funciona por rumores, ciertos o no, jejeje. Foros de intercambios existen, como también canales digitales para ello, aunque mucho más reciente.

¿Qué otras librerías te gustan de La Habana?

De La Habana e incluso del país nos gustan todas las librerías, siempre hay algo que ver, que descubrir, incluso en la organización de sus estantes, y ya la parte del libro de uso es el éxtasis, algo así como un medidor de amores pasados. Claro que hay algunas que siempre se recuerdan. La Canelo, hoy Avellaneda, es sin dudas la mejor librería de La Habana, por todo: historia, libreros que allí trabajan, calidad y equilibrio precio-oferta. Es una maravilla que hay que cuidar y proteger, y es que sin ella los lectores y el mercado sufrirán. No es justo tanto tiempo brindando sabiduría y tanto olvido a cambio.

Otra, es la Cervantes, con esa suerte de ser destinataria del remanente de grandes bibliotecas. Ahí encontramos libros de Lolo, César López, Rodríguez Feo, por solo mencionar algunos.

El siglo de las luces, de la librera Arelys, es otra maravilla. Ella sabe lo que quieres y tiene para todos los gustos, tan tierna y femenina, como su espacio. Te deja sin palabras con sus gestos, sus bondades y necesidad de saber, de escuchar. Es un sitio obligado en la calle O'Reilly. Y, por último, aunque no menos importante, los libreros de la Plaza de Armas, reubicados en la antigua casa de Justiz y Santa Ana. Lugar al que debo tanta formación, sabiduría, libros hermosos y horas entre libreros de la vieja guardia y sus remembranzas de la época de la barbarie, cuando encontrar primeras ediciones de Lorca, o libros del siglo XIX cubanos era tan simple como tomar el sol en esta isla.

¿Cuándo sales de la librería y llegas a casa qué tienes que hacer? ¿Lees en la noche también?

Bueno, después de llegar a casa casi siempre tenemos que reponer todo lo vendido y consultar lo que tenemos pendiente en cuanto a pedidos, y pues ver los encargos, ya que muchas veces hay que mandar fotos de ediciones para que los clientes decidan si se quedan con los libros. Y, bueno, lo demás: gatas, comida, vino, música, películas, chismes, compras y de todo un poco. Leo, depende del libro de turno, si es uno de esos libros que te agarran y no te dejan respirar, no puedo abandonarlo, si es uno normalito, sin fuerza, paso y le voy arriba a una buena serie.

¿Cuáles son los libros que lees y vuelves a leer?

La verdad, hay algunos textos, que no son de reelectura, sino de consulta, que siempre están a la mano. Te puedo decir: *Diccionario de literatura cubana;* catálogos de editoriales como Casa de las Américas y Fondo de Cultura Económica; algún texto sobre el libro antiguo. Son varios.

¿Detestas algún libro?

Creo que no detesto ningún libro, detestar es una palabra muy fuerte. Hay libros que me molestan. Me molestan los libros infantiles sin colores, me molestan algunos libros en papel gaceta, me molestan los libros mal diseñados con esas cubiertas horribles que te tropiezas por ahí. Me molestan tantos libros impresos de política y temas alrededor de ella... casi inundan las librerías estatales. Da lástima cómo pasan los años y siguen allí. Solo pienso: cuánta maravilla se pudo haber impreso en esas hojas.

¿A qué autor odias?

Creo que a ninguno jjjjjjjj (aunque más que autores, podría detestar la vida y el actuar de alguno de ellos... pero me lo reservo para no calentar esto. jeje).

Once libros que te llevarías a una isla desierta.

Bueno teniendo en cuenta que estaré en una isla desierta no creo esté para leerme *El Quijote*... jeje, quizás algo de supervivencia me ayudaría. Aunque la metatranca siempre es necesaria. Te divido en dos grupos entonces. (ojo esta clasificación es muy personal... no vaya a ser...jeje).
Relax:

- *El amor en los tiempos del cólera* o *Cien años de soledad* de García Márquez.
- *Cuentos Fríos* de Virgilio Piñera.
- *Pippa Mediaslargas* de Astrid Lingren.
- *El conde de Montecristo* de Alejandro Dumas.
- *Poesía completa* de Eliseo Diego.
- *Nueve cuentos* de J. D. Salinger.

Para fundirse y olvidarse de la isla:

- *El lobo estepario* de Herman Hesse.
- *Sobre héroes y tumbas* de Ernesto Sábato.
- *2666* de Roberto Bolaño.
- *Trilogía de Nueva York* de Paul Auster.
- *La Montaña Mágica* de Thomas Mann.

¿Qué autores cubanos han sido subvalorados?

Subvalorados son muchos eh: Regino Boti, Regino Pedroso, Manuel Navarro Luna, Agustín Acosta, Serafina Núñez, Cleva Solís, Calvert Casey, Delfín Prats, José Soler Puig.

¿Y los sobrevalorados?

Sobrevalorados: Cintio Vitier (su poesía), Pablo Armando Fernández, Lisandro Otero, Luis Rogelio Nogueras (no nos odien). Y muchos contemporáneos que para qué te cuento, sobre todo las nuevas generaciones que utilizan las redes como materia prima.

Diez autores cubanos contemporáneos que te gusten.

Ena Lucía Portela, Anna Lidia Vega, Dazra Novak, Legna Rodríguez Iglesias, Evelio Traba, Laura Ruiz Montes, Maylan Álvarez, Ahmel Echevarría, Karla Suárez, Carlos Manuel Álvarez.

¿Y foráneos?

Haruki Murakami, Paul Auster, Santiago Gamboa, Almudena Grandes, Juan Marsé, Marcela Serrano, Ricardo Piglia, Mario Vargas Llosa, Alice Munro, Mo Yan.

Hagamos un juego... ¿Qué tres libros le recomendarías a: Severo Sarduy:

- *El palacio de las blanquísimas mofetas* de Reinaldo Arenas.
- *Paradiso* de José Lezama Lima.
- *El beso de la mujer araña* de Manuel Puig.

Un cliente vestido de uniforme policial:

- *Hombre sin mujer* de Carlos Montenegro.
- *Al sur de mi garganta* de Carilda Oliver Labra.
- *Los hijos que nadie quiso* de Ángel Santiesteban Prats.

Juana Bacallao:

- *Del piropo al dicharacho* de Samuel Feijoo.
- *Limonada* de Héctor Zumbado.
- *Como hablar bien en público* de Dale Carnegie.

Tomás Gutiérrez Alea:

- *El polvo y el oro* de Julio Travieso.
- *El hombre que amaba a los perros* de Leonardo Padura.
- *Divertimentos* de Eliseo Diego.

Ena Lucía Portela:

- *El bosque de la noche* de Dujna Barnes.
- Arthur Conan Doyle, *Obras completas*.
- *De donde son los cantantes* de Severo Sarduy.

Sigfredo Ariel:

- *Poesía completa* de Eliseo Diego.
- *La música en Cuba* de Alejo Carpentier.
- *Notas críticas* de Rodríguez Feo.

¿Con que autor te gustaría compartir una tarde?

Con Salvador Redonet, para que me dé las mieles de cómo se puede tener tanta luz larga y recopilar en un libro a los principales autores de una generación.

¿Cómo ves la situación editorial cubana e internacional?

Uff, tema caliente. Mira, en el plano internacional es complicado darse a conocer, a no ser que ganes un concurso marcado, o tengas contrato con grandes editoriales, que son las que la mayoría de las veces le dan la difusión a un libro.

Es complicado, porque lo que escribas tiene que pasar por un agente editorial, medir el grado de popularidad del libro. Por otra parte, están las pequeñas editoriales, que también tienen sus desventajas, al estar compitiendo con grandes entidades pasan mucho trabajo para poner un libro a circular.

Como ultimo no podemos olvidar las nuevas tecnologías y la posibilidad de leerse un libro digital que han afectado al formato impreso.

En Cuba, la cosa es de otra manera. Teóricamente debería ser un paraíso. Cuando vienes a ver, hay casi una editorial por provincia y varios concursos que le dan la posibilidad al escritor de publicar. Eso es muy bonito. La realidad es que al no haber una crítica literaria, pues no puedes diferenciar un buen libro a uno malo. A eso, súmale los amiguísmos para publicar y eso ya acaba de matarnos.

Te podría decir muchas cosas, como, por ejemplo, la falta de ética, el poco compromiso que tienen muchas editoriales, pero como soy optimista te voy a hablar de que hay editoriales que están haciendo trabajos impresionantes como Vigía, La Luz, Sed de Belleza e, irónicamente ,estas últimas quedan en provincia.

El mundo está cambiando y el mercado editorial cubano tendrá que reinventarse más tarde o más temprano.

¿Qué crees del papel de las nuevas tecnologías? ¿Se lee más? ¿Se lee menos?

Mira, me parece que a veces las personas viven tan apuradas que se quedan con el titular, no leen con calma, no disfrutan, ya sea por cualquier motivo, ya sea porque están pensando en el tema del dinero, ya sea los jóvenes por el tema amoroso. Creo que hoy en día se lee mucho menos, leerse un libro de trescientas páginas es una proeza para muchos. Por eso no me canso de repetir que los padres deben leerles a los hijos, inculcarles ese amor, porque al final es lo que queda, lo que se recuerda. Los hijos cuando crezcan no van a recordar los zapatos que le compraron, van a recordar las enseñanzas. Por eso creo que hay que coger la vida con calma y replantearnos muchas cosas.

¿En qué momento empezaste a escribir?

De muy joven, en eso tienen que ver mucho dos personas, Osmany, un profesor que tuve en el pre y Lorena, un ángel escribidor que siempre está dispuesta a dar machete para despejar la maleza. La escritura, en verdad, no la tengo tan presente como quisiera y es que la desilusión y la vida misma, con sus caminos predestinados hacen sus jugadas. Y nada, algunos cuentos y entrevistas es todo lo que queda.

¿Qué te gusta escribir?

Últimamente veo demasiados poetas, cosa que me inquieta bastante, porque no encuentro esa fuerza, falta de aire y puñetazo que debe dar la buena poesía. La respeto demasiado, por eso escribo cuentos y algunas descargas como las llamo yo.

Muchas gracias, Alejandro, por tus respuestas y por abrirme las puertas de tu casa. Espero que sigas escribiendo.

JUGÁRSELA SIEMPRE CON SEBASTIÁN SEPÚLVEDA

Sebastián Sepúlveda no para. En los últimos años no solo ha editado las películas El Club *(2105),* Jackie *(2016) y* Ema *(2109) de Pablo Larraín, sino, también, ha tenido tiempo para editar* Chicuarotes *(2019) de Gael García Bernal. Cuando no está montando cine, está escribiendo o dirigiendo sus propias películas, como* Las niñas Quispe *(2013).*

Cuando empezamos a hablar estaba terminando el primer capítulo de la serie —escrita por Stephen King— Lisey's Story *(2021), dirigido por Pablo Larraín, y producido por JJ Abrams.*

Es un gusto y un honor poder compartir esta charla.

¿Cómo te lleva la cuarentena?

La cuarentena es un caos, tengo dos niñas todo el tiempo encerradas, mi casa es una fábrica de comida y limpieza. Ninguno de los dos rubros son lo mío. Por eso cuesta más encontrar el tiempo para trabajar, porque tienes menos horas. Y tener montado afuera de la puerta un capítulo de la serie de *Zombies,* no es bueno. Las pelis de zombis son buenas para verlas, no para vivir en una de ellas.

¿Cómo ves la salud del cine chileno actual?

¡Con Covid19! Engripada. Creo que es una etapa bastante dinámica para los chilenos que trabajan internacionalmente, pero va a ser durísima para los que producen en Chile, porque es un pequeño país con poco dinero. En Chile la gente solo va al cine a ver *blockbusters*, es muy escaso el cine *indie,* a nivel público. Claramente esto es una bomba nuclear en una aldea de gente que tiene hambre.

Ahora, hay algo bueno en saber que uno tiene que sobrevivir, eso despierta, saca a los cineastas del pensamiento virtuoso de que el espectador se debe someter a sus exigencias, y lo pone en un espacio de fragilidad donde humildemente cuenta una historia, y se vuelve más un acercamiento al relato de Sherezade de *Las mil y una noches*. Entonces, hay que ser cuidadoso en contar bien una historia, elegirla sabiamente, para no terminar con la cabeza cortada o en otra profesión. Situaciones, que, para quienes eligieron este trabajo tortuoso, son finalmente similares.

¿Qué fue lo último que dirigiste?

Lo último que dirigí es mi peli *Las niñas Quispe* (2013), ¡hace mucho tiempo! Me fue bien, fui a Venecia, la trataron con cariño las revistas de crítica americanas. La presenté en las salas francesas y fue bien recibida. Traté de hacer un par de largos más y no resultaron por distintos motivos. Entonces, decidí escribir la historia que estoy comenzando a mover actualmente. Ha tomado mucho tiempo. Demasiado. Pero mientras tanto edité *El Club* (2105), *Jackie* (2016), *Ema* (2109).

¿Y lo último que editaste?

Lo último en que trabajé fue la edición del primer capítulo de la serie —escrita por Stephen King— *Lisey's*

Story (2021) dirigido por Pablo Larraín y producido por JJ Abrams. Todas estas experiencias me han traído un reconocimiento de mi trabajo como editor que yo jamás hubiese esperado. En la agencia que me representa en Los Ángeles somos diez editores. El que viene después de mí, por orden alfabético, es Jin-mo Yang, el que editó *Parasite*. El siguiente es Joe Walker, el editor de *Blade Runner 2049*. Es como estar rodeado de Ferraris. Y uno se siente un Fiat. Pero no importa, hay que recordar que la Fiat compró a la Ferrari.

Cuéntame cómo llegas a tus historias, en el caso de Las niñas Quispe *y* O Areal.

La forma de llegar a las historias es siempre, por lo menos en mi caso, distinta. *O Areal* es un documental sobre una comunidad cimarrona en la Amazonia brasileña, y cómo sus espíritus y hombres lobos, que pueblan el cotidiano de sus habitantes, son echados por la modernización. Ahí llegué haciendo la parte audiovisual de una investigación sobre el imaginario en la Amazonia. Y *Las niñas Quispe* fue un tema que me propuso la productora Fabula para dirigir. Leí una obra de teatro que se había hecho, fui al lugar donde había sucedido, a cuatro mil metros de altura y sentí que esa historia merecía ser contada. Espero que por lo menos algunos de los que la vieron piensen lo mismo.

¿En qué momento conoces a Larraín?

A Pablo lo había visto un par de veces en fiestas con cineastas, pero fue realmente cuando me invitaron a ver el primer corte de *Tony Manero*, que tuvimos una conversación sobre su trabajo. Fue muy interesante esa película, rompía muchos esquemas del cine latinoamericano en ese momento, y eso era muy estimulante para conversar.

¿Tu primera película con él es El Club?

Con *El Club* empiezo a trabajar en la edición con él, pero ya había trabajado como asesor artístico en *Post Mortem*, es decir, de consultor en el guion y en el montaje. Pablo había producido *Las niñas Quispe*, y yo había escrito y editado algunas películas que él había producido *(Joven y Alocada, El año del Tigre, Ulises)*. Incluso, escribí el tratamiento de un *western* para Hollywood, del que Pablo después escribió el guion con un guionista en Los Ángeles, pero que finalmente nunca se filmó.

¿Cómo es este proceso? ¿Trabajas todo el tiempo con él? ¿Estás a solas al inicio? ¿Trabajas basado mucho en el guion?

En general yo edito la primera versión del montaje, y trato de que no sea cacofónica. Cualquiera que haya visto una primera versión de montaje entiende a lo que me refiero. Pero, algunas veces, la cacofonía se arma en la segunda o tercera versión, ya que al mezclar todos los elementos y tratar de darle un color narrativo, se vuelve una ensalada no muy digerible, que después hay que limpiar. Finalmente, siempre terminamos encontrando entre los dos, y con la ayuda de muchas voces críticas, la forma final, que siempre nos sorprende. Esto se debe a que Pablo piensa el guion y el rodaje pensando en tener múltiples posibilidades narrativas para llegar a la sala de montaje.

En *El Club* la edición duró dos meses y medio. Poquísimo. La filmación diecisiete días. Al inicio estábamos apurados para llegar al Fondo Audiovisual de Chile de post-producción, ya que la película se había filmado con escasísimos fondos privados. Pero después de eso había que llegar a la postulación a la Berlinale, así que todo fue editado rápido, en mi casa y la casa de Pablo, como si se tratara de un cortometraje. Y la película ganó el Gran Premio del Jurado en la Berlinale, y fue nominada a los Globos de Oro.

Jackie tiene un ritmo más pausado, me recuerda más a las primeras películas de Larraín ¿Cuánto duró el proceso de edición? ¿Estabas en Chile? ¿En Los Ángeles?

Jackie es muy hipnótica, por eso el ritmo es algo pausado, pero es como una película mutante. El tempo de ensoñación sirve para hacer planear el espectador por distintos estados sin que se dé cuenta. Algunas veces entra dentro del esquema clásico de Hollywood, al entrar una escena más clásica, patriótica; y, después, entra a una escena de dinámica y con cortes cercanos al cine de la *nouvelle vague*; y, después, llega una escena sensorial, que, al final, de una forma aditiva, forman un film algo cubista. Porque todas esas Jackies, finalmente, son aproximaciones al personaje, que en sí son muchos. Está lo que Jackie desea mostrar al público, a sus cercanos, a ella misma. Y esto que quiere mostrar algunas veces es algo cierto, otras veces es una forma de ocultar su verdadero yo a los otros y por supuesto a ella misma. Eso es algo que nos sucede a todos nosotros en nuestro cotidiano. Somos seres múltiples y complejos. Y en general el tipo de narrativa de los *biopics* lo que hace es simplificar en base a una idea el personaje, para que sea digerible como «cuento» a un público masivo.

El proceso duró seis meses, los sufrí bastante, porque había mucho en juego, dinero y expectativas. Era trabajar en mi primera película «grande» en la industria. Editamos una parte en París (la Casa Blanca, el avión presidencial se hicieron y filmaron en los estudios de Luc Besson) y otra en Chile. Y después la peli explotó en el Festival de Venecia, las críticas increíbles y los reconocimientos empezaron a llegar. Son experiencias que uno no piensa que va a vivir cuando es estudiante de la EICTV. Mucho menos, esos domingos en el comedor, comiendo gallina vieja, mientras las moscas mueren encima de uno fulminadas por las trampas eléctricas.

¿Trabajas con un asistente de edición?

Sí, es muy importante, porque yo trabajo en Avid como si fuera Word. No soy alguien que está leyendo sobre la última actualización del sistema, ni compresiones de formatos, ni absolutamente nada de eso. Esa parte la hace el asistente, y estoy encantado de que alguien lo haga, porque para mí es muy árido. Y cotidianamente puedo mostrarle lo que estoy haciendo para que me critique o para yo mismo tener un espejo sobre el cual criticarme. Porque todo esto es totalmente subjetivo, y bastante angustiante en muchos momentos. Tener un compañero de trabajo es vital.

Ema *tiene muchas escenas donde el corte y la música crean un ritmo diferente al resto del metraje. ¿Vieron muchos videoclips? ¿Algún musical en especial?*

En realidad, no veo videoclips, ¡no me gustan! Pablo tampoco. Pablo me dijo solamente de no repetir los espacios que ya mostramos, ya que los videoclips hacen siempre eso, para desmarcarnos de esa gramática. Me ponía justamente nervioso no ser un videoclipero. En el montaje hay, a muy grandes rasgos, la escuela del corte rápido, y por otro lado el *slow burning*, hipnótico, que es en el que me siento a gusto. Y el montaje de los videoclips responde usualmente a la primera lógica, así que me ponía nervioso tener que jugar con códigos que salían un poco del espacio en el que juego habitualmente. Pero confié en ser lúdico, solo eso. No me preparé de ninguna forma en especial. El trabajo real era como comprimir ciento ochenta páginas de guion, que muchas veces no tenía continuidad, ni lógica *per se*, sino que estaba escrito para dar múltiples posibilidades narrativas al montaje. Y crear una narrativa fresca e inesperada. Con Pablo conversamos muchísimo. El montaje de estas películas en que hemos trabajado es realmente un juego entre los dos, en el que vamos encontrando una lógica narrativa. Y había tonalidades distintas que había que acoplar, eso fue lo más complejo.

¿Cuánto duraba el primer corte?

¡El primer corte duraba cuatro horas! Como dijeron Pablo y Juan, que es el productor: Está bueno el corte, podríamos simplemente reducirlo y hacer una película buena. Y funcionaría. Pero hay que deconstruir y yuxtaponer, a ver qué película realmente hay detrás de estas cuatro horas.

El proceso creo que duró seis meses. Fue largo. La música de Nicolás Jaar —que entró en la última parte del proceso— le dio otro matiz, y fue complejo adaptarse a su sonoridad, que era algo más fría que lo que habíamos planteado inicialmente. Él es más cercano a la generación de los personajes, así que se respetó mucho su punto de vista en esto.

¿Lees mucho los guiones? ¿Vas a los rodajes?

En general leo el guion una vez antes del rodaje, y después no lo consulto nunca más. Sirve como guía del tema, la idea de los personajes, pero en general me invitan a editar para «abrir» hacia otros lados, y permitir encontrar en la yuxtaposición de esas imágenes sentidos nuevos. Esa idea, que parece tan común en lo que se habla y discute en las escuelas de lo que debería ser el cine, en el cine industrial realmente no sucede. En general el guion se sigue paso a paso en todas las etapas. No me parece una pésima idea, Hitchcock lo hacía y es uno de los grandes maestros. Pero al ir en contra de la etapa anterior en cada uno de los pasos, se logra algo lúdico, inesperado, que sale de la fórmula, y le da una vida, una frescura, y una narrativa poco común a la película. Pienso que ese es un gran logro del cine que consigue hacer Pablo. Lo inesperado.

En *Jackie*, por ejemplo, el inicio, estructuralmente, se parece a lo que indicaba el guion, pero a medida que se fue desarrollando el montaje y el segundo acto, fuimos encontrando otras formas. El tema quizás es que el guion es casi siempre descriptivo, no puede ser otra cosa, y el montaje —es decir lo que la gente llama la película— es muchas veces sensorial, o tiene otro tipo de dinámica que sale de esta lógica. Y las sorpresas cotidianas que se encuentran en la yuxtaposición del montaje, son las que hacen que las películas sean, también para el espectador, algo muchas veces sorprendente desde el punto de vista narrativo.

Yo nunca voy a los rodajes. Es aburrido no estar haciendo nada, y cuando en el rodaje hay estrellas del cine, se vuelve aún más complicado, porque se sienten observados. A mí eso que la gente llama «la fama» no me interesa absolutamente nada, es algo oscuro. Y los actores son gente que tiene que lidiar cotidianamente con eso, así que ir a conocerlos allí —en ese estado tan frágil para los actores que es el rodaje— no me divierte. Este año, sin embargo, fui al rodaje de la serie *Lisey's Story*, con guion de Stephen King, sobre todo porque el fotógrafo era Darius Khondji, que es uno de mis ídolos. Darius fotografió entre otras películas *Delicatessen, Seven, Moonlight in Paris, Amour* de Haneke. En un corto de la escuela de cine incluso traté de copiarle uno de sus primeros trabajos. Fue interesante, porque lo vi como trabajaba con la luz artificial. Hablamos de Néstor Almendros, que él conoció cuando filmaba *Kramer vs Kramer*. Le conté que en un corto de la escuela había tratado de copiar uno de sus trabajos, se mató de la risa. Es un tipo encantador, que ha trabajado con todos los grandes directores contemporáneos, o, más bien, todos han querido trabajar con él. Fue muy linda experiencia.

¿Cómo te fue trabajando con Gael en Chicuarotes*?*

Con Gael fue entretenido trabajar, es un gran tipo Gael. El proceso de edición se hizo casi todo en Buenos Aires, duró unos cuatro meses y medio, trabajamos a un ritmo tranquilo y lo dejamos reposar unas semanas. Gael vino entonces a verme a mi casa en Chile, y lo terminamos acá. Tampoco fue relajadísimo, uno nunca está totalmente tranquilo, porque es un trabajo. No tienes ganas de hacerte el chistoso y que después la gente encuentre que la película no funciona. Te la estás jugando siempre, eso es lo bonito y terrible del cine. Pero uno aprende a tratar de tomarse las cosas con cierta tranquilidad.

A mí, hay algo amoral de la película, que me recuerda la vida de ladronzuelo infantil, que viví con mis hermanos en los barrios bajos de Venezuela. Eso me interesaba. Tiene un punto atonal, también, que me divierte. Después la presentamos en Cannes y eso fue una fiesta. Es muy agradable poder tomar unos tragos y reírte tanto después de haber vivido un proceso de forma tan solitaria —junto a Gael— y reflexiva. Por eso es que los festivales *online* no son festivales para mí (yo creo que para nadie). Esto del Covid va a pasar igual que lo hicieron todas las pestes. Y ahí vamos a volver —los que queden en la tierra— a lo que es realmente el cine, estar congregados, asistiendo a una ilusión proyectada. Y al final aplaudir, criticar y estar contento por haber vivido una experiencia única con los demás.

¿En qué momento sacas tiempo para escribir tus propios proyectos?

Escribo cuando no estoy editando. Y así me relajo, y no estoy ansioso por no estar ganando rupias. Ese mal que tienen los actores de estar esperando a que los llamen, también lo tienen la gente que trabaja como fotógrafo o montajista. Yo por suerte no lo padezco, porque intento crear yo mismo nuevas películas desde el inicio. Como muchos, la mayor parte de las veces no lo logro, pero no importa. El tema en el fondo es la labor del *Candide* de Voltaire, cultivar tu propio jardín. Cuando lo haces, todo adquiere una mayor plenitud.

Ahora quisiera dirigir un corto, extrañamente, algo que no sea un producto ni nada que conlleve «ganancias» en lo económico. Y que sea posible filmar. Que sea solamente para divertirse. Gastar dinero en algo que solo traiga (espero) réditos en cuanto a la alegría de haber hecho algo bonito.

Me imagino que constantemente debes estar en un ejercicio para saber cuál trabajo aceptas y cuál no. Cuando uno quiere dirigir y al mismo tiempo es bueno trabajando con otros directores, no sé, puede ser compleja la historia de definir los tiempos para los proyectos propios.

Intento trabajar con gente con la que no he trabajado anteriormente, pero no es simple. Una buena experiencia fue con Gael García Bernal. Los guiones tienen que ser buenos para yo lanzarme en una aventura, y eso no es muy común. Los que me llegan de Los Ángeles muchas veces tienen carencias de ideas, son «productos» y uno podría pensar que no hay nada de malo en trabajar en películas así, pero yo trato de hipnotizar y para lograrlo tengo que imbuirme en ese sueño, y no me gusta nada vivir esa experiencia en un sueño en el que no me siento bien.

Una vez, un amigo francés me llevó a la casa, sin avisarme, a Hervé de Luze, el editor de las últimas películas de Polanski. Me quedé en una pieza. Un tipo al que súper admiro. ¿A qué editores admiras tú?

A Joe Walker. Lo conocí en una cena de nominados a premios, él editó las primeras pelis de Steve McQueen, y también las ultimas de Denis Villeneuve, *Blade Runner*, *Arrival* y *Dune ahora*. El tema es que Joe juega con el *slow burning*, y a mí eso me encanta, es un poco el *antispeed*. Es británico y tiene un sentido del humor y una cultura que se agradecen. El tema es que muchas veces los montajistas, como los guionistas o fotógrafos, son como sesionistas de instrumentos musicales, llegan al estudio y graban de corrido lo que se necesita, lo que les piden. Joe Walker tiene una «forma de tocar», le divierte un estilo, y desarrolla su propio estilo, que tiene algo hipnótico. Y eso a mí me encanta. Me gusta entrar en una película como espectador, y volverme como un bebé metido en un sueño. Y en *Arrival* me sentí así, entré totalmente en el sueño, y me encantó haber estado ahí, y después despertar. Esto último es casi lo más importante, porque muchas veces en la industria se busca captar al espectador llenándolo de estímulos, pero al salir de la sala de cine (¡qué añoranza estar en una sala!), te da como un asco haber digerido todo eso que viviste, como si se tratara de una hamburguesa de comida chatarra. Claro, mientras comías esa hamburguesa sabía bien, porque tenía azúcar y grasa, pero después se transforma en un desastre en tu interior. Joe Walker trabaja de una forma sensorial, para que uno logre tener múltiples y buenas digestiones.

Un mensaje para los jóvenes cineastas cubanos.

El mensaje podría ser un *copy paste* de lo que dijo el director de *Ya no estoy aquí* cuando ganó los Arieles. Le dedicó el premio a todos los cineastas que luchan por hacer una película, por realizar algo que nació en su corazón, y que, como él, llaman por teléfono y solo reciben un «no», o ni siquiera eso como respuesta. Eso les sucede a todos, hasta a los tipos que están en lo más arriba de la industria norteamericana. Es el mantra horripilante que todos debemos vivir. Pero hay que seguir. Y si no tienen dinero, eso tampoco es una excusa. Miren las películas de Alain Cavalier. Es un hombre y su cámara. Se vuelve a lo esencial, a poner en valor su forma única de observar, de saber escuchar al mundo que lo rodea.

CUATRO ESTACIONES
CON JULIA SOLOMONOFF

Julia Solomonoff es de esas directoras de cine que nos mantiene en vilo. Esperando su próxima película. Hermanas, El último verano de la Boyita, Nadie nos mira, *han logrado encontrar su espacio en el mundo del audiovisual actual. Un mundo recargado y sobresaturado, que pocas veces consigue profundizar con la elegancia y la sutileza que Julia logra. En Cuba la seguimos mucho. Tanto en los festivales como gracias a la piratería. He tenido la suerte de compartir varias tardes con ella y hoy tengo el gusto de entrevistarla.*

Por esto y por tu cine, gracias, Julia.

¿Estás viendo mucho cine?

Sí, he estado viendo bastantes películas. Tengo la suerte de tener acceso a la colección de Criterion, que es buenísima, y he tratado de ser un poquito más sistemática. La verdad es que he estado viendo muchas películas de directoras (mujeres), algunas que conocía y otras que conocía menos, y poniéndome un poco al día también con un cine más diverso y más experimental.

Me ha pasado algo raro, como que extraño mucho el cine en salas, y, al mismo tiempo, me ha dado ganas de ver cosas quizás menos narrativas en este tiempo, cosas un poco más experimentales. Lo identifico más como estados, como estar sintiendo el cine o las imágenes en relación a estados y menos narrativas.

¿Qué has visto?

He visto bastante Chantal Akerman, he visto bastantes películas de los años cuarenta que tenía como un poco pendientes. Muy caótica, pero al mismo tiempo muy personal la búsqueda.

¿Eres una mujer de rituales?

Soy una persona matinal. Me gusta escribir de mañana. Mi ritual más importante es el mate. No puedo escribir sin un mate al lado; esté donde esté es con un mate. Y he ido desarrollando en estos últimos años un poco más de disciplina con respecto al yoga. Hago un tipo de yoga que se llama «ashtanga» (yoga de las ocho partes) que es bastante intenso. Y me doy cuenta de que los días que me siento a escribir o a trabajar y que no tengo actividad física, son días de un rendimiento muy bajo y de dolor de espalda. Con el tiempo también he desarrollado unas lumbalgias. Me han encontrado dos hernias lumbares, entonces, estar sentada mucho tiempo es malo. Y una cosa que sé luego de muchos años es que la escritura se ayuda con el caminar. El caminar ayuda a pensar. Hay una relación muy directa entre movimiento y narrativa.

He tenido la suerte de recibir asesorías de guion contigo. Recuerdo mucho aquella charla en Los Ángeles, en la piscina donde descubrieron a Marilyn Monroe. Creo que eres una escritora tremenda, pero al mismo tiempo eres una conocedora.

Con respecto a la escritura siempre me acuerdo de una conferencia que le escuché dar a Paul Schrader, el escritor de *Taxi Driver*, pero también, por supuesto, el director de *Light Sleeper*, *First Reformed*, y bueno, varias películas; y él dice algo que a mí me interesa que es que en realidad la escritura del guion no es una forma literaria, que la forma del guion es oral, que tiene que ver con la tradición oral. Y me gusta mucho esto que él dice de que entonces la manera en que prueba sus películas es que invita a alguien a cenar a su casa —él tiene como un grupo selecto de escuchas más que leedores— y les cuenta la película. Y él va tomando notas de cómo va cambiando el lenguaje corporal de quienes escuchan. Cómo es la atención. Cuándo pausan. Cuándo se sirven vino. Cuándo se quedan en silencio. Y él también presta atención a cómo cuenta la película, cuándo se apura porque sabe que ahí tiene un agujero o algo que resolver, cuándo disfruta de dar detalles, cuándo lo ve con claridad, cuando tiene que ir atrás, porque se olvidó de algo importante y ahí se da cuenta de cómo debe ir plantando la información. Me gusta mucho esa idea de pensar el guion en la tradición oral, porque es una tradición que tiene muy en cuenta al otro y que también te hace pensar en que la forma del guion no es una forma literaria terminada, sino que es una forma siempre como en construcción.

Es muy gratificante escucharte hablar de la escritura, ¿cómo escribes? ¿Cómo seleccionas las ideas?

La verdad es que las pocas películas que he hecho han tenido que ver con experiencias personales que he ido procesando a través del tiempo y muchas veces sin saber si se podían convertir en una película o no. Pero bueno, indagando, sí, creo que soy una persona que no invento nada, que lo que hago es observar, editar, unir piezas, generar puentes entre algunas experiencias, perspectivas, miradas, situaciones y después obviamente, tratar de armar como un arco narrativo con eso, generar una especie de viaje. Cuando escribo más que la sensación de haber creado algo, lo que tengo es la sensación de haber encontrado algo. Un buen día de escritura es un día donde siento que encontré algo que quizás era evidente y yo no estaba viendo y que estaba frente a mí, o haber hecho una conexión entre una situación y otra, o haber descubierto por qué un personaje corresponde o debe pasar por determinada circunstancia. Pero nunca tengo la sensación de haber inventado algo, sino, más bien, descubierto algo. Como algo que estaba ahí, y lo descubrí.

¿Qué estás escribiendo ahora?

En este momento estoy haciendo un proceso diferente. Estoy desarrollando un proyecto con muy poca escritura. Soy de las personas que ha escrito guiones y ha reescrito y reescrito y mejorado y pulido y tratado de… Y ahora estoy en una etapa como de cierto descreimiento del proceso de guion y estoy siendo un poco más intuitiva. No sé si tiene que ver con un momento de la vida o con un momento mío con respecto a las narrativas demasiado construidas, pero estoy permitiendo más ser más permeable, corregir menos la escritura y pensar más en cómo quiero dirigir algo y en cómo lo imagino.

En tú película El último verano de la Boyita *se respira una verdad tremenda. Me imagino un guion cerrado, pero al mismo tiempo con una ventanita abierta para que se cuele la sorpresa.*

Sí, su origen es casi te diría autobiográfico, en el sentido de que yo escuché la historia de este «chico chica», cuando yo tenía la edad de Jorgelina, de ese personaje. Mi mamá que era ginecóloga y mi papá que era psiquiatra estaban hablando de un caso que estaba tratando mi mamá en un almuerzo y yo entendía muy poco, porque ellos hablaban en términos médicos, pero a mí me generó mucha curiosidad y mucha inquietud lo que yo pude entender, que era el caso de un chico que se descubría chica. Y en ese momento no pregunté mucho, pero estaba en una época de mucha curiosidad, porque estaba empezando a ver los cambios en mi hermana mayor y empezando a entender qué era la pubertad, qué era la adolescencia y qué eran todas estas transformaciones posibles. Y llegué a tener como una especie de temor de qué me podía pasar a mí, si yo me podía convertir en varón o no. Una especie de curiosidad y fascinación con el tema del género. En mi imaginación, ese chico que yo no conocí se mezcló con el hijo de los peones de un campo, que era de mi familia y al cual nosotros íbamos a pasar el verano y que eran chicos de una comunidad alemana en el campo, una comunidad bastante cerrada, chicos muy hermosos pero muy callados y para mí, muy misteriosos.

Los temas que toca son de una profundidad y una humanidad...

Para mí también era importante abordar el tema de la identidad de género en un medio rural, no en un medio urbano, y también atravesar el tema de género con respecto a situaciones de clase, porque siento que a veces queda como un territorio de cierta clase acomodada o cierta clase media, casi como un lugar de indagación que solo se puede permitir alguna gente y obviamente, no creo que sea así, ni que deba ser así. Creo que el tema de género es un tema que nos atraviesa a todos y que todos tenemos el derecho de investigar y estudiar y permitirnos cuestionar.

¿Cómo fue el trabajo con los niños?

Bueno, ahora con respecto al trabajo con los niños en *Boyita*, la verdad es que fue precioso. Fue muy poco ortodoxo, tradicional, pero también fue un gran aprendizaje. Fue muy diferente el *casting* para Mario que el casting para Jorgelina, y la manera de encontrarlos y de trabajar juntos.

En el caso de Mario, lo que a mí me pasó fue que mientras yo estaba desarrollando *Hermanas*, en un momento tuvimos un problema financiero y la película se paró. Yo estaba súper deprimida, porque pensé que nunca iba a poder hacer esa película. Como siempre pasa, por supuesto, que uno cree que se le va, se le va y nunca va a poder conseguir hacer lo que quiere, y entonces me invitaron a una muestra de fotos en el Centro Cultural Recoleta de Buenos Aires; y en otra sala, no en la que yo había ido, sino en la de al lado, vi, así casi de refilón, de reojo, una foto que me llamó la atención y me cambié de sala y ahí empecé a ver unas fotos muy lindas, que eran de las aldeas de Entre Ríos que yo conocía, con personajes que yo reconocía de mi infancia, que eran estas aldeas alemanas. Y me llamó mucho la atención, porque nunca había visto esa realidad fotografiada y era la vez, para mí, muy familiar, pero muy particular verlas en el contexto de una sala de arte.

Me imagino que el casting *para* El último verano de la Boyita *debió ser duro, largo.*

Hice un *tape*, hice un video de él, en un invierno. Era un video de él faenando una vaca, cortando una vaca con su papá y había algo muy silencioso, pero casi coreográfico entre esos dos hombres, entre ese hombre y ese niño, que me dio una sensación de que realmente él era el personaje.

Entonces, compartí ese video con la gente de El Deseo, con la gente de Almodóvar, y yo estaba como muy convencida y les dije que bueno, que yo sentía que lo más difícil era encontrar a este chico y lo había encontrado, y era invierno y yo quería filmar en el verano, y que sentía que sí, por lo que necesitaba el dinero para filmar, que después, si necesitaba parar para editar y conseguir más dinero, lo podía hacer, pero lo que necesitaba asegurarme era el dinero para filmar.

¿Cómo llega Pedro Almodóvar al equipo de producción de tu película El último verano de la Boyita*?*

En realidad, lo que sucedió fue que yo había ido con el guion a los talleres de la Fundación Carolina-Casa de Américas en Madrid y había trabajado el guion de la *Boyita* ahí, y me había prometido que para cuando terminara, si yo sentía que estaba bien, iba a hacer el intento de hacerle llegar esto a El Deseo, porque sabía que era realmente la productora con la que quería trabajar.

Y bueno, gracias a Isabel Coixet, que ha sido un poco como mentora de muchas situaciones, ella me puso en contacto con la gente de El Deseo y yo les acerqué el guion. Eso fue más o menos en diciembre y ellos, en marzo o abril lo habían leído y les había interesado y después, en julio, fue cuando yo hice un video en Entre Ríos y ellos estaban yendo a Argentina por una película de Lucrecia Martel. Entonces, de alguna manera, mostrarles ese video, mostrarles la convicción que yo tenía de haber encontrado al chico creo que ayudó mucho. Y una vez que ellos se sumaron al proyecto, eso también ayudó mucho, por supuesto, a destrabar ciertos miedos con respecto a la película y hacer que ciertos socios también se sintieran más fuertemente convocados y eso aceleró mucho un proceso que si no, hubiera podido tomar años. Y para mí el grave problema era que yo sentía que Tuto estaba en el momento perfecto para filmar, para hacer de Mario y que si yo me tardaba uno o dos años más, ya le iba a cambiar la voz, el cuerpo y encontrar otra persona como él iba a ser muy difícil.

La puesta en escena me encanta. Es de una frescura y una sencillez difícil de lograr...

La verdad es que fue muy orgánico el trabajo y creo que tuvo que ver mucho con el equipo que armamos con Lucio Bonelli. Era la primera vez que trabajaba con él. Es un director de fotografía con el que me encanta trabajar. Tiene una relación muy intuitiva con la cámara. Sabe observar a los actores y te diría que sabe anticiparse hacia dónde se van a mover.

Muchas veces él hacía seguimientos que no estaban del todo planeados, como eran niños no podíamos marcarlos mucho, y él tiene enseguida como esa sensación; y también ayuda el tipo de plano que usábamos que no era demasiado cerrado. Entonces se pueden hacer ciertos seguimientos sin tener que acomodar demasiado el foco. Cosas así, como cosas muy intuitivas que tiene Lucio que ayudaron mucho.

Tratábamos de no cortar demasiado, de no fragmentar demasiado, justamente, para darles más libertad a los chicos. Ensayábamos, pero no tanto, no se ensayaba letra, sino como situación, como entender de qué iba la escena y también habíamos acordado muy temprano que como la película tenía niños, animales y un montón de elementos que no podíamos controlar como, inclusive, el clima, estábamos siempre muy atentos a capturar lo que sucedía.

O sea, yo me acuerdo así de momentos en los cuales estábamos filmando algo con los actores y de golpe veíamos dos caballos como jugueteando —yo le decía, apuntá para allá y agarrábamos eso de manera documental— y después volvíamos a los actores. Cosas que antes yo no me hubiera quizás animado a hacer, me sentí muy libre cuando hice *Boyita*.

Otras de las decisiones que para mí fueron clave. Yo venía de trabajar en fílmico y *Boyita* fue la primera vez que trabajé un largometraje en digital, que ahora obviamente es normal para todo el mundo, y eso a mí me liberó mucho, porque entonces no estaba pendiente de cuánto duraba la toma, teníamos mucha flexibilidad en cuanto a trabajar con poca luz.

Vamos un poco más atrás para hablar de Hermanas, *¿es autobiográfica?*

Hermanas es y no es cercana, a nivel autobiográfico, o sea, los personajes. Yo soy más joven, yo crecí en la dictadura, pero absorbí de la dictadura justamente toda esa sensación de peligro, de sospecha, de tensión, de secreto, de clandestinidad, de autocensura. Y de alguna manera, parte de mi familia se exilió, otra parte se guardó. En mi casa se escondió bastante gente y al mismo tiempo, como niña, yo presentía, pero no se podía hablar de determinadas cosas. Era una época en la que, para los padres, era también muy difícil hacer participar a los hijos por una cuestión de no asustarlos y, también, porque a veces los hijos hablaban y generaban situaciones que podían comprometer la seguridad de toda una familia.

Yo tengo un recuerdo muy claro de cuando se llevaron al portero de mi escuela primaria, que se llamaba Ángel y que para nosotros era un personaje muy querido, y bueno, muchas como desapariciones y secretos y sensaciones de cosas prohibidas o peligrosas alrededor.

Todas tus películas son bien políticas, pero con una sutileza, una delicadeza.

En algún momento, cuando empecé a escribir *Hermanas* leí bastante, y una de las cosas que más me impresionó, desde lo que era en ese momento mi presente, fue pensar lo que era un exilio en los años setenta, lo que era ser un adolescente de catorce o quince años. Argentina fue unos de los países que generó los exiliados más jóvenes en la historia, y pensar en adolescentes que se iban de un día para otro, apenas con un pasaporte, sin dólares, sin tarjetas de crédito, sin emails, sin internet, con mucha dificultad para hablar por teléfono, con un sistema de mucha precariedad; siempre me impresionó imaginar lo que sería eso.

El endurecimiento y la soledad que eso debía generar en gente tan joven. Y gente que aparte, muchas veces, antes había tenido acceso a cierta comodidad de clase media, porque hay un tema de clases que aparece también ahí, de gente que se «proletariza» por voluntad o de gente que se «precariza» al salir de una situación de clase media o clase media acomodada en Argentina y se van a situaciones más extremas en Europa, en México, en diferentes países.

Me encanta la paleta de colores.

Para mí era importante diferenciar los setenta de los ochenta y la idea que yo tenía es que los setenta, en realidad, no iban a ser un *flashback,* así como blanco y negro o sepia sino al revés, como que la cámara iba a tener más movimiento y los colores iban a ser más intensos, porque era una etapa más intensa visualmente, pero también en la vida de estas chicas.

¿Hiciste story-boards?

Bueno, la verdad es que no, no sé dibujar, y entonces no empleo *story boards*. Antes hacía así con palotes unos dibujitos. Ahora a mí me gusta mucho usar Artemis, que es una aplicación que está en el teléfono, en donde puedo poner lente y la uso más que nada para comunicarme con la asistente de dirección, cuando voy a ver una locación. O, en general, ya cuando estoy cerca de filmar voy con el asistente de dirección, con la jefa de producción o el jefe de producción, director de fotografía, director de arte y entonces les pido que se pongan en los lugares y voy haciendo fotitos, como para hacer una especie de desglose de qué tomas necesito.

No lo sigo super religiosamente, pero por lo menos me ayuda a ordenarme en cuanto al día de rodaje. A decir, bueno, estas son las cinco tomas que necesitamos, estos son los lentes que necesitamos, esto es lo que se va a ver en el fondo, esto es lo que no se va a ver; acá puede ir el *catering*, acá puede ir el camión.

Nosotros no teníamos prácticamente camión nunca, pero acá puede ir, no sé, las cosas del equipo y esto es set, esto es decorado, y esto es el lugar de producción.

Entonces me sirve para una cuestión de producción y obviamente para una cuestión narrativa, para desglosar las tomas que voy a usar. Pero no es algo que sigo a rajatabla. Pero sí me ordena para entender cuántas necesito y cuáles son como los *bits* más importantes, los puntos más importantes de la escena y cómo quisiera que se vean.

Me dices que la historia de Nadie nos mira *es la de alguien que está buscando a dónde pertenece.*

Nadie nos mira es un actor que ha dejado de ser visto. Un actor que quizás era muy visto y muy expuesto, porque era un actor de televisión en Argentina con un cierto reconocimiento que, al llegar a Estados Unidos, primero creo que disfruta de su propio anonimato, que encuentra una cierta libertad en su anonimato, pero que después, con el tiempo, va descubriendo que necesita ser visto.

Uno ve un Nueva York un poco diferente al que nos tienen acostumbrados las películas americanas...

Nueva York a mí siempre me impresiona, porque pasa de un verano súper caluroso como el de Buenos Aires a un otoño totalmente dorado —muy visto en las películas desde Woody Allen a Nora Ephron, a todas las películas que idealizan un poco esa cosa del follaje de otoño que es increíble— a un invierno muy extremo y duro y oscuro, y a veces con nieve.

Y yo quería que la película pasara por esas estaciones, no solamente porque es visualmente muy atractivo, sino, porque me servía mucho para el arco dramático del personaje; y porque, también —esto es una película en donde el paso del tiempo es importante—, porque el personaje no es tan joven, no es un chico de veinte años que viene a probar suerte; es un hombre con una carrera y en un momento de la vida donde tiene que tomar decisiones importantes. Y Nueva York tiene como esa ilusión de que el tiempo no pasa, que la gente puede ser joven eternamente y uno se encuentra con gente que está hace diez, quince años en condiciones muy precarias, pero que sigue como persiguiendo un sueño.

¿Fue fácil escribir el guion?

El guion me tomó mucho tiempo, porque era una película sobre muchas cosas a la vez y me costaba elegir como una línea argumental. O sea, hoy es mucho más fácil decirte de qué se trata *Nadie nos mira*, porque ya la hice, ya la discutí, ya la vi con público, ya entendí qué era de lo que quería hablar. Yo quería hablar de la pertenencia que no es lo mismo que la identidad.

Es curioso eso de pertenencia e identidad.

Tengo la sensación de que el personaje de *Nadie nos mira* sabía quién era, sabía su identidad sexual, sabía su deseo, sabía de dónde era, pero no sabía a dónde pertenecía. No encontraba la pertenencia. No encontraba fuera de su país y de su círculo original, dónde era él mismo. Y cuánto de lo que somos depende de quienes están cerca nuestro y cómo nos ven. O sea, de cómo nos miran. Y qué pasa cuando ya no nos miran, cuando no hay esa mirada. Para mí eso era un tema que si bien lo intuía se me fue haciendo cada vez más claro mientras hacía la película, mientras la filmaba, mientras la editaba. Y por eso creo que elegí que el personaje protagónico fuera un actor, porque los actores dependen mucho —y sobre todo los actores de pantalla, los actores de televisión o de cine más que los de teatro—, dependen mucho de ser mirados y de cómo se les percibe y cómo se les ve. Y por eso el color del pelo, el físico, el tipo, pesa mucho en sus posibilidades y los va limitando o dando posibilidades de acuerdo a cosas que no tienen nada que ver con ellos, que tienen que ver con cuestiones, te diría así, de mercado.

Para acabar, ¿cómo llevas este 2020?

Bueno, hay muy poca normalidad en este año. Entonces, una la va creando. La verdad es que ha sido un año en el que he podido descansar muy poco y crear muy poco. He trabajado. Me he ocupado de muchas cosas. He estado ocupada, pero no siento que ha sido por ahora un año ni de creatividad ni de descanso. Estoy como en una especie de estado de cierta inquietud, que creo que mucha gente comparte. He tenido momentos en el que he podido disfrutar del aislamiento y de la cuarentena, y de una cierta interioridad, y también he tenido momentos de una cierta inquietud y zozobra, y sensación como de confusión. Me parece que «inquietud» es la palabra que más identifica cómo me he sentido. Han sido muy pocos los momentos en los que he podido experimentar este tiempo de una manera realmente presente y despreocupada. Me ha pesado este tiempo.

Muchas gracias.

LARRY VILLANUEVA: ME GUSTA CREER EN LOS MISTERIOS DE LA TRAMA DIVINA

Al final de mi adolescencia, en los últimos años de la década del 90, apareció en La Habana una copia en VHS de la película Azúcar amarga *de León Ichazo. No sé cómo entró al país. Pero lo que sí recuerdo es que la gente se la pasaba con un misterio y un secretismo tremendo. En un blanco y negro prolijo seguíamos la historia de un joven cubano que cree en la revolución y aspira a obtener una beca para estudiar ingeniería en Praga. Sus sueños y su vida se van desmoronando poco a poco. La película es un clásico instantáneo. Las actuaciones principales son maravillosas, pero lo que se te pega con fuerza son los momentos del padre (un descomunal Miguel Gutiérrez) y del hermano Bobby.*

Larry Villanueva interpreta a Bobby con una fuerza y un dolor interno que no deja a un lado momentos de bondad y ternura. Ese nivel de capas, de varias dimensiones, lo hacen tan creíble. Bobby es como si fuera un vecino, un amigo, un conocido. Todo el mundo conoce a alguien como Bobby o tiene un Bobby en su vida.

Hoy me alegra poder hablar con Larry, de orilla a orilla, sabiéndonos lo mismo.

Larry, sé que eres cubano, pero no me queda claro en qué momento llegas a Estados Unidos.

Nací en Cuba y llegué a Estados Unidos al comienzo de la pubertad.

¿Qué recuerdas de esos años en Cuba?

Mis memorias en la isla pueden remontarse a los dos años. Recuerdo una caída del coche, un diente de leche, sesiones de fotografías, celebraciones de Pascua y Navidad en secreto, arduos e interminables trabajos en la escuela al campo para recibir la llamada «educación gratuita». Recuerdo una familia alegre en el seno familiar pero cautelosa y atemorizada dentro de un sistema político represivo. Al alejarme de las costas de Cuba sabía que nunca más volvería a pisar esa tierra. Después de los besos y abrazos con tíos, primos, abuelos y amigos, los recuerdos comenzaron a reemplazarse con otro idioma y otras vivencias que terminaron de formarme como hombre. Por salud y sobrevivencia quise olvidar, pero la raíz que impulsó mi espíritu sigue latente en la memoria y en la relación que aún existe con nuestros familiares en Cuba. De vez en cuando el teatro se encarga de recordarme de dónde vengo.

¿Cómo empiezas en la actuación?

A través de la música, que llega tan fácil a un niño, comencé a descubrir otras expresiones artísticas. Incursioné en el baile popular, en el canto, las artes visuales, y en la literatura, entre otras cosas, hasta que descubrí el teatro. La inquietud desbocada iba en busca de algo que lo abarcara todo.

Guitarreaba algunas rancheras en los actos culturales, pero uno de esos viernes, me tocó la interpretación de Toribio, en *Las Aceitunas* de Lope de Rueda. Durante los ensayos, delante de la clase, las maestras se llamaban entre sí para que vinieran a ver aquel niño que intuía a un leñador del siglo XVI. Algo les causaba gracia, mientras yo me creía lo que decían y me encorvaba bajo un montón de leña al hombro, que mi padre me había amontonado con un cinturón, como utilería, para mi actuación. «Válgame Dios, no pareciera, sino que el cielo se fuera a hundir...». Algo así comentaba afligido y quejoso el personaje y creo que aquí también empezó mi ambición por el buen texto y el deseo de hablar, moverme y decirlo con mi propia voz. Pasaron muchos años desde aquel descubrimiento hasta que por fin ingresé en el taller de actuación que dirigía Teresa María Rojas, en el Miami Dade College. En *Prometeo* se inició con mucha determinación el principio de mi profesión como actor.

Azúcar Amarga es de las grandes películas cubanas concebidas y filmadas en el exilio...

Sin dudas, *Azúcar Amarga* es uno de los mejores intentos del cine cubano en el exilio. León Ichazo es un apasionado de sus vivencias y sus historias y tiene mucho que contar.

¿Cómo llegas a Azúcar Amarga*?*

Llegué a la audición de la película, intenso con mi pelo largo y un chivito despeluzado y medio ruso. Tuve que asesorarme para recuperar el acento contemporáneo de la isla, pues ya en el teatro y la televisión mi pronunciación se había diluido en un sonido neutral necesario para abarcar otros mercados. Mientras audicionaba, me entregué a la escena frente al director que grababa el momento y pocos días después fui escogido para interpretar el personaje de Bobby. Me alegró muchísimo y el estudio por reencontrarme con Cuba se intensificó por varios meses antes de comenzar el rodaje de la película.

¿Cómo fue la preparación? ¿Ensayaron mucho?

El cine tiene el misterio o la superstición de que si se ensaya mucho se pierde espontaneidad. Por lo tanto, me preparé en la soledad de mi apartamento haciendo mucha investigación acerca de los hechos que inspiraron la historia de León Ichazo. Busqué videos, artículos y literatura que me acercara al personaje que estaba trabajando. Después me solté frente a la cámara y dejé que todo fluyera.

El personaje de Bobby tiene grandes momentos, como el de la cascada, cuando ya está enfermo. El tema musical de Carlos Varela ayuda mucho. ¿Te inspiraste en alguien?

El personaje de Bobby es inspirado en un muchacho real, cuyo nombre y un artículo sobre su situación en Cuba, salió en el *New York Times* a principio de los años noventa. Un grupo de roqueros cubanos, parte del movimiento «friqui» de los años 80, fueron encerrados en Los Cocos luego de haberse descubierto que se habían inoculado el virus del SIDA, en protesta contra el gobierno por confiscarles repetidas veces sus equipos de música.

Esta historia está documentada en el video *Maldito sea tu nombre libertad* de Vladimir Ceballos. Me invitaron a verlo a FIU (Florida State University) unos meses antes de saber siquiera sobre la película *Azúcar Amarga*. Cuando me contactan para hacerme la prueba enseguida hice la conexión y me asombré al ver como tal vez el universo ya me estaba avisando de que me tocaría encarnar a uno de esos personajes (Me gusta creer en los misterios de la trama divina).

La escena de la cascada en *Azúcar Amarga* es reconstruida a partir de un momento en el video en que el muchacho moja una bandana con la bandera de Estados Unidos y se la pone en la frente. Luego se mete en la cascada. La reproducción de la escena en la película es apoyada por la nostalgia de la música de Carlos Varela que, definitivamente, le da un gran vuelo al momento. Sin embargo, durante el rodaje no teníamos música más que la del agua de la cascada y el recuerdo de aquellos jóvenes que ya habían muerto.

¿Cómo fue compartir trabajo con Miguel Gutiérrez?

Trabajar con Miguel Gutiérrez fue un honor. Era un loco lleno de calma en escena. Uno sentía el respaldo de un compañero. Fue bondadoso y se hizo fácil comprendernos en la familia de la historia.

¿Y con René Lavan?

René también es un hombre sencillo. Recuerdo en el estreno del largometraje cómo nos apretamos las manos cuando iba a comenzar la proyección de la película, en el Festival Internacional de Cine de Miami.

¿Los pudiste ver luego con los años? ¿Miguel murió?

Sí, desafortunadamente Miguel murió. A René me lo encontré después de muchos años en una audición y nos conectamos como si no hubiera pasado el tiempo.

¿Qué recuerdas de Santo Domingo mientras filmaban? Es asombroso el parecido con ciertas calles de La Habana.

Santo Domingo es un lugar querido por habernos prestado su tierra para recordar la nuestra. Por lo que percibí es un pueblo alegre, muy parecido al nuestro, y qué mejor lugar para exorcizar los recuerdos que dieran forma a la historia que la isla vecina. Allí conocí gente amable, la comida era familiar y deliciosa, los caminos entre árboles y casas eran reminiscentes a los de mi infancia.

Me parece que todos los cubanos que trabajan en el filme eran emigrantes, ¿no?

Todos los actores en la película éramos exiliados cubanos, aunque había dominicanos en papeles secundarios. El equipo fue muy profesional y tuvimos una excelente fotografía a cargo del dominicano Claudio Chea.

¿Cómo fue la acogida de la película?

Estábamos todos muy nerviosos. El Guzmán Center (Teatro Olympia) del centro de Miami estaba repleto. Había mucha expectativa y la promesa de un cine nuevo cubano del lado de acá. Creo que el público quería ver esa historia, algo que se le enfrentara mundialmente a la propaganda castrista. Algunos se emocionaron mucho y el teatro aplaudió de pie al concluir la presentación.

Fue uno de los momentos más emocionantes de mi vida como actor. La acogida de la película fue muy favorable e inesperada para mí. El personaje de Bobby resonó muchísimo en el público y hasta la fecha me lo recuerdan de cuando en cuando en algún restaurante o en alguna de las caminatas que hago por ahí.

¿Seguiste actuando después?

Siempre seré actor, porque la mente me hace juegos para soportar la realidad cotidiana. Hay algo dentro de mí que quiere decir, que quiere moverse siempre. La pierna me tiembla todo el tiempo, como si estuviera cosiendo algo en una de esas máquinas antiguas. Soy actor de teatro, pero antes de *Azúcar Amarga* trabajé en televisión cinco años. Eso me ensayó frente a la cámara para cuando llegó la oportunidad de trabajar en el cine. Después continué haciendo teatro, hice otras películas y por fin me dediqué a la docencia por doce años, en una escuela de arte. El teatro siempre ha sido mi gran refugio, como maestro, director o actor. No me hallo viviendo sin el teatro.

¿Qué crees que le falta al cine cubano del exilio?

¿Qué le falta al cine cubano del exilio? Pues, hacerlo. Y con respecto al cine de Cuba, no he estado muy al tanto en los últimos años. Sin embargo, recuerdo grandes clásicos como *La muerte de un burócrata, Los sobrevivientes, Memorias del subdesarrollo, La bella de La Alhambra, Cuba, Alicia en el pueblo de Maravillas, Lucía, María Antonia,* y acabo de ver una nueva joya llamada *Santa y Andrés.*

Dame diez actores cubanos que te gusten y diez actrices.

La mayoría de los actores cubanos que conozco son o de la época de mi infancia o con los que me ha tocado trabajar en Miami. Si me lo permites me gustaría unir a los actores que viven en el exilio con los que recuerdo que están en Cuba ya que todos son actores cubanos.

- Encabezando la lista va el nombre de la que fue mi maestra Teresa María Rojas.
- Continúo con Zully Montero.
- Marta Picanes.
- Raquel Revuelta.
- Beatriz Valdés.
- Verónica Lynn.
- Grettel Trujillo.
- Rossie Inguanzo.
- Lili Rentería.
- Mabel Roch.
- Lola Amores.

Los actores cubanos:

- Miguel Gutiérrez.
- Reinaldo Miravalles.
- Carlos Cruz.
- Gerardo Riverón.
- Andy Barbosa.
- Eduardo Martínez.
- Jorge Perugorría.
- Roberto San Martin.
- Adolfo Llauradó.
- Carlos Acosta-Milián.

¿A qué te dedicabas antes de la pandemia?

Me he mantenido en un anonimato teatral y docente que me ha hecho muy feliz. A esto último le debo un empujón a mi crecimiento como persona en la pasada década. Tengo ex estudiantes que son como hijos. Hemos hecho algunos cortos de cine que estoy editando actualmente, pues también estudié producción de cine, fotografía y artes visuales en la Universidad de Miami. En esta otra mitad de mi vida quiero incluir al cine como realizador.

¿Cómo llevas la cuarentena?

Lo sufro y me pongo el parche de la imaginación. Vivo el encierro y la locura de esta prisión a domicilio inventándome historias y proyectos para llevar a cabo. No queda otra opción que vivirlo y grabarlo en el archivo emocional del actor.

¿Has vuelto a la isla?

No he regresado a la isla. No creo estar listo para hacerlo aún.

¿Qué es lo que más extrañas?

Extraño la flauta de pan recién salida del horno (de mi época). Pocas veces llegaba intacta a casa. Se comenzaba por desguabinar la teta bien crujiente, se le iba arrancando con los dedos la masa suave y calentica para comérsela en el camino. Al llegar a casa había que inventar una historia o regresar a buscar otra flauta de pan.

ISRAEL ADRIÁN CAETANO: ME METÍ AL CINE PARA HACER UN 'WESTERN'

Adrián Caetano tiene un club de fans en La Habana. Somos un grupo de hombres y mujeres entre los treinta y los cincuenta años que nos reunimos una vez al mes y nos tomamos un roncito, nos fumamos unos puros y nos fajamos hablando de que peli es mejor, si Un oso rojo *o* Crónica de una fuga. *Hay algún que otro descarado que trata de hablar solo de* Francia, Bolivia *o* Pizza, birra, faso. *Todos las hemos visto, pero a este socio en específico le gusta hacerse el que más sabe de Caetano.*

Hace unos años dejé a todos con la boca cerrada, porque andaba de novio de una argentina, Josefina, que era socia de nuestro director favorito.

El tiempo pasa y los integrantes han ido cambiando. La mayoría de las pelis las conseguimos gracias a la piratería. Algunas copias mejores que otras.

La idea que tenemos es que Adrián es un tipo duro, como el prota de Un oso rojo. *Hay quien dice que ni siquiera nos va a responder este cuestionario. En fin, que es un lujo y un honor, hablar con este hombre que ha inspirado en mi carrera. Un maestro de la narración.*

Caetano ha estado varias veces en Cuba. Algunas trabajando en la escuela de cine de San Antonio o de jurado en el Festival de Cine. Me dice que ya ha perdido la cuenta. Sin embargo, no tenía ni idea del club de fans.

Nos ponemos en contacto. Allá va eso:

¿Qué estas preparando ahora?

Estoy preparado para lo mejor y lo peor y desde ese lugar trato de crear algo propio. El futuro apocalíptico que millones de artistas se ocuparon de contar, llegó. ¿Y cuál es el nuevo futuro? Volver a la normalidad, porque es lo único que conocemos y donde estábamos seguros. Si eso sucede, la humanidad solo se habrá pegado un susto. Creo que los cambios vienen de mano de la gente, no de un virus. Un virus no va a cambiar el orden social del mundo. Por caso van a seguir existiendo esos personajes que más quiero: los que luchan aunque sea desde el escepticismo, desde el descreimiento y con el mundo hecho una ruina.

¿Cómo es tu vida ahora?

Creo que ahora tengo días más normales, por rutinarios, que antes. Me gustan más las mañanas que las noches, escucho música, lo que cualquiera hace en su casa, creo. Solo me diferencia la profesión y mi tiempo de trabajo, tiempos tiranos y agotadores, pero salvo eso tengo un día como la mayoría de las personas.

¿Escribes?

Siempre que puedo. Y cuando no puedo me siento frente a la pantalla en blanco hasta que pueda.

¿Qué te quita el sueño? ¿Qué te preocupa?

Creo que la gente que amo, la gente que más tengo cerca; mi familia, sobre todo. Es lo único que me puede quitar el sueño o preocuparme. Todo lo demás es irrelevante para mí. Y son fundamentales mis seres queridos en mi obra. Siempre hay algo que sale de nuestros vínculos, hay algo que siempre le robo a alguno de ellos, maneras de hablar, detalles, situaciones, cosas que me cuentan. Ese es mi universo.

¿Qué te gustaría hacer en los próximos años?

Películas. Películas y más películas. Es un acto de fe hacer películas. Y cuando eso sucede con una obra, en este caso un film, es casi una epifanía. Una película es una parte que se te va. Y que solo vuelve haciendo otra película.

¿Es cierto que su padre era proyeccionista de cine?

Monaguillo y proyectorista de cine en una época donde el cine era no solo un arte, sino una artesanía. En Uruguay, donde nació mi padre, las iglesias cumplen un rol social muy importante ayudando a los más humildes. La imagen de un monaguillo proyectando una película de Buñuel (mi padre lo hizo) es algo que ni a los surrealistas se les hubiera antojado cierta.

¿Como fue el proceso creativo para llegar a Pizza, birra, faso?

Era muy joven. En esa época el impulso te gobierna y tenés todas las energías de un debutante. Fue un proceso complejo y muy placentero. Yo no sabía nada de cómo se financiaba una película, ni lo que era un premio, ni que había que revelar, y mil cosas más. Sabía narrar una historia y quería hacerlo. No era más que eso. Amo esa película por todo lo que significó para mí y el momento en el que la película se estrenó, no solo sociopolítico, sino en el momento en el que estaba el cine nacional argentino. Tuve la suerte de estar en el momento justo, a la hora justa.

¿Escribes el guion con un coguionista? ¿Haces story board? Preparas la escena con dibujos?

Lo del coguionista no es una fórmula, a veces sí, a veces no. Y con los dibujos lo mismo. Ambas dependen de la circunstancia y los medios.

Once películas que te maten. Once directores a los que sigues.

Es difícil. Cambio todos los días y conforme pasa el tiempo. Sería cruel elegir solo diez, porque hay algunas que me han marcado y hoy las veo, y me parecen muy malas. Y tampoco tengo una línea editorial al respecto. Es difícil hoy hablar de honestidad, cuando hay tanto negocio alrededor del cine. Sucede como en el futbol. Ahí es donde la fe se pierde y las películas pasan a ser un negocio. Puedo ir desde Wes Anderson hasta John Carpenter, o de Godard hasta Glauber Rocha, o desde Leonardo Favio a John Huston. Todos ellos son y fueron artesanos del cine. Perdón, pero te debo esta respuesta completa.

¿Crees que existen películas lentas? Lo pregunto, porque todas tus obras tienen un ritmo que ayuda mucho a la narración.

No hay cine lento o rápido. Hay cine bueno y malo. Y a la gente le gustan las películas malas y también las buenas. A mí algunas películas malas me gustan y descreo siempre de los premios, como si eso legitimara algo mas que la visión de unos pocos puestos a deliberar según sus gustos, sus pareceres.

¿Qué crees de los festivales de cine?

Nadie puede evaluar una película en quince días de festival. Se necesitan años. Por eso es más un suceso en donde reina la casualidad.

¿Una comida, una bebida, una canción?

Las tres. Y un puro también.

¿Crees en algo?

Religioso. El hombre sin religión sería un caos destructivo. Esa religión puede ser una madre, un pensamiento político, una forma de pensar la vida, un artista que hace cancines. Todos necesitan un orden religioso para poder llevar a cabo su trabajo, con sus detalles, de cuál u otra forma, sin cielo no hay meta.

¿Directores de cine uruguayo o argentino que te gusten?

Todos. Aprendo de todos un poco y cada vez más. Tengo películas favoritas, pero como cambio mis gustos seguidos, hoy pueden ser una y mañana otras, y sería injusto.

¿Cómo llegas a la idea de Un oso rojo*? ¿Qué pelis te inspiraron para su puesta en escena? ¿Por qué ese actor? La gente que lo conoce me dice que es lo opuesto al personaje y sin embargo es una maravilla.*

Me metí al cine para hacer un *western*. Me formé con ese cine en los setenta, con los héroes descreídos, desapercibidos, que salvaban un pedazo de mundo en un lugar que nadie conoce. Alguien que hace un poco de justicia en algún tiempo espacio. Y en ese momento estaba por nacer mi primera hija. Fue conjugar eso. *Un oso..* es una película sencilla. Fue seguir ese norte y ya. El actor fue una fuerte sugerencia de la producción. Viéndolo a la distancia veo cada vez más que fue un acierto. Chávez hizo sencillo lo que otro hubiera complejizado.

Crónica de una fuga *es una joya. ¿A quién se le ocurrió la idea del tornillo o clavo en la boca del protagonista al final? ¿Cómo fue el rodaje?*

El rodaje fue como todo rodaje y fueron dos meses o un poco menos en total. La película está basada en una historia real. Lo del tornillo sucedió tal cual.

*¿*Mala *está influenciada por el cine de Tarantino?*

Mala esta influenciada no sé bien por qué. Creo que yo imaginé otra película de la que quedó. Era una película que necesitaba más dinero del que yo pensé. Y la terminé haciendo con poco dinero. Creo que debería haber esperado un poco más o bien reconsiderar el guion. Creo que es una película un poco apresurada y no me refiero a ninguna decisión artística, sino absolutamente de presupuesto. Por otro lado, creo que es la película más difícil de entender que hice. Me da la sensación de que le escatimé información al espectador. Hace años que no la veo, debería volver a verla.

¿Cómo ves la situación de la industria en Uruguay y Argentina? ¿Dónde te gusta filmar más?

Me gusta trabajar en todos los lados a donde me lleve esta profesión.

¿Trabajas siempre con el mismo equipo?

No.

¿Qué cosa es La expresión del deseo? *¿Por qué te mandas a hacer un medio metraje y no un largo entre 1997 y 2001?*

Eso es algo rarísimo. A fines del siglo pasado, Rockefeller tenía una fundación que le daba dinero a artistas para engrosar su colección privada de arte, que también incluía obras audiovisuales. Lo que te daba Rockefeller era poco dinero para una película largometraje, o bien no lo pensé en ese momento. Lo que me maniató fue que era para su colección y era imposible comercializarla. Después de unos años, la obra pasó a mis manos luego de exhibirse solo en salas de cine independiente, cosa de la que, creo, Rockefeller nunca se enteró. Era un mediometraje en blanco y negro. Cuando tuve oportunidad de comercializarlo ya era tarde. Es un gran trabajo del que tengo un gran recuerdo.

¿Cómo ves la situación de búsqueda de fondos?

Siempre es una tarea difícil.

Puerta 7, Apache, Prófugos…, *¿te gusta dirigir series? ¿Es muy diferente la relación con los productores de televisión a las de cine?*

Es muy diferente como para que sea una sola respuesta y no se convierta en una disertación. Todo es diferente. Así como el cine publicitario lo es de la televisión y la televisión del cine. Pero todas son espacios donde expresarnos. Así como los libros, los cómics y el animé. Todos son diferentes, pero hay un lenguaje transversal que tiene que ver con narrar historias.

Cuando andes por Cuba ya sabes que tienes casa. De hecho, varias casas, porque el piquete del club no te va a dejar ni un minuto a solas. Gracias miles.
   ¡Gran abrazo!

FERNÁNDEZ FE Y EL LADO C DE LAS COSAS

Estamos en La Habana. En un barcito muy bonito que queda en 17 entre G y H. A un lado está el parque donde los jóvenes se reúnen y tratan de matar el tiempo y al otro, está ese cementerio o asilo de ancianos que es la UNEAC.

Yo me tomo un ron oscuro, creo que va a ser de los últimos que me tome en este país, porque como todo el mundo, pienso irme echando bien prontico. Miro a la puerta. Hace algunos años, aquí mismo me encontré a mi entrevistado de hoy. Pasaba en un carro, me vio, gritó, se detuvo y me acerqué a hablar con él. Organizamos para quedar y nunca pudimos.

Después de eso me mandó su libro de entrevistas con Kozer, que es una maravilla.

Esta vez, que es como una especie de despedida de este barrio, sí hemos «aterrizado» el encuentro.

Su último libro Hotel Singapur *llegó a La Habana con un año de retraso por culpa de la pandemia y como el país cerró por completo, no había manera. Aunque la verdad es que mi ejemplar fue uno de los primeros en llegar.*

Gerardo Fernández Fe es así de especial y cuidadoso: el escritor llega, abrazo, le echa una mirada al local y le parece bueno el ambiente. Lamentablemente, no hay nadie conocido, todo el mundo está afuera.

El ambiente está bueno, pero estamos rodeados de desconocidos.

Se pide una cerveza y aprovecho y me pido una también. Hay que refrescar.

Me le quedo mirando las manos, la cara, me recuerda a un amigo cercano. Quizá no, quizá es la sensación que te viene cuando andas con alguien al que has leído, con el que has pasado un buen tiempo.

Nos ponemos manos a la obra.

Tengo la sensación de que esta es tu novela más ambiciosa. Varios personajes, espacios, tiempos, ¿cuándo empezaste a gestar Hotel Singapur? *¿Cómo fue esa primera idea? Creo que un texto que abarca tanto, debe de llevar mucho pensamiento a lo largo de los años.*

Todo echa a andar con un cuento que se llamaba «Los batracios», que escribo hacia 2007 más o menos, viviendo todavía en La Habana. Tendría cuatro o cinco páginas, no más. Entonces entendí que había potencial para algo más ambicioso, en el que le diera luz verde a la indagación y la escritura. A partir de ese momento, con niños que fueron creciendo, un trabajo nada intelectual para procurarnos el pan y luego dos mudanzas de país, llevaba rato dándole taller a este retorcimiento de historias, tonos y locaciones. Estaba listo para meterme en las patas de los caballos de una escritura más trabajada, nada lineal, que me diera placer, a mí y a un puñado de lectores.

Como sabes, estas cosas pueden tener un punto de arranque mental, un día de alumbrón, unas primeras anotaciones, pero luego puedes cargar con ellas por muchos años. El texto por fin empezó a «coger cuerpo» en 2018, y al final, el real proceso de escritura ni siquiera llegó a los 20 meses.

No puedo dejar de hablar de emociones con respecto a tu novela. En un mundo tan dividido, tan de blanco y negro y pocos grises, tan de hiperbolizar para ganar adeptos, seguidores, tu pluma es tan respetuosa, certera, incluso cariñosa con tus personajes, sin juzgarlos, pero al mismo tiempo colocando a cada uno en su lugar. Como la vida misma. Es algo que me encanta, lo tridimensionales que son.

¿En quién te inspiraste? El Grimmy, Urbano, Hilda... Pienso que hay ciertos movimientos que tienes que haber visto en alguien cercano.

Como estoy consciente de mis tics, mis taras y mis vicios, suelo fijarme en los de los demás. A finales de 2020, en La Habana, durante una sobremesa, tuve este debate con mi hermana. Nuestro padre había muerto diez días atrás, pero el diálogo era tranquilo, sobrio. Hablábamos sobre la memoria y los objetos que la sostienen y la alimentan. Ella se mostraba poco partidaria de conservar fotos antiguas, sobre todo de bisabuelos y familiares más lejanos, «porque no sabemos nada de ellos», decía. Yo le respondía que para mí eso era lo interesante: imaginar la vida de la persona que aparece en una foto sepia. Ella me decía que, quién sabe, tal vez el bisabuelo había sido un maltratador. Yo le contestaba «de acuerdo, pero no tenemos la certeza». Ella se oponía a rendirle cierto respeto a través de una foto a alguien que pudo haber sido mala persona, y yo le respondía que ahí radicaba para mí la atracción, en imaginar el pasado, en fabular a partir de aquella imagen que nos fue legada por alguien con quien tenemos cierta similitud genética. Y ella, que no, que no le veía sentido a guardar fotos viejas. Y yo, que sí, pues al no existir una biografía familiar o un compendio de opiniones de sus contemporáneos, lo único que nos quedaba era la imaginación y su disfrute.

Hace unos días veía un documental sobre Kurt Vonnegut. El tipo admitía que no le gustaba ver fotos viejas, porque le recordaba a su hermana muerta de cáncer de manera prematura. La mía vive felizmente, tenemos graves diferencias políticas, pero la familia, como sabes, está por encima de todo. Lo que más me llama la atención es que a ella no le interese viajar al pasado y mucho menos especular con él. «Doce mistério», como diría Caetano Veloso en una vieja canción. Aquel fue un debate interesante en el que quedaron definidas dos actitudes muy dispares: yo estaba a punto de publicar *Hotel Singapur* y lo tenía todo muy claro. Si hace venticinco años *La Falacia* fue una respuesta a la obsesión familiar y nacional por la traición, esta nueva novela responde a mi interés por la cara no revelada del pasado.

Hablando de movimientos, el comienzo es tan cinematográfico. ¿Qué libros leíste o qué películas viste en el transcurso de la escritura? Hay veces que uno sabe lo que quiere y otras uno solo sabe lo que no quiere.

Con esta novela de qué tipo de historia o sensación quisiste alejarte.

Quise alejarme primeramente de un conteo ramplón de la realidad y de la vulgaridad de la escritura testimonial. No hace falta un vocabulario soez para que un texto sea vulgar. Mucho de lo que se ha escrito dentro y fuera de Cuba es soberanamente vulgar, porque es chato, falto de vuelo y de imaginación, y poco trabajado a nivel del lenguaje. Durante muchos años en este país se ha escrito una narrativa de picadillo de soya, de realismo de denuncia, que es, como dije en otro lugar, la contraparte del realismo socialista. Dos caras de una misma moneda que no me interesa. Que lo hagan otros y que vendan muchos ejemplares, «les deseo loooo mejor», como se despedía hace años un presentador del parte del tiempo en televisión.

Hubo una época, mientras vivía en Quito, que me dio por recorrer casi toda la filmografía de Rohmer: algo trágico me llamaba la atención detrás de su tempo y ese regodeo suyo en la rutina personal y familiar.

Rohmer es de mis preferidos. La rodilla de Clara *es una joya.*

Antes había devorado a John Cheever, tanto que luego, en un momento intrincado emocionalmente en mi vida, solía evitarlo. Hay lecturas que matan, Lechuga. Más adelante quise leerme a todo Philip Roth, pero por el medio reapareció Piglia, Sebald y Pitol. ¡Una locura! También los cuentos de Flannery O'Connor o de Kjell Askildsen, varias películas de Carlos Reygadas o alguna novela de Kenzaburo Oé. No tengo claro si me marcaron, pero ahí están. Como dices, hay veces en que uno sabe lo que quiere y otras no. Yo lo tenía más o menos claro, pero nunca imaginé hasta qué punto, incluso delirante, podía enredarse toda la trama.

Háblame de tu cine favorito.

No me considero un cinéfilo, pero uno siempre tiene una listica predilecta, como fotos mentales de personas que ya no están:

- *Fanny y Alexander* de Bergman.
- *Cría cuervos* de Carlos Saura.
- *Canino* de Lanthimos.
- *Una separación* de Asghar Farhadi.
- *La ciénaga* de Lucrecia Martel.
- *Las herederas* de Marcelo Martinessi.
- *El regreso* de Andrei Zvyagintsev.

Tú, que sí has visto cine, hallarás aquí un vínculo con mis temas de preferencia: la familia, las miserias humanas. Ah, y *La obra del siglo*, de Carlos Quintela, con esos dos Marios tan tremendos y esa aspereza en el ambiente.

¿Y tu música?

Así, al vuelo... Tárrega, Segovia, Carlos Embale y Simon & Garfunkel, Chabuca Granda, Keith Jarrett, Joaquín Rodrigo (hay un tema suyo, muy breve, que se llama «Adela», no dejes de escucharlo; casi siempre las canciones con nombre de mujer son hermosas: «Michelle», «Suzanne», «Angie», «Mandy», «Roxanne», «Lucía», «Yolanda», «Grettel», esa canción de Varela que me vira bocarriba), y bueno... Nina Simone y casi todo Erik Satie, Amalia Rodrigues, Supertramp y los Van Van, Bee Gees y el José José de los años setenta.

Por cierto, veo que la novela abre con un exergo de una canción de José José, ¿puede uno escuchar ese tipo de música y leer a Sebald?

¡Cómo no! A cada rato entro a bañarme y pongo los temas más viejos de José José y de Roberto Carlos. ¡Claro que es posible! Luego lo apagas y te pones a leer a Fleur Jaeggy, a Claudio Magris, a Natalia Ginsburg. ¿Cuál es el drama?

Volviendo al libro, siento que es muy cubano y al mismo tiempo universal. Siento mucha honestidad en lo que voy leyendo. Labor titánica y digo esto y no dejo de pensar en Moby Dick *y en la cacería de la ballena blanca... (y no hablo de la extensión del libro). Pero sí veo unas ganas tremendas de atrapar algo intangible sin pasarte, ni exagerar, ni quedarte corto. ¿Qué buscabas?*

No creo que me haya quedado corto con 400 páginas, al contrario. (Risas). Entiendo que agoté con creces el potencial de aquel cuentecito de cuatro páginas. Y no me refiero solo a la extensión física, sino a esa *energeia* que debería tener toda novela.

Ahora, ¿qué buscaba? Creo que capturar el lado C de las cosas y de las personas. Fíjate que hay un lado A, visible, donde prevalece el cálculo y la pose, y luego está el lado B, el íntimo, el que solo conocen unos pocos. Pero, ¿qué me dices del C, el de los complejos, los malos pensamientos, las pesadillas, los miedos?

Una de las primeras lectoras de *Hotel Singapur*, Esther María Hernández, una amiga querida, conocedora del teatro y sus montajes, me hizo notar la sensación de saturación que pudiera dejar tal abundancia de personajes y de situaciones; algo peligroso, no hay dudas, que puede conducir a lectores morosos o poco adiestrados a abandonar, pero que a mí me produjo el placer infartante del corredor de maratón o el del escalador de unas cumbres que son, en este caso, borrascosas.

Ese «intangible» del que hablas, que yo pretendía atrapar, pudiera estar en el ambiente opresivo de una oficina y en la situación «inverosímil» (una palabra que odio) de que exista un sujeto que necesite averiguar por puro vicio el pasado de los demás. Perfecto, lo admito. Pero fíjate que pudiera estar también en la manera en que fui tejiendo todas esas tramas. Si se trata de atrapar, me ha dado mucho placer atrapar un modo de escritura.

Hablando del lado C de las personas, ¿A qué le tienes miedo?

A perder la cabeza, a un incendio en casa mientras estoy durmiendo, a los cocodrilos...

¿Cocodrilos?

El lenguaje lo es todo. Hay una expresión que me resulta extremadamente gráfica, cuando hablan de un río o un lago «infectado de cocodrilos». Es una de las cosas que más angustia me genera, sobre todo, porque ahí no sabes por dónde te viene el peligro, ya que casi siempre son aguas turbias. Y a mí me gusta saber, ¡todo el tiempo!, para poder prepararme para lo peor. Hace unos años, a un sujeto le dio por hacerme llamadas y enviarme mensajes amenazantes. Me dijeron «bloquéalo», pero no lo hice; necesito saber todo el tiempo por dónde viene el peligro.

¿Por qué no me haces dos o tres revelaciones más?

¿Eres consciente del tonito amarillista que está cogiendo esta entrevista?

Por ejemplo, se me ocurre: ¿te gusta el ajedrez? Tienes cara de jugador de ajedrez.

Negativo. Creo que es para seres demasiado inteligentes y hasta pacientes. Hace poco supe que Ilona Staller, la célebre Cicciolina, juega y lo hace bien; es una mujer muy inteligente y atrevida. Pero a mí, cuando lo intenté con once o doce años, me daba dolor de cabeza. Mi abuelo Sixto, nacido en 1898 en O Saviñao, Galicia, con quien tuve la suerte de compartir techo por más de 20 años, tenía un lindo juego de madera. Ahí lo intenté, pero no funcionó. Prefiero el dominó.

En esta mesa hoy no vamos a hablar de porno, cuéntame otro secreto...

Mmmm, esta es antipatriótica por todos los costados: que no me gusta Celia Cruz. No me identifico con su sonoridad ni con su imagen. Prefiero a la Orquesta Aragón, a Benny Moré, a Celeste Mendoza, a Vicentico Valdés, a Elena Burke...

Eso sí que no, ¿después de esto qué me vas a decir?

Esta hará que algunos de tus amigos intelectuales levanten demasiado las cejas: que nunca he leído a Roberto Bolaño.

¡No jodas! Sus Cuentos completos *me los he tenido que comprar tres veces. Los compro y los pierdo, los compro y los vuelvo a perder...*

No solo eso: tampoco sé si algún día llegaré a leerlo. ¿Crees que iré a la guillotina? Habiendo asumido mi parte de responsabilidad, pienso que la culpa de esta reacción la tienen los propios bolañistas, que llevan tantos años masturbándose delante de sus libros y sus imágenes. ¡Son tan cansinos!

Nos dispersamos con facilidad con todo el movimiento que hay en el bar. Volviendo al libro. Veo que se trata de una autopublicación. ¿Qué es esto, un acto político?

Político en la medida en que responde a una reacción ante el estado de las cosas. Luego de un año y medio tocando puertas de editoriales conocidas en España y en México, gracias a la mediación de buenos amigos como Iván de la Nuez y Carlos Manuel Álvarez, de haber participado en algún que otro concurso y de haber sido ignorado por dos o tres agencias literarias, tomé la decisión de ocuparme por mí mismo del asunto, de correr todos los riesgos, como un kamikaze. ¿Acaso no lo hacen los músicos cuando graban sus descargas en una habitación empapelada con cartones de huevo? Esta es mi descarga y estos son mis huevos.

Habría sido imposible de no ser por la ayuda de personas como Ivette Leyva, a quien este libro y yo le debemos mucho. También está la cesión de la imagen de portada, obra de una vieja amiga, la fotógrafa francesa Virginie Burgos, además de las palabras que le dedicó Abilio Estévez y la atención que le prestó Joaquín Badajoz.

Que es un riesgo, lo sé. Que quedan reducidas de gran manera las opciones de distribución, también. Que uno sigue siendo un *outsider*... bueno, en realidad nunca me ha interesado estar bajo los focos ni subiéndome desesperadamente a todas las tarimas. No es mi estilo, en ese sentido tengo alma de segundo violín.

¿Cuál es tu experiencia con las editoriales cubanas en el extranjero?

Mi hartazgo hacia el sistema editorial ordinario, así como la decisión final de publicar esta novela por mi cuenta, coincidieron con un problema que tuve con un editor, por su falta de seriedad y profesionalismo al ocuparse de dos de mis libros. Ahí me dije, «basta ya, tienes que hacer algo».

Esta es una asumida producción independiente, hecha con la complicidad de unos amigos, al amparo de la facilidad que ofrece la divulgación y la venta digitales, así como del demonizado monstruo de Amazon, que tantas librerías pequeñas ha llevado a la bancarrota, algo cierto y lamentable, pero que alguna cosa buena, aunque sea mínima, tendrá, ¿no?

Y ahora te respondo: ahí está Rialta, con la que tengo tres libros, una excelente relación y mucho por hacer en el futuro. También está Hypermedia, en cuyo catálogo continúo. Y me consta que las puertas de Casa Vacía están abiertas para mis trabajos por venir. Son tres sellos que respeto y que sigo. Pero esta vez me tomé el asunto por mis propias manos. Sin miedos. ¡Qué más voy a perder pasados los cincuenta años!

¿Eres de los escritores que se colocan a sí mismo de personaje en sus obras?

Siempre hay algo, es inevitable, pero no al nivel que supongo que te refieres. Valoro mucho la contención, suelo practicarla. Me inquietan bastante los escritores que se ponen constantemente en el centro de su trabajo; por lo general, no es una fórmula que salga bien, es demasiado egotista. No todos los días nace un Philip Roth. En las artes plásticas hay infinidad de casos que funcionan, pero no en la literatura; mira qué cansino se vuelve Cabrera Infante cuando solo habla de sus correrías amatorias en La Habana de los sesenta... ¡En el fondo es tan ingenuo todo! De todos modos, Caín no deja de ser un grande de nuestras letras.

En cuanto a los otros, siempre me hago esta pregunta: ¿Serán capaces de desdoblarse, de escribir en tercera persona sobre algo o sobre alguien que no sea su cabrón retrato? También me exasperan los que asumen el vedetismo como estrategia de acompañamiento. Uno es como es, claro, pero asomarse a las redes y ver los excesos verbales y de imagen de cierta gente ya es una buena cura preventiva.

La literatura cubana está llena de escritores sobrevalorados, pero esto no es algo que caiga del cielo: ocurre porque ellos son los primeros que se lo han creído demasiado, y sobre todo porque con esa misma intensidad se miran a diario en el espejo.

¿Pero eso del espejo no es normal en todos?

No lo dudes. «Lo que no se ve es como si no fuera», escribió Gracián en su *Oráculo manual* hace cuatro siglos. Pero a estos de los que te hablo se les va la mano. La peculiaridad de nuestros tiempos es que casi todo el mundo está en las redes, y estas son un muestrario de los tics, los cálculos, las entretelas de cada cual. Luego, están los comparsas que no dejan de aplaudirlos y se creen el cuento sin un ojo crítico.

¿Sabes quiénes son Alexandra Molina, Pedro Marqués de Armas, Ernesto Santana? Escritores muy interesantes, con una obra sobria, sólida y reposada, pero que «no suenan», como se dice ahora, no venden imagen, no están o aparecen muy poco en las redes. Son escritores a los que no les interesa convertirse en líderes de opinión ni hacernos llegar sus reflexiones sobre la primera lluvia de mayo o la invasión rusa a Ucrania, mucho menos mostrarnos su último selfi mientras se comen una natilla de kiwi.

Pero déjame irme más atrás, a tiempos pre-digitales: siento un respeto y una consideración por escritores como Cleva Solís, Roberto Friol, Francisco de Oráa o Miguel Collazo, que no fueron solo buenos en lo que hicieron, sino que jamás corretearon detrás del halo de luz de la celebridad, como sí sucedió con contemporáneos suyos de menor valía, como Pablo Armando Fernández o Miguel Barnet. ¡Esos sí que se subieron a todas las carrozas!

Ya veo que es algo en lo que te has detenido a pensar.

Pienso en la sobriedad como contraparte de la «infladera», que es un término que la RAE debería empezar a considerar, porque es bien gráfico. Lamentablemente editores, agentes literarios, periodistas culturales, articulistas, académicos, traductores a la caza de un hallazgo, muerden el anzuelo y se van muchas veces con los nombres que más repiquetean. En este mundo muchas veces pesa más el paratexto y el brilli-brilli que lo creativo mismo.

Por lo general, y esto va más allá del mundo de las letras, algo me hace desconfiar de estos campeones de la automitificación. Les falta pudor, contención y misterio; se les ven las costuras, y eso a veces me aburre y otras hasta me disgusta, sea quien sea el personaje.

Hablando de cosas más alegres, ¿qué edad tienen tus hijos?

Daniela tiene 22; Mauricio, 25.

¿Te has enamorado mucho?

En algunos costosos pantanos sí me he metido, no lo dudes.

Ya terminamos. ¿Algún libro en preparación? ¿Algún deseo?

Me gustaría escribir uno, pero solo tengo el título: *Los ojos de Gabbie Carter.*

¿Pero esa no es una actriz porno?

¿Ya ves? Por tu culpa entraré de cabeza en las listicas calientes de los neopuritanos. Al final todo será por tu culpa, Lechuga, no lo olvides. Anda, aprovecha lo que queda de mi cerveza, que de tanto hablar se me ha calentado, como siempre.

ALEJANDRO BRUGUÉS: NUNCA CELEBRES HASTA QUE NO ESTÉS EN EL SET

Todos te dejamos haciendo el crossover *con una película exitosísima bajo el brazo* (Juan de Los Muertos), *un millón de buenas ideas y una capacidad tremenda para pichear una película. Del 2011 al 2021 han pasado 10 años, ¿Cuáles crees que han sido tus momentos más importantes como cineasta en Los Ángeles?*

«Importantes». Define «importantes», porque lo que es importante para mi puede no serlo para otros. Supongo que cuando vendí mi primera serie (que no llegó a hacerse), o cuando me contrataron por primera vez. Curiosamente ahora mirando atrás le tengo mucho cariño a los primeros momentos donde se me cayeron proyectos. Uno piensa que Los Ángeles es un lugar donde se hacen películas, pero con cada una que se hace se caen cien. La primera vez que se me cayó una fue dos días antes de viajar a empezar pre. Me acuerdo que estaba trabajando en otro guion, recibí la llamada, y cuando colgué, me acosté en el piso ahí mismo, sin saber qué hacer. Al rato me paré y seguí escribiendo. Fue la primera lección: aquí todo se cae y tienes que seguir trabajando. Hoy en día me pasa y ni siquiera me detengo. Y, por cierto, lo contrario también se aplica:

hay veces que recibo una llamada de que un proyecto va a seguir adelante. Antes me alegraba mucho, ahora lo agradezco, y sigo escribiendo lo que esté escribiendo en ese momento… porque sé que ese proyecto también se va a caer. Nunca celebres hasta que no estés en el set.

Pero bueno, esos han sido momentos importantes. Aprender a escribir en inglés de manera que no se distinga de mi escritura en español. Que no sepas que no es mi primer idioma. Me tomó un año dedicándome a eso. Pero un día una amiga que se leyó un guion mío me dijo que de leerlo uno no se imaginaría que tengo el acento que tengo, y me lo tomé como un cumplido.

Ha habido momentos lindos, de que alguien que no te esperas te diga que conoce tu trabajo (casi siempre *Juan*).

Mira, igual me está tocando hablar de ese momento en el que te das cuenta de que ya llevas suficientes años aquí como para percatarte del cinismo de esta ciudad y aprender a moverte con él. De que un productor te diga «vamos a filmar en tres meses» y tú sepas que esa película no se va a hacer nunca, porque has estado ahí suficientes veces. Pero el productor de esta película que estoy haciendo ahora, que es un tipo duro y con mucha experiencia, me dijo un día que esta es una profesión de altibajos, y la única forma de sobrevivir es ser una línea recta. No dejar que el éxito o el fracaso se te suban a la cabeza o te destruyan, sino siempre enfocarte en lo único que importa: la próxima película.

Así que el momento más importante que he tenido es cuando grite acción en el primer día de rodaje de la próxima película que haré.

En Juan de los Muertos, *el querido Juan se quedaba al final para luchar contra los zombis. Ahora, en el 2021, viendo lo que se ha visto, ¿cambiarias ese final?*

Para nada. Siento que Juan es cada día más actual. Parece que la hubiera hecho ayer. Y creo que Juan estaba muy acertado en quedarse y tratar de cambiar las cosas. De hecho, siento que en ese momento yo era Juan, y quería quedarme y hacer películas que ayuden a cambiar las cosas. En todo caso siento que yo traicioné a Juan al irme. Y no es que me fuera para no regresar ni nada, no era el plan, pero siempre sentí que yéndome lo traicioné. No cambiaría lo que hice. Me gusta donde me han traído estos años. Pero siempre he sentido que tengo que regresar y ser más consecuente con quien era en ese momento.

No hay manera de que esto suene mal o sea mal interpretado, te tengo un cariño tremendo y dejando las palmaditas en la espalda la realidad es una: Nunca en la vida he visto a un guionista escribir con la facilidad que escribes tú. Me acuerdo cuando empezamos a escribir un proyecto que nunca se hizo. Nos sentamos en la barra de aquel apartamento frente al Focsa y en par de sesiones sacamos una primera versión bastante decente. ¿Cuál es tu consejo para los que empiezan a escribir guiones? ¿Ha cambiado tu manera de escribir (más allá del idioma) de antes con la de ahora? ¿Cómo es tu proceso? Háblame un poco de la pizarra, las notas que tomas. Cómo va la cosa desde la idea hasta el first draft.

Gracias, viniendo de ti me lo voy a tomar como un cumplido, hasta que me de cuenta de que me estás jodiendo.

Mira, yo escribo rápido, pero tengo que tener las ideas claras. Trabajar a cuatro manos muchas veces ayuda, y tú y yo nos entendemos bien. He trabajado con gente con quien el proceso es más arduo, aunque el resultado igual sea bueno.

No hay secretos. Mi único consejo es que se busquen una silla cómoda. Cuando tenía veinte años veía a escritores mayores hablando de sus sillas como si estuvieran describiendo el santo grial y no lo entendía. Para mí estaban botando dinero. Ahora tengo la espalda toda jodida por hacerme el gracioso de escribir en cualquier lado.

La manera de escribir nunca fue una. Para mí cada guion es un animal distinto. Parte del encanto es descubrir cómo cada historia quiere ser contada. A veces me he sentado y las he escrito de un tirón, sin mirar atrás, y va saliendo y todo tiene sentido, y no entiendo de dónde sale, pero me dejo llevar. Otras veces ha sido un proceso más artesanal, hacer montones de diagramas, personajes, etc. Igual, todas son formas de familiarizarme con una historia, encontrar un tono, escuchar unos personajes para al final soltarlos.

Curiosamente hoy estaba hablando de escribir en inglés vs. escribir en español. Yo no escribo en español y traduzco las cosas. Tienen que estar concebidas en un idioma. El inglés es mejor para descripciones. Verbos de acción. Brevedad. Pero el español es muy rico para los diálogos, con sus oraciones compuestas, ideas que se van plegando una dentro de otra y la riqueza que tenemos al hablar. Por eso cuando concibes algo es mejor mantenerse en el idioma que lo pensaste.

Y la manera de escribir ha cambiado un poco. Inevitablemente con los años uno va ganando experiencia. Vas aprendiendo cosas nuevas. Las técnicas de guion cambian. Por ejemplo, cuando empecé uno solo escribía lo que ibas a filmar. Diálogos y acciones concretas a las que podías apuntarle una cámara. Pero con el tiempo uno se va encontrando más con ejemplos donde incluyes poco a poco lo que van pensando los personajes o lo que quieres transmitir. Casi como si estuvieras dirigiendo actores desde la página. Y uno se va adaptando a eso. Me podría poner mucho más técnico, hablarte de viaje de personaje y todo eso, pero va a ser muy aburrido.

Creo que lo más importante es mantener la humildad para saber que nunca vas a saber lo suficiente y que aprendes con cada guion y con cada rodaje, como guionista y como director. Y no lo digo por modestia. Esta película que estoy terminando es la lección más grande de guion y cine que he tenido hasta ahora.

¿Por qué no trataste de hacer cine en España? Muchos teníamos la idea esa de que después de Juan *ibas a tratar de hacer una como* El orfanato, *antes de cruzar a Hollywood.*

Sí, traté. Quizás no demasiado. Pero el momento en el que ganamos el Goya con *Juan* fue justo cuando España estaba entrando en una crisis y la producción audiovisual se redujo enormemente. Un par de años atrás, hubiera salido de la ceremonia de los Goya con el contrato de la próxima película. Pero en ese momento se le complicó todo a todo el mundo, y ni ellos mismos podían levantar sus proyectos. ¿Qué pintaba yo ahí? Por otro lado, tenía agente en Hollywood, y tenía una productora que quería hacer mi próximo guion, que era mucho más grande y ambicioso que *Juan*. Y, sobre todo, aún no sabía la lección más importante: aquí se caen todos los proyectos. Así que nada, vine aquí directamente. Y no me arrepiento.

Ahora mismo 10 directores y 10 películas que te parecen indispensables.

- Spielberg.
- Los Coen.
- Tarantino.
- Dennis Villeneuve.
- Rian Johnson.
- Taika Waititi.
- Edgar Wright.
- James Gunn.
- Bong Joon Ho.
- Guillermo del Toro.
- Alfonso Cuarón.
- (Te puse once porque me dio la gana).

Pelis

- *Jaws.*
- *Raiders of the Lost Ark.*
- *Pulp Fiction.*
- *The Good, the Bad and the Ugly.*
- *Enter the Dragon.*
- *Shawshank Redemption.*
- *Ciudad de Dios.*
- *El secreto de sus ojos.*
- *Fight Club.*
- *Mad Max Fury Road.*

¿Por qué estas?

Muchas se repiten de toda la vida. Creo que *Fury Road* es la única nueva. De los directores decidí quedarme con gente viva y activa, porque los clásicos todos sabemos donde están, pero hay un montón de directores muy interesantes en una nueva generación que están haciendo *blockbusters* de autor y admiro muchísimo que logren mantener su voz en una maquinaria de estudio diseñada, justamente, para quitarte todo lo original.

¿Ha cambiado tu gusto cinematográfico?

Qué va. Tú me conoces bien. Mira esa lista de películas y dime si es distinto de lo que siempre he visto. De hecho, se me quedaron fuera la mayoría de las de terror. *Evil Dead*. *The Thing*. Ese tipo de cosas. Recuerda que cuando yo fui a la EICTV, mientras todos los de mi generación veían Bergman en orden cronológico, yo lo que hice fue ver todas las películas que había visto cuando niño y que habían hecho que sintiera amor por el cine. Si podía encontrar eso que me hicieron sentir y aferrarme a ello, podía hacer de esta mi profesión. Y fue lo que pasó. Así que nunca me he traicionado. Es el tipo de cine que disfruto. No es que no entienda lo demás. Es un tema de preferencias.

¿Crees que la dinámica del día a día cerca de Hollywood te ha hecho una persona más superficial?

De nuevo, vamos con definiciones. ¿Qué es superficial para ti? Aquí hay todo tipo de gente. Tengo amigos que son editores de películas de terror y te pueden dar clases sobre Tarkovsky. ¿Hacer terror los hace superficiales? Tengo amigos que escriben películas de acción y ven cuatrocientas películas al año, desde lo más comercial hasta lo más profundo. Tú y yo conocemos algunos aquí que distribuyen lo mismo una película oscura de terror de Nigeria que *Memoria* o *Titane*. En todo caso creo que aceptar la diversidad en el cine te enriquece como cineasta.

¿O dices más superficial como persona? Lo dudo. Sigo teniendo el mismo nivel de superficialidad jejeje. Igual que en las películas, estar aquí te hace apreciar todos los colores del espectro. Te encuentras gente extremadamente superficial y te encuentras gente brillante. Y eso no quiere decir que ninguno se cruce un poco al otro lado de vez en cuando. La gente piensa que Hollywood es un lugar superficial, pero también es donde he conocido la gente que más amor auténtico tiene por el cine. Por eso me siento en casa. Estoy en mi tribu.

Mi pregunta va más por saber si ahora harías Personal Belongings *si no la hubieras hecho. Es que a veces solo hablamos de pelis de terror.*

Me encantaría hacerla de nuevo sabiendo lo que sé ahora para no cometer los mismos errores. Uno aprende con cada película. Hay veces que estás más contento que otras. Con *Personal* cada vez estoy menos. Hay veces que todavía me despierto en mitad de la noche pensando donde tenía que haber puesto la cámara en tal escena. Pero me pasa con todas.

Siento que te fuiste de la isla con la posibilidad de hacer Juan de los Muertos 2 *y recuerdo que decías que no querías repetirte y me parece que te quedaste en el cine de género. ¿Eso es repetirse? Ojo, que yo siento que me repito en cada película y que siempre hago lo mismo y no tiene nada que ver con el género.*

Lechu, te pones de pinga. Cine de género no es repetirme. Tú has hecho tres películas en pueblos de Cuba. Yo puedo pasarme la vida haciendo películas de terror y no tienen que ser una como la otra. No he vuelto a hacer zombis. He hecho vampiros en *From Dusk Till Dawn* y no siento el impulso de hacerlos de nuevo. Siento que voy a estar en el cine de género un buen rato, pero siempre tratando de buscar la forma fresca de entrarle. Es lo bueno que tiene el género, que es enorme, y todo puede ser distinto.

En todo caso siento que he hecho demasiada comedia de terror. Pero es que es mi tono. Cada vez que trato de alejarme tengo una idea para otra comedia de terror. Y tú has escrito conmigo. Me es difícil tomarme las cosas en serio.

A veces recuerdo que hablábamos de películas, de presupuestos, y de Shawshank Redemption. *¿Te sientes realizado? ¿Ya hiciste tu* Shawshank Redemption? *¿Cómo sería?*

A ver, me estás agrupando varias preguntas. Mis presupuestos han ido subiendo. Todavía no estoy en los números que me gustaría para poder hacer cómodo las cosas que tengo en la cabeza, pero he aprendido que nunca estás en esos números. No, no me siento realizado. Ni de cerca. Siento que estoy en un buen momento, estoy terminando una película para Netflix, tengo la próxima ya escrita, aunque no ha sido anunciada, pero es más grande, y hay otro montón de proyectos dando vueltas. Pero no estoy realizado para nada.

Ahora, tampoco me puedo quejar. Soy un director trabajando. ¿Sabes lo difícil que es eso? Y he logrado llegar a un punto donde la gente quiere trabajar conmigo y los productores y los ejecutivos están felices con mi trabajo.

Así que no, no estoy realizado. Pero todos los días cuando voy al *set* se me salen las lágrimas de emoción de que me paguen por hacer esto, que es básicamente un juego de niños. A veces las cosas se ponen duras en edición, como ha sucedido a menudo últimamente, pero siempre cuando vengo manejando a la oficina paso un cartel que dice «Welcome to Hollywood» y me recuerdo que soy muy afortunado por poder hacer esto. Es lo que siempre quise, ¿no?

Sobre cuál es mi *Shawshank*... tengo una idea. Pero me falta crecer un poco más para atraer al *cast* que justificaría hacer una película como esta.

A cada rato vuelves a decirme que quieres hacer una película en Cuba. ¿Por qué? ¿Qué te falta por contar acá? ¿Crees que estando tanto tiempo afuera afecte en algo a tu proyecto cubano?

Una no, una docena. Siento que me faltaron muchas cosas por decir en Cuba. Siento que como persona me falta una elocuencia para hablar de todo lo que está sucediendo, pero como artista tengo a mano mejores herramientas para reflejarlo. Cada vez que me leo un post de Facebook sobre todo lo que está pasando ahora, pienso que ojalá yo tuviera la facilidad para decir así las cosas. Me pasa todo el tiempo cuando te leo. Tienes una lucidez y una madurez para escribir que te envidio. Me he sentado a escribir veinte veces lo que pienso sobre Cuba ahora y lo termino borrando, porque creo que es una mierda. Pero como guionista o director es distinto. Me es mucho más fácil identificar una historia que diga lo que siento que debo decir.

Eso de estar fuera de Cuba y cómo afecte mis proyectos cubanos es una visión muy cubana de todo. Una de las razones por las que no me vas a ver hablar mucho de Cuba en *social media*. Yo me fui con treinta y seis años, pero en el momento que pones un pie fuera, para los que están adentro, es como si todo hubiera cambiado. Ya no estás ahí, en la lucha. Ya no eres uno de ellos. De pronto dices algo y te responden «claro, como tú no vives aquí», y uno quiere gritar «repinga, viví ahí más años de los que tú tienes y sé que todavía existe el mismo bache en la misma calle de cuando era chiquito, las cosas no cambian tanto». Pero tampoco quieres ofender. Porque es cierto, no estás ahí, en la lucha. Pero no por eso dejas de entenderla menos.

Cuba nunca deja de asombrarte y mucho menos de dolerte. Yo ahora mismo tengo dos guiones ya escritos que me gustaría filmar allá, y otros tres por escribir. Mi idea cuando vine era hacer «una para ellos y una para mí», pero la vida se te va enredando, y encontrar financiamiento para una película en Cuba es más difícil desde aquí posiblemente. ¡Y no creas que no trato! Me sé todos los caminos y hacia dónde conducen, pero no he logrado hacerlo funcionar.

Sin embargo, creo que es lo que tenemos que hacer, y que cada vez es más necesario. Creo que van a hacer falta generaciones para contar todo lo que ha sucedido y lo que está sucediendo, para sacar a la luz las historias que se han olvidado, y, sobre todo, para asegurarnos de que todo esto no vuelva a suceder jamás.

Igual soy realista. Sé que no voy a tener tiempo de contar todas las historias que quiero. En algún momento empezaré a buscar cineastas allá que las quieran contar y tendré que quedarme como productor.

El problema de Cuba es que existe en un mundo paralelo. Si quieres hablamos más profundo de esto. Pero ahora mismo en el mundo los *streamers* están financiando la mayor parte del cine. Todo el mundo trata de vender a Netflix o Amazon. Y Cuba no tiene suscriptores para ellos. Cuba no es un mercado. Como me dijo una productora una vez, Cuba no existe.

¿Y sabes lo más jodido? Nosotros, los cineastas, no estamos haciendo lo suficiente para cambiar eso.

¿Qué es lo que más extrañas de hacer cine independiente acá? ¿Qué es lo que más te gusta de hacer cine allá?

Lo que más extraño de hacer cine allá es la hermandad que existe en un *set*. Si ves a alguien cargando luces y quieres ayudar, lo puedes hacer. Aquí hay tantas reglas, tantos sindicatos, que por ley no puedo tocar una lámpara. Llegas a ser una familia, por supuesto. Pero no es el mismo nivel de confianza que hay en Cuba.

Lo que más me gusta de hacer cine acá es la riqueza que tienes con los colaboradores. Llegas a trabajar con gente espectacular, que ha hecho muchas de las películas con las que creciste, y cada uno de ellos, no importa en qué departamento estén, son una escuela.

¿Algún consejo para los jóvenes cineastas que te leen? ¿Da resultado el crossover*? ¿Qué sientes que te falta? ¿En que sientes que funciona?*

No se achanten. Con cada paso que das, mientras más lejos llegas, más duro tienes que trabajar. Yo hice *Personal Belongings* sentado detrás del monitor. En la última película no me senté ni una vez. Cada día llego más temprano al *set* y me voy más tarde. Me gusta ser el primero para poder caminar el *set*, pensar en las escenas, armarlas en mi cabeza. Me gusta que mi equipo vea que no me siento, porque tú eres un general al frente de un ejército. Quieres que los soldados vean que peleas con ellos, no que están echándote aire en la sombra. Y al final del día hago mi recorrido despidiéndome de todo el mundo.

El *crossover* da resultado, pero no puedes cerrarte. Como todo en Cuba, uno sale creyéndose una pila de cuentos, si la gloria del cine cubano, blablablá (aquí es donde se cagan en mi madre los que no lo han hecho hasta ahora). Y la verdad todo eso es mierda. Hollywood tiene poca memoria. Das un paletazo ahora y disfrutas tu éxito una semana, porque la semana siguiente otro va a dar un paletazo y ya no se acuerdan de ti. ¿Crees que se acuerdan de películas que se hicieron hace cincuenta años? ¿Y qué no puedes conseguir en *streamers*? Y sí, eso puede que hable mal de Hollywood, pero es la realidad y no vamos a cambiarla. Así que primero que nada es darte tu lugar. Y tú lugar es este: cada año se hacen diez mil películas en todo el mundo. ¿Cuántas ves tú? ¿Cuántas recuerdas? ¿Cómo vas a hacer para que la tuya sea una de las que la gente recuerda?

Primero es dejar al lado el cuento que nos hemos creído y tener la humildad de hacer este análisis. Y luego, el trabajo que requiere llegar a eso, que no es poco. Hollywood no es una carrera de velocidad, sino de resistencia. No quiere decir que no haya golpes de suerte y gente que lo logra de la noche a la mañana. Pero tienes que venir dispuesto a que los primeros diez años sean de palazos.

Me falta aprender a decir que no. Como extranjero, latino, persona de color (que es lo que uno es aquí) te tratan de encasillar. Y a veces por tanto tratar de encajar dices que sí a demasiadas cosas. Demasiadas notas. Y el problema cuando dices que sí es que tu visión se va deformando y al final no la reconoces.

Me funciona muy bien haber aprendido a hacer cine en Cuba, a encontrar la solución barata de hacer las cosas. Aquí todo lo solucionan tirándole dinero al problema, y, por lo general, lo empeoran. Los sistemas complejos tienden al caos, y cuando empiezas a gastar dinero para hacer funcionar algo, empiezas a agregar piezas al asunto, y con una que falle se va todo a la mierda. De Cuba aprendí que a veces la solución es simple. ¿Cómo lo harías si no tuvieras un kilo? Eso me ha sacado de muchos problemas.

¿Cómo es tu día a día? Los Ángeles es un lugar tan loco (eso me parece del par de veces que he estado, que es poco como para llevarse un juicio, pero bueno), veo mucha competencia, todo el mundo quiere hacer lo mismo; pero al mismo tiempo siento que hay más buena onda entre los realizadores. ¿Qué me puedes decir de esto?

Mis días son una locura. Lo que más me gusta es la cantidad de historias con las que estoy en contacto, porque al final es lo mío. Pero te cuento como es un día a día en estos momentos. Me despierto 6:30 a.m., que es cuando se despierta mi chama. A las 8 a.m. estoy haciendo ejercicios, porque envejecer no es fácil. A las 9 a.m. estoy en el carro camino a la oficina, y seguro pongo en un *app* un guion que me tengo que leer, para que me lo vaya leyendo mientras voy manejando. Llego a edición temprano y me da tiempo de responder algún email sobre notas del guion de algún otro proyecto. Luego trabajo en la *post* de la película, revisando música y efectos. Luego alguna llamada con sugerencias de *casting* para otro proyecto que sé que no va a salir, porque cuando buscan *casting* así nunca salen las cosas, pero uno le entra con las mismas ganas. Seguro trabajar en el *lookbook* de algún otro proyecto que tengo que presentar. Alguna llamada con algún productor sobre otro que tengo que escribir. Hablar con mis agentes sobre el que entregué la semana pasada a ver si han escuchado notas del estudio. Apagar más fuegos de posproducción que aparecen todo el tiempo. Regresar a casa, escuchando seguramente la novela de un amigo que me mandó para que me la lea. Luego ver alguna película o una serie, leer un poco de comics o alguna novela y a la cama.

Yo he hecho esta cuenta de verdad, y al final del día he estado en contacto con diez historias. Y eso me llena. Pero agota. Acabo de regresar de unas vacaciones y por primera vez en meses logré dormir ocho horas seguidas.

Y no, aquí no he visto envidia entre los directores. Al contrario, somos un grupo muy amistoso. Hay veces que yo he tratado de conseguir una película y se la termina llevando un amigo y te alegras y quieres ver su versión. De hecho, antes de la pandemia, nos reuníamos cada mes montones de directores de mi generación y era una conversación muy chévere, porque es una ciudad grande pero una industria pequeña. Cuando hay un buen guion, todos nos lo hemos leído. Todos trabajamos con la misma gente.

Piensa así: hace diez años, cuando salíamos en Cuba Pavel, tú y yo, no había envidia. Cada uno estaba en lo suyo. Tú no querías hacer *Juan* ni yo quería hacer *Melaza*, pero queríamos que el otro la hiciera, ¿no? Pues lo mismo, pero en lugar de tres pelagatos son un montón de gente. Y yo me alegro mucho cada vez que uno de mis amigos parte el bate, aquí o en Cuba.

¿Qué estas preparando ahora?

Estoy terminando *Abernathy*, mi primera película de Netflix, que ha sido toda una experiencia. Atrás viene otra que no te puedo decir, porque no se ha anunciado, pero entregué el guion hace un par de semanas. Estoy muy emocionado, esa va a ser una grande. Y tengo, literalmente, otros diez proyectos en diferentes etapas, en algunos solo como director, en otros como director y guionista. Pero vamos a ver, seguro se caen y aparecen otros diez. Es lo que siempre pasa.

SERGIO CHÁVEZ: NUNCA HE DEJADO DE PINTAR

Camina por una callecita de La Habana. Llega a la esquina, mira a un lado y luego al otro. No vemos su rostro. Está de espaldas. Viste un pantalón azul oscuro y un pulóver azul marino. Sergio, ¿eres tú?

Por un momento, lo perdemos de vista. Las calles están vacías. Un pionero. Un hombre muy parecido a Martí. ¿Será el apóstol?

A lo lejos un perro ladra y se escuchan las olas chocar contra las rocas. Pero el aire que golpea nuestros rostros es caliente, naranja y con pedacitos de arena.

Una abuela pasa con la bolsa de los mandados. Los altos ventanales oxidados donde un gato se acaricia.

Por un momento no se sabe si estamos en Cartagena, en La Habana o en un pueblito de pescadores. Pero no, aquellos de allá no son pescadores: son balseros.

Sergio, ¿te fuiste?

¿Por qué la ciudad está tan vacía? Tan desolada. Ahora se escucha una cafetera colar y los pies de un anciano sobre el asfalto. Sus chancletas van y vienen, pero sin ritmo.

Sergio, ¿y tus hermanos? La mesa está servida y nadie quiere tocar las cartas. Las cartas de mamá. Las cartas que anuncian el futuro.

Sergio, ¿qué te motiva? ¿Cómo defines tu obra?
Sergio Chávez no me responde. Quizá no me escucha. No me ve. La ciudad se ha quedado tan vacía que las palabras que salen de la boca se cansan antes de llegar a la esquina.
Aquí no queda nadie.

Sergio Chávez Bonora nació en 1965. Hace algunos años. Desde 1999 reside en la Florida, no muy lejos de aquí. En avión son cuarenta y cinco minutos, por el mar no sé. Está cerca, pero al mismo tiempo está lejos. Depende de cómo se vea.
Me cuenta que estudió pintura y escultura en la Academia de Bellas Artes de San Alejandro. También pasó un año en la Escuela Nacional de Artes Aplicadas estudiando diseño escenográfico.
Me lo imagino parado en una esquina. Esperando. Esperando algo. Sergio, ¿qué esperas?
Participó en talleres de creación dirigidos por Antonia Eiriz y en performances *con Manuel Mendive.*
Lo veo recogiendo un trozo de madera al borde del basurero. La cabeza llena de ideas no lo dejan caer.
Su arte se ha expuesto en Miami, en Paris; en exposiciones personales y colectivas. Algunas de las más recientes han sido: Desde esta orilla, *Galería Artefactus (2018);* Más allá de la inocencia, *Miguel Rodez Art Projects (2015);* Habana mía, *Unzueta Gallery (2012);* La Havane Naïve, *Galería Ars Atelier de Zoe Valdés (2010-2011).*
Sergio, ¿Cómo se plancha una camisa guayabera?

Estamos en noviembre de 2021. Vengo de un recorrido por el barrio. Me siento en el sofá con la sensación de haber pasado por mil puertas cerradas. La puerta de la bodega, de la farmacia, de aquel amigo de enfrente, de la vecina inoportuna. Pongo la cafetera.

Dos tazas. Una para mí y otra para Sergio, que está a unas cuantas millas de aquí. Vamos a conversar como si estuviéramos bajo el mismo techo.

Sergio, ¿dónde naciste? ¿Cómo era ese primer entorno?

Nací en una azotea, en Centro Habana, muy cerca del malecón habanero. Fui el último de cuatro hermanos en un entorno de mucha escasez.

Hay algo que se repite en tu obra, sabemos que es La Habana, pero al mismo tiempo sentimos cierta onda de pueblo chico. ¿Crees que la ciudad tiene un poco de pueblo de campo?

Es posible. Yo la pinto como la recuerdo.

¿A qué edad saliste de aquí?

A finales de los años noventa, unas vecinas me anotaron en la lotería de visas para emigrar a Estados Unidos y para mi sorpresa, la gané. Fue algo que no estaba en mis planes. Me fui de Cuba a los treinta y cinco años de edad.

¿Cuál fue la ciudad que te acogió?

Vine a Miami y me quedé en Miami. Aunque he viajado bastante, actualmente sigo viviendo aquí. Ahora en Miami Beach, muy cerca del mar, como en La Habana.

¿Qué hay de la isla en tu obra?

Toda la imaginería que aparece en mi obra, desde los pisos de mi casa en Centro Habana, el mar al final de la calle o los viejos platillos voladores sobre la ciudad imperturbable, son recuerdos de la isla.

La luz en tus cuadros me recuerda a las películas del oeste...

Es que no hago uso de las sombras, lo ilumino todo de golpe y la escena se ofrece totalmente expuesta, de una sola vez, al que se asoma a verla.

La mayoría de tus personajes no tienen rostro. Siento que son como los cubanos de a pie, en general, sin ninguna muestra de individualidad.

La falta de rasgos en sus rostros los hace semejantes, tal vez todos ellos seamos nosotros mismos.

¿Cuáles son los temas que más te interesan? ¿Han variado con el tiempo?

Mis temas siguen siendo los mismos desde que me inicié en la pintura y a lo largo de todos estos años de trabajo. Hubo una primera etapa en mi evolución en la que me expresaba mediante ensamblajes sobre soportes irregulares y objetos y materiales encontrados al azar, muchas veces, en basureros.

Esas obras nunca han sido expuestas, pero le han dado coherencia a mi trabajo. Y las obras de hoy, en Miami, son muy afines, temática y conceptualmente, con aquellas que dejé en La Habana.

En tu pintura aparece la virgen, el vidente. ¿Le dedicas muchos pensamientos a las cuestiones de la fe?

No realmente. Pero me interesa incluir en mis obras las entidades religiosas que son importantes para los cubanos.

¿Cómo sientes esa relación del ser humano con lo sagrado?

Mi madre fue una espiritista muy admirada. Poseía una relación muy cercana con los misterios. En nuestra escalera de madera a la azotea amanecían a diario personas de todas las condiciones, que esperaban sentadas pacientemente por sus consultas espirituales. Ella conservó toda su vida el don de la adivinación. De ella aprendí el aplomo ante lo sobrenatural, es algo que acepto sin cuestionamientos.

Me gusta mucho tu homenaje a Anamely Ramos González y al Movimiento San Isidro. ¿Qué te llevó a trabajar sobre ese tema?

Mi admiración por Anamely y por el Movimiento San Isidro, por lo que hacen para logar un cambio.

¿Qué me puedes decir del catálogo sobre tu labor Entre dos aguas, *recién publicado en Nueva York?*

A finales del año pasado, mi amigo, el escritor Reinaldo García Ramos, me propuso hacer un catálogo sobre mi obra. La idea original fue transformándose a medida que juntábamos los materiales y conseguíamos la colaboración de otros amigos que aceptaron escribir textos de valoración crítica para nuestra publicación. Fue fundamental la participación en el proyecto de George Riverón, que aceptó publicar el catálogo en Bluebird Editions, una editorial que él ha llevado adelante durante más de diez años.

Además, George se encargó del diseño y la maquetación. La edición final salió de la imprenta en febrero de este año y consta de más de cincuenta páginas en papel cromo, ilustradas a todo color con veintisiete obras.

El catálogo abre con cinco comentarios: «Un universo suspendido, pero seguro», de Anamely Ramos González; «Menos es mejor», de Gustavo Valdés; «El eco del pintor en uno mismo», de Osvaldo Hernández Menéndez; «Las metáforas del silencio», de Oscar Faguette; y «Una nostalgia sin dramas», de Reinaldo García Ramos.

El catálogo tiene un valor de 25 dólares, suma que cubre también los gastos de embalaje y franqueo a direcciones en Estados Unidos. Los interesados en adquirirlo deben escribirme por la mensajería privada de Facebook a mi nombre, Sergio Chávez Bonora.

¿Te sientes como en una camisa de fuerza usando solo ciertos colores?

No, no creo que sea una «camisa de fuerza». En mi obra los valores plásticos, el color entre ellos, están en función de contar una historia, una historia que una vez iniciada se extiende de una pieza a la otra. Un pintor no tiene mucho margen para escoger sus asuntos, y, en esa misma lógica, tampoco sus colores.

Dime qué pintores te han marcado.

Te mencionaré a tres cubanos que aprecio mucho: Arístides Fernández y Víctor Manuel, de los que se pueden encontrar huellas en mi trabajo, y Antonia Eiriz, a la que hago homenajes una y otra vez.

¿Es difícil para un artista como tú vivir en Miami?

En mi caso, he trabajado durante todos estos años en ocupaciones muy variadas: pinté casas, fui guardia de seguridad en un garaje de camiones, corté hierba, trabajé en el aeropuerto con una compañía que envía carga al extranjero, lavé platos en un restaurante de comida cubana, rellené pomos con champú casero en el negocio de un amigo... Pero nunca he dejado de pintar.

¿Cómo definirías tu obra?

Una balsa con la que a diario regreso al país del que tantos se marchan.

VIOLENA AMPUDIA: ¿DE CUÁL CINE CUBANO ME HABLAS?

Actriz, directora, feminista, emprendedora «verde»; Violena Ampudia es una mujer bien difícil de encasillar. De hecho, le huye a todo este tipo de terminología. Nos conocimos hace muchos años y aunque nos hemos dejado de ver, nos debíamos esta conversación.

Empezamos hablando de lo que nos estábamos leyendo. Violena lee por segunda vez El libro del desasosiego *de Pessoa y yo ando inmerso en* Lectura fácil *de Cristina Morales, un texto que nos hace mierda a todos. Principalmente, a los heterosexuales, a los machistas, a los que andan con la mente cuadrada.*

Después de un rato caigo en ciertos clichés y le pregunto a Violena por sus sueños, qué sueño no se le ha cumplido, cuál sí.

Para ella, por supuesto, la paz mundial, la libertad de decisión de las mujeres sobre sí mismas, que acabe el hambre, la situación medioambiental; son temas que la obsesionan.

En cuanto a Cuba, desea una ley de protección animal, una ley de cine, una ley que ampare a las mujeres, tener una total libertad de expresión...

Así podemos estar por horas.

De su etapa como actriz le hubiera encantado ser dirigida por Bergman.

De estos últimos años me habla con pasión de la obra de Maite Alberdi, Lola Arias, Maya Deren y muchas otras mujeres increíbles. Morimos por ver más cine dirigido por mujeres. Es algo que nos apasiona. A pesar de la distancia, podemos tener varios encuentros y acá va más o menos lo que hablamos.

Todo el mundo está hablando de Las Frescas, ¿qué es?, ¿qué propone?

Cuando me hablaste para la entrevista creí que era solo por Las Frescas. He dado más entrevistas para hablar de este proyecto que de cualquier otra cosa en la vida.

Las Frescas es un proyecto, principalmente, de cocina vegetariana, que surgió en mayo del año pasado, al inicio de la pandemia.

En marzo, estaba culminando mis estudios en la EICTV, en la especialidad de Documental, y a punto de comenzar a rodar *Escuela de Salvavidas*, un documental que sería mi tesis de especialidad, pero el virus llegó a Cuba, y, por ende, a la escuela. Entramos en aislamiento de inmediato y a las pocas semanas cada estudiante fue regresando a su país y lxs cubanxs a nuestras casas.

Llevaba años muy consciente de la alimentación saludable y cocinaba cada día, así que, al mes de estar en la Habana, inventando un montón con recetas, ideé junto a Leysa Medina, este proyecto: comida vegetariana hecha por nosotras para entregar a domicilio.

Me resulta curioso, es del tipo de ideas que parecería que no fuera a funcionar en la isla.

Teníamos una pequeña certeza de que funcionaría, porque en Cuba apenas había este tipo de proyectos (no así con el transcurso de los meses), pero nunca creímos que íbamos a tener tanta aceptación y demanda. Así que nuestro emprendimiento creció y se nos sumaron poco a poco más mujeres que, como nosotras, venían del mundo del arte.

Además de llevar este pequeño negocio, nos enfocamos en compartir nuestra experiencia, ideas y tips por las redes bajo la consigna de «inventar con todo lo 'verde' que hay». Vivir en Cuba y en medio de una pandemia, potenció la creatividad de todas nosotras, y según he observado, la de muchas personas en la isla. Aunque ya no estoy en Cuba, mis amigas continúan con el proyecto. Así que, feliz de que la cosa siga.

Dices que ya no estás en La Habana, ¿por dónde andas?

Vine a Europa a una Maestría en Dirección de Documental, por dos años. Llegué hace menos de un mes, así que queda un largo camino.

¿Cuál es el plan?

Por lo pronto voy a filmar mucho. Estos dos años estaré desarrollando a la par mi largo: *Escuela de Salvavidas*, que está inspirado en la película que no llegué a filmar para mi tesis.

¿En qué te sientes mejor? ¿Escribiendo? ¿Actuando? ¿En el documental o en la ficción? Más allá de que esos términos ya están en desuso.

Actuando ya no, pero en general disfruto mucho todas las otras cosas que hago: plantar, cocinar, estar con amigxs, tejer, cantar, bailar, reír muy alto… filmar.

Es raro, casi siempre que hago una película (en momentos reiterados del proceso) siento lo mismo que cuando me enamoro: una cosa rara en el estómago y ganas de vomitar.

Bueno, finalmente la película es el vómito.

Y, respecto a las divisiones, digamos que hago documental, con elementos de ficción y viceversa.

Estudiar actuación influyó.

Estudiaste actuación en la ENA, ¿qué recuerdos guardas? ¿Qué extrañas de actuar?

Los mejores recuerdos que guardo de estudiar y ser actriz están relacionados con el teatro y los ensayos. El encontrar cada día algo nuevo en el personaje, proponer, componer, desvivirte por él, sufrirlo y disfrutarlo. Hace ya como cuatro años que no actúo.

De mi generación de la ENA extraño el grupo, las locuras y el compromiso típico de estudiantes de teatro recién salidos de la adolescencia.

Para mí actuar significa, ante todo, vivir. Vivir el personaje, con su conflicto, y cada situación que atraviesa, como si fuera la primera vez. Escuchar y reaccionar. Pero sobre todo escuchar. Cuando hice consciencia de los dispositivos de los que se vale la dirección y cuanto me atraía eso, empecé a dejar de «vivir» desde ese otro lado.

¿Cuál crees que es el mayor reto al que se enfrentan los graduados de actuación?

Que se escriben muy pocas historias interesantes para encarnar, al menos, en el cine. Pocas oportunidades y muchos actores y actrices esperando.

El teatro sigue siendo, para mí, el oasis.

¿Por qué pasas de la FAMCA a Documental en la EIC-TV? ¿No te interesaba tanto la ficción?

Lo que me llevó, en un inicio, a estudiar Dirección en FAMCA era, sobre todo, una necesidad muy grande de recrear situaciones del cotidiano, que llevaba tiempo recolectando; así como dirigir actores y actrices. Dominaba, por mi experiencia como actriz, algunas técnicas para hacer llegar a donde se requería, a quienes eligiera como *casting*. Los pocos cortos que hice de ficción tenían eso, pero también mucho de documental, al menos, formalmente.

Cuando empecé a conocer otros tipos películas, otras formas de hacer cine, sobre todo aquellas que desdibujaban la línea que «divide» el documental de la ficción, descubrí que inconscientemente era ahí a donde quería llegar, o, al menos, empezar mi búsqueda.

Cuando postulé a la EICTV, dudé hasta el último día a qué especialidad presentarme. ¿Documental o Ficción? No entendía por qué la división, ahora que empezaba a estar a gusto con el híbrido. Pero nada, tuve que elegir. Y aunque sé que en cualquiera de las dos habría aprendido un montón, elegí Documental. Conocía, por otras generaciones, de la libertad creativa que la cátedra daba a sus estudiantes. De ahí salían (salen) películas que no necesariamente podrían categorizarse como documentales, algunas participan en festivales como «ficción», pero ya sabemos que eso a estas alturas no es algo a tener en cuenta. Lo valioso es tener libertad creativa, y las herramientas para lidiar con ella. Hacer la película que una quiere hacer, más allá de las etiquetas, que más que ser herramientas son cárceles para nuestras películas y el cine que hacemos.

Disfruté mucho los caminos fractales por los que transité en el proceso creativo de cada película que hice en San Antonio.

¿Qué te aportó la EICTV?

Amistades muy fuertes que están a prueba de todo, y colegas de trabajo para toda la vida. El tiempo en la escuela te hace llegar a lugares de una misma y de interrelación con les demás, que sería casi imposible llegar por voluntad propia en condiciones normales. Todo está dispuesto para eso.

También salir con unas cuántas películas y, por ende, experiencia y seguridad en el campo. Fuera de la escuela habría estado complicado en tan corto tiempo. Es invaluable hacer las películas que una quiere hacer, y tener todo el apoyo de un equipo creativo de trabajo, así como asesores increíbles. Extraño mucho la escuela también.

¿Cómo te preparas para hacer una película? ¿Cómo es tu proceso creativo en general?

El ideal y más natural es encontrar situaciones que me atrapen (como sucedió con *Roma*) y ahí empezar el proceso. Pero en los últimos años me he enfrentado al proceso de creación desde la escuela, que impone salir en un tiempo y lugar específico a buscar la película. De ambos procesos he aprendido un montón. El primero ha reforzado mi intuición y libertad creativa, el segundo la organización y el delegar en las otras áreas.

¿Cómo llegaste a la idea de Roma*? ¿Cómo fue la relación con los protagonistas del documental?*

Roma fue mi primer documental. Por lo que le tengo un cariño muy especial. Siempre que alguien me pide que muestre una película mía, nunca muestro las últimas, más bien *Roma*. A veces pienso que en ese entonces tenía las cosas más claras.

Entre 2016 y 2017, estuvo este famoso bar Roma, ubicado en la Habana Vieja. Todes íbamos ahí. Pero también se caracterizaba por ser un espacio muy turístico.

El bar se encontraba en casa de uno de los dueños, en el último piso de un antiguo edificio con el mismo nombre. Tenía un elevador muy llamativo. Pero lo más curioso de este lugar es que el bar, para ese entonces, no tenía baño. Así que una pareja de vecinos, que vivían justo al lado, rentaba el baño de su casa al bar.

Desde la primera vez que fui, supe que quería hacer un documental sobre esto. La relación que se establecía entre los turistas y esta pareja era muy llamativa. Momentos en los que pasaban largo rato hablando sin entenderse entre ellos. O cada uno hablando sobre política. A veces las personas, iban al bar y pasaban más tiempo en la pequeña sala de esta pareja, que permanecía todo el tiempo sentada en sus balances frente al televisor.

Por otro lado, mientras pasaba días con esta pareja, coincidió que uno de los documentalistas que estaba por hacer su tesis de EICTV, debía ausentarse, y en su lugar me llamaron. Así que a principios de 2017 estaba haciendo *Roma*, mi primer documental, que resultó ser una tesis de EICTV. Aún me pregunto cómo fue que pasó todo esto.

Pero la cosa no termina ahí. Días antes de filmar, el bar tuvo problemas y cerró. En medio del desespero de no tener la experiencia para saber qué hacer en estos casos, un estricto cronograma de tesis que seguir, y unos personajes que ya quería mucho como para abandonarlos, justo en este momento en el que habían quedado sin empleo, decidí no cambiar de idea, y continuar con ellos. Y ahí fue que la aventura comenzó realmente. Un viaje al centro de esta relación.

Tu película La Espera *es impresionante. No tiene nada que ver con* Roma *y, al mismo tiempo, se siente parte de un discurso que las abraza. ¿Cuáles son esos temas o ideas que te obsesionan?*

Ya es evidente que todo el universo embarazo. Me interesan también las instituciones de formación. Algo que quiero explorar más en esta nueva etapa en la que estoy.

Pero digamos que el tópico macro que me hace realizar documentales, casi siempre son las diferentes aristas en las relaciones interpersonales.

Háblame de La espera. *¿Hiciste un trabajo de selección de personajes muy largo?*

La espera es parte del ejercicio «Campismo Documental», que realizan lxs documentalistas en segundo año de la EICTV. Tiene como instrucciones encontrar una historia en dos semanas en el pueblo de San Antonio, filmarla en cuatro días y solo tres horas de material (según recuerdo).

Centré mi historia en el hogar materno de San Antonio. Lugar donde viven temporalmente mujeres que presentan riesgos en el embarazo. Aquí encontré, para mi sorpresa, una casa llena de adolescentes. Pasé semanas visitando el lugar y compartiendo con ellas. Era imposible escoger personajes, ya que su estadía era transitoria e impredecible. Algunas pasaban siete meses de su embarazo; otras, una semana. Así que el trabajo se enfocó más en detectar prototipos de interés, para poder trabajar con Naty, Anna y Gaby, las guionistas y productora que colaboraron conmigo desde un inicio en tejer la historia. Así que es una película coral, que retrata esta espera tan determinante en la vida de un grupo de adolescentes.

¿Cómo te enfrentas a la paleta de color? ¿Qué le pides al fotógrafo que trabaje contigo?

En este caso la paleta de color se imponía. El verde y/o azul hospital que tienen todas las instituciones de esta índole en Cuba. Nunca impongo una paleta de color. Trabajo con la fotógrafa para detectarla y ver cómo utilizarla en funciones narrativas o sensoriales. Pienso que lo más importante en un fotógrafo o fotógrafa, es la sensibilidad ante lo que tenemos enfrente. Tener una mirada sensible y auténtica. Para mí eso es más valioso que cualquier conocimiento o dominio de la técnica. Admiro a les que no se centran solo en su campo, sino que son capaces de ver la película en conjunto y aportar desde ahí.

¿Cuál crees que sea el problema del cine cubano? Se ha escrito mucho y se habla de un olor a viejo, a obsoleto.

¿De cuál cine cubano me hablas? ¿Del que todo el mundo conoce por «cine cubano» o del otro?

¿Qué crees de la desaparecida muestra de jóvenes realizadores? ¿Te sirvió?

La extraño demasiado. Quizá la razón por la que no sabes de mis últimos cortos, es porque la muestra no está. Siempre había un espacio para lo que una estaba haciendo. Extraño ver mis cortos en la pantalla del Chaplin. La muestra te daba la oportunidad única de exhibir cortos, que nunca te iban a seleccionar en el Festival de La Habana (por una razón u otra), en la pantalla del mejor cine de la capital. Extraño el Haciendo Cine, el Bisiesto, las fiestas en el Fresa y el Café Cantante. Tengo recuerdos hermosos de todas las ediciones en las que participé. El comité organizador siempre fue muy generoso con lxs nuevxs realisadorxs. Realmente me entristece mucho todo lo que ha pasado.

¿Qué te gustaría que cambiara en Cuba?

Estamos en el mismo barco. A mí me gustaría que muchas cosas cambiaran, pero no se trata de mí, se trata de algo mayor.

Lo principal que pido para Cuba todo el tiempo es un despertar de la consciencia colectiva. Y siento que eso está pasando poco a poco. Nos guste más o menos lo que vemos, estamos despertando. Y es algo que no es de hoy para mañana. Llevará tiempo y es, justamente, el proceso lo que nos calará y quedará para la historia. Debo decir que me genera mucha incertidumbre y quizá miedo, de a dónde nos puede llevar. Pero si estamos despiertxs y conscientes, estaremos preparadxs para lidiar con lo que venga. Quiero confiar en eso.

KRUDXS: NUESTRA MÚSICA ES COMO UN TRANCE

Siendo apenas un adolescente, con el piquete que andaba, empecé a frecuentar algunos conciertos de rap, descargas, fiestas. Estuve en algunas actividades en Alamar, en La Madriguera, en casa de mi socia Ivón. Yo no tenía idea de nada, estaba más verde que un melón, pero este tipo de eventos me abrió la cabeza a un millón de ideas nuevas.

En par de esos eventos culturales había dos personas, dos seres muy especiales, que tenían una proyección y una visualidad bien distinta a lo que yo estaba acostumbrado. No sabía quiénes eran. La gente les llamaba Las Krudas. Tenían un swing *tremendo, mucha fuerza, mucha bomba. Poco a poco fui escuchando un poco más de ellas, escuché una que otra canción, teníamos amigos en común. Hasta que un día vi un video centrado en el amor a la naturaleza, donde estaban en un río y cantaban con una seguridad, bien suave. Ese video me dio una paz tremenda. No eran cercanas, pero teníamos algo en común, queríamos un mundo mejor.*

Hoy tengo la suerte de conversar con ellas. Dos seres, un grupo, un mundo interior que sobrepasa los cuerpos, las barreras e invita al amor.

¿Qué es Krudxs? ¿Cómo se definen?

Artivistxs, multidisciplinarixs, veganxs, cubanxs, queers, musicxs, raperxs, poetxs, diseñadorxs, performerxs, feministxs, emigrantes, independientes, de clase trabajadora.

Krudxs centramos el feminismo negro interseccional, como parte motriz en el cambio del mundo y el arte es nuestra arma para luchar por derechos, contra la opresión del sistema colonialista hetero patriarcal, por la justicia social, por el equilibrio, por nuestra felicidad, por nuestras comunidades, por el planeta.

Nuestra música es como un trance, donde contundentes fluidos melódicos y armónicos, crean una amalgama sanadora de experiencias vividas y esperanzas; donde justicia, equilibrio y educación son protagonistas. Krudxs encarnamos artivismx y espiritualidad como resistencia. Krudxs es un proyecto de vida, además de música es filosofía, acción y sanación.

¿En qué momento se conocen Odaymar y Oli?

En La Habana, Cuba, en 1996. Cuando la crisis de los noventa. Teníamos mucho arte y activismo. Odaymar es fundadore de GALES, grupo independiente de activismo LGTBQ+. Oli hacía teatro con El Puente y comenzamos a salir y a unir nuestras vidas, hasta hoy y más allá.

¿Cuándo comienzan a llamarse Pasa Kruda y Pelusa Kruda?

Cuando en 1996 comenzamos a hacer arte experimental y fundamos con Llane Alexis, Cubensi, agrupación de artistas *queers*. Pintábamos experiencias, contábamos historias en nuestras pinturas y *performances*. Y surgieron esos avatares muy educativos que mostraban maneras veganas de apreciar la vida.

¿Ahí surge Krudas?

Odaymar, Oli y Wanda, hermana de Odaymar, en 1997 comenzamos a hacer *jam sessions* en casa de Bárbara, madre de Odaymar y Wanda. Salía una música muy hermosa. Tocábamos cajón, chekeré; cantábamos, rapeábamos, contábamos historias, continuamos los *performances* de Cubensi. Hacíamos teatro comunitario en zancos y así fuimos invitadxs al festival de rap de Alamar de 1998. Conocimos así el movimiento y caímos en amor con la cultura, sentimos que nosotres necesitábamos el Hip Hop cubano, pero también que el Hip Hop cubano nos necesitaba como personas *queers*, como personas gordas, como feministas que somos. Entonces, en 1999, creamos Krudas Cubensi, Banda de Rap Afrofeminista Queer (Cuir, LGTB, TILGBA) Sicodelicx Vegana.

¿Qué recuerdan de la época de Alamar? ¿Para qué les sirvió?

Era el 1998 y conocimos una gran y profunda comunidad de jóvenes artistas, músicxs, activistas, poetas afrocubanxs con muchos puntos en común con nosotres: Instinto, Reyes de las Calles, Obsesión, Doble Filo, Anónimo Consejo, Trampa Explosiva, entre otros, reclamando libertad de expresión, contando vivencias de la afrocubanía y todo lo que conlleva. Como *queers* y afrofeministas después de esa experiencia, Wanda, Odaymar y Oli decidimos crear Krudas Cubensi, nuestra propia representación, nuestro propio paisaje.

¿Creen que las mujeres han ganado espacio en la cultura cubana? ¿En el hip hop?

Las mujeres y las personas no binarias, siempre hemos estado en la cultura cubana y en el hip hop. No se trata de ganar espacios, se trata de que los espacios los hemos fundado, los hemos creado, los merecemos y son nuestros.

¿Cómo funciona la creación? ¿Cómo llegan las melodías?

En el día a día, hacemos mucho *freestyle*, salen solas, desde la vida, la música nos inspira, la vida nos inspira y le rendimos homenaje recreando, creando, reinventando, melodiando.

¿Las dos componen las letras?

Sí, les dos componemos las letras.

Temas como la menstruación y el bello corporal, que son muy difíciles de encontrar en canciones cubanas antes de ustedes, entran con una fuerza, rompiendo barreras, ¿cómo se les ocurre esto?

Vienen desde experiencias corpóreas testimoniales, viscerales; experiencias que vivenciamos en nuestras existencias reales.

En sus letras hay una especie de diario que va contando experiencias, que van mostrando la lucha de ustedes contra el patriarcado. Pero al mismo tiempo, hay un nivel de humanismo tremendo, sin ningún tipo de odio. He visto unos videos de ustedes en un río, agradeciendo a la madre tierra. Esto me da una paz tremenda. ¿En qué consiste la música consciente?

Estamos defendiendo nuestro derecho de ser, nuestra libertad de existir. Música consciente es música que armonice con unx mismx, con el ambiente humano social.

Música que cuestione el *status quo*, música que transforme, música que incomode, que denuncie, que libere, que transgreda.

¿Quiénes las inspiraron en la música? ¿En el activismo?

Nuestras madres, feministas de Cuba y del mundo, mujeres negras, personas afrocubanas, artistas y activistas del movimiento hip hop, la música afrocubana, la música afromundial, la resistencia *queer*, las existencias interseccionales, la resiliencia ancestral negra y, también, las desigualdades sociales, la escasez, la precariedad, la brutalidad policial, el abuso de poder institucional y gubernamental.

10 mujeres negras que las inspiraron.

- Barbara Rousseaux.
- Brigida Noblet.
- Wanda Kruda.
- Audre Lord.
- Asatha Shakur.
- Nahanda Abiudum.
- Marsha P Jhonson.
- Juana Bacallao.
- Domitila.
- Janet La Faraona.

Si tienen que salvar tres canciones de ustedes, solo tres, ¿cuáles serían?

- «Sinca Misa».
- «El veganeo».
- «Poderosxs».
- También salvaríamos otras: «La gorda», «Madre natura», «Nueva era», «1996», «Mi barba», «Madrecita», «Te entrego», «Todavía».

Un tema como «Mi cuerpo es mío», ¿cómo surge?

La conexión con nuestros cuerpos, las mujeres, las personas trans, las personas no binarias, las luchas feministas, las afro feministas, feministas originarias, las feministas en Aby Ayala, las feministas del mundo, las bendiciones las hacemos canción.

¿Qué diferencias ven entre Cubensi Hip Hop *(2003) y* Highly Addictive *(2016)? ¿En qué ha cambiado la música?*

Hemos ganado en intención, en concentración, en expansión, en madurez, en reconocimiento internacional, en producción musical, en diversidad de tópicos, en amplitud de criterios, en experiencia, en apertura de mente, en seguridad, en autogestión, en libertad, en uniquez, en independencia.

¿Cuándo salen de Cuba? ¿Cómo fue ese proceso?

Salimos en 2006, después de varios intentos de viajes por trabajo siempre truncados por funcionarios. 1 de septiembre de 2006 salimos camino a Rusia, salimos camino a lo incierto, camino a lo diferente. Fue el momento de internacionalizar nuestra carrera. Es un proceso difícil, aterrador, de desarraigo y políticas antinmigrantes y, a la vez, liberador, magnificente, expansivo, un proceso de consolidación individual que no termina, de conexión con el mundo y sus diásporas.

Me encanta la libertad y la fuerza que tienen, pero seguro que en los lugares más conservadores nada más verlas surge cierto escándalo. ¿Han sufrido la intolerancia en carne propia?

Se siente la presión de los estigmas sociales, de las limitaciones de las mentes obtusas y cerradas. Hemos vivido muchas historias. Una vez un vecino nos sacó un machete y nos persiguió gritándonos «tortilleras». Cosas como esas nos impulsan a seguir siendo quienes somos, a intencionalmente luchar por el cambio que queremos.

¿Es muy difícil trabajar con su pareja?

Sí, es difícil, es hermoso, es precioso, vale cada momento. A veces no hay límites, les dos llevamos todo, hacemos todo; si hasta tenemos que ponernos horarios para poder descansar y hacer otras cosas también.

He leído que además de componer, de cantar, en muchos de estos viajes por América hacen talleres en comunidades, ¿de qué van estos talleres? ¿De qué se habla?

En nuestros viajes por América Latina, el Caribe, Estados Unidos, Canadá, y Europa, impartimos charlas, conversatorios, clases magistrales, y talleres sobre Feminismo interseccional, Música y Justicia Social, Artivismo, Autocuidado, Rimas, Rap, Veganismo, Lostenibilidad, Poliamor, Antiracismo y Afrofuturismo. Vale mencionar que actualmente continuamos haciendo todo eso de manera virtual.

¿Qué hace falta para que vivamos en un mundo mejor?

Que sea respetado y honrado el feminismo negro interseccional. Justicia restaurativa. El fin de las hegemonías.

Y más específicamente en la isla, ¿qué falta en Cuba para que mejoren los problemas sociales?

Racismo, homofobia, machismo, violencia, militarismo, transfobia, rigidez, censura, son males que parece que no quieren desaparecer de la isla. Falta civilidad, respeto, independencia económica. Falta desaprender esa historia de Cuba que ha sido tan blancamente contada. Falta educación, dialogo, apertura, consenso.

¿Qué recomiendan? ¿Qué se puede ir haciendo?

Seguir luchando de todas las formas posibles. Autoeducarse, aprender de otres.

¿En que las ha afectado la pandemia? ¿Cómo logran seguir trabajando? ¿Cómo es el día a día?

Trabajar independiente, al menos para nosotres, significa trabajar casi todo el tiempo, siempre hay algo que hacer. Estamos en proceso de adaptación a la vida con máscara y sin salir de casa, a la vida de lejos, sin *shows* multitudinarios, a la vida en línea, con la tecnología. Todo cambia, cambiamos, enfrentamos procesos de perdidas familiares y personales, creamos, escribimos, pintamos, filosofamos, poliamamos, compartimos, comunicamos, estamos colaborando con las compañeras de Radio Voxfem en una retrospectiva de nuestras pinturas y grabados desde 1996 hasta 2021, estamos trabajando con @beanznrice en unos videos arte y conformando nuestro próximo álbum. Hay que seguir.

¿Cuándo las volveremos a ver en Cuba?

Ojalá pronto podamos ir físicamente a Cuba. De momento pueden apreciar nuestro arte y activismo (artivismo) cuando quieran o puedan, porque tenemos una presencia fuerte en las redes. Tenemos mucho material en YouTube, Facebook Krudas Cubensi, Instagram #krudxscubensi.

Gracias miles y espero verlas pronto en vivo.

YANELYS NÚÑEZ LEYVA: EL MUNDO DEL ARTE ES INJUSTO Y CLASISTA

¿Qué es lo primero que ves al levantarte?

Vivo en una cuarto muy acogedor, la verdad. A un lado de la cama tengo una ventana por donde entra mucha luz y allí también tengo unas planticas, que son mi orgullo, porque nunca había tenido. Por suerte, la vista desde la ventana no tiene muchos edificios delante y se puede ver el cielo. (En la noche la luna me da de frente).

¿Desayunas fuerte o solo café?

He salido ya mayorcita de Cuba, así que tengo costumbres que no creo que se me quiten. Desayuno solo café, hecho con una cafetera italiana como en Cuba. Solo tomo esa taza en el día, porque la cafeína me dispara mucho.

¿Estás en Madrid?

Vivo en Madrid desde el 2019, aunque aún sin un estatus legal. Estoy en proceso de solicitud de asilo político. Aquí la burocracia se toma su tiempo, además, al parecer los refugiados cubanos no son prioridad para el gobierno español.

Estoy cerca de la Plaza de Toros. Tengo pensado ir al menos una vez a ver una corrida.

¿Qué haces en la mañana?

Me levanto directo para la computadora y de ahí no salgo hasta la hora de almuerzo. Me pongo a revisar las redes, los wasaps, las tareas de trabajo que tengo. Soy parte del equipo de redacción de *Alas Tensas* y coordino, además, el observatorio de violencia de género que tiene este proyecto. Ambas cosas llevan mucho esfuerzo, porque hay que estar monitoreando grupos de Facebook, medios de prensa, denuncias ciudadanas.

Además, sigo mis actividades como miembro del Movimiento de San Isidro. La ayuda a los presos, la organización de nuestro patrimonio, acciones en las redes, incidencia internacional. La mañana (el día) no me alcanza, la verdad.

¿Vives sola?

Vivo con cinco personas. Aquí hay que compartir piso sí o sí, a menos que tengas dinero o prefieras vivir en las afueras de Madrid. El quid de la cuestión es conseguir buenos compañeros de piso, que es mi caso, la verdad. Son gente divertida, amable, interesada en el arte. Son de distintos lugares: de Hungría, de Valencia, de Canarias, de Badajoz y eso enriquece mucho la convivencia.

¿Cómo lidias con la ansiedad?

No sé lidiar, sobrevivo. Jajajaj

¿Qué estás leyendo ahora?

Estoy leyendo *Negra por los cuatro costados. Una historia racial de la identidad trans* de C. Riley Snorton y *Dios en las cárceles cubanas* de María Elena Cruz Varela.

¿Te reúnes con muchos cubanos allá?

Hay muchos cubanos por acá, y más por la zona donde vivo. Algunos quedamos para tomar alguna cerveza. Otros solamente coincidimos en las protestas. La comunidad aquí es amplia, heterogénea y a veces hay muchas fricciones en su seno, principalmente por cuestiones políticas.

¿Quién es Yanelys?

Soy una mujer negra, cubana, exiliada y, a ratos, alegre. Respetuosa de mis antepasados, de mis muertos, e hija de Yemayá. Hago activismo feminista antirracista interseccional e intento seguir trabajando como gestora cultural e investigadora.

Lucho por el derecho que tengo a vivir en Cuba, sin que mi salud mental y física corra peligro. Lucho por el derecho a entrar y salir de mi país sin que eso signifique destierro, exilio, o migración sin fecha de retorno. Lucho por la restitución de todos los derechos humanos que se nos vedan en Cuba. Pero mi lucha no es para salvar al pueblo, mi lucha es por mí y ejerciendo los poderes que como ciudadana tengo. Por suerte, en ese camino he encontrado a una familia (la oposición histórica pese a contradicciones) que desea lo mismo que yo y por eso la lucha no ha sido tan solitaria.

¿En qué momento piensas que hay algo malo en la Revolución cubana?

Yo maduré tarde, la verdad. Me dieron hasta el carnet de la UJC. Nunca fui dirigente, pero era una alumna obediente y ya por eso te metían en esos «grupúsculos». En mi casa nunca se militó en el Partido, por suerte, ni tampoco se me impuso participar en cosas del gobierno (como les hacían a algunas de mis amigas), pero tampoco se hacía oposición. Entonces, mi encuentro con esa Cuba paralela ocurrió en la universidad, a través de los colaboradores de *Havana Times*, donde trabajé por varios años. Allí encontré a la gente que hacía activismo y denuncia social desde la palabra y la acción. Y eso me ayudó a tomar conciencia política de cuál era el camino si queríamos mejorar el país. Yo sabía que la cosa no funcionaba, cuando en mi infancia había algunos con zapatos rotos y otros no. Y no era porque mi madre y mi padre no trabajasen. Entonces, digamos, que sabía que el sistema era injusto desde bien temprano, pero la conciencia política y el despertar, lamentablemente, ocurrió en la universidad.

¿Cómo conociste a Luis Manuel?

A Luis lo conocí en 2014, cuando trabajaba en la revista *Revolución y Cultura*. Él era uno de los artistas invitados a una exposición colectiva que se iba a realizar en la revista. El encuentro fue muy divertido, Luis siempre ha sido una persona muy extrovertida y se deja querer muy pronto.

¿Qué es lo que más recuerdas de él?

Nuestra relación fue larga, pasó por muchas etapas y aprendimos mucho uno del otro. Sin embargo, si algo agradezco a Luis es haberme ayudado a sacarme el miedo del cuerpo y vivir el arte como un espacio político.

Recuerdo obras muy divertidas que hicimos juntos como *Bodas de Papel* o *Unidos por la wifi*, donde hizo un *striptease* en 23 y L. También recuerdo mucho los momentos duros, durante los encarcelamientos. Estábamos ahí uno para el otro y eso es un vínculo irrompible.

¿Con Luis Manuel hablaban de cómo sería una nueva Cuba?

Se hace difícil pensar Cuba a futuro, cuando se tiene a la seguridad del estado pisándote el talón día por día. Recuerdo que si temprano en la mañana alguien tocaba a la puerta ya imaginábamos que podía ser un registro o un arresto. El estrés emocional te lleva a pensar solo de forma inmediata, como si de sobrevivir en una jungla se tratara. Pero a veces lográbamos escabullirnos de esa realidad y pensábamos Cuba con educación y salud gratuita, pero con calidad; con el regreso de la diáspora cubana para construir el país (ese exilio tan diverso y preparado que tenemos en cualquier rincón del planeta). Tratábamos de imaginar un proceso de transición pacífica, donde la justicia no fuera la misma que la impuesta por Fidel en 1959, sin que eso significase inmunidad para ningún criminal.

Recuerdo que en una discusión que tuvimos un día, tratamos el tema de los monumentos en el espacio público. Pensábamos en qué haríamos con ellos cuando se viviera en un país democrático. ¿Se demolerían? ¿Se mantendrían, pero con una placa donde se explicase de forma crítica lo que representan? ¿Se llevaría a consulta popular esta polémica? Esto fue un ejercicio que hicimos de forma personal, y que luego llevamos a las actividades de la #00Bienal, en 2018. Y por supuesto que hubo mucha discusión, y eso es lo bueno.

Esto es solo un ejemplo de cómo discutíamos la Cuba que queríamos, y lo hacíamos solos, o con amigos, o en eventos públicos dentro del Museo de la Disidencia. Salía como algo natural, porque queríamos tener las cosas pensadas para cuando el cambio llegase.

Ahora que hablas del Museo de la Disidencia, recuerdo que me llamaron para solidarizarse conmigo, cuando la censura de mi película; y yo les contesté con tremendo miedo. ¿Qué era el Museo de la Disidencia en Cuba?

Luis Manuel y yo vimos *Santa y Andrés* (siento mucho que haya sido pirateada por alguien) con un proyector. Cuando finalizó, no sabíamos ni qué decirnos. Nos quedamos locos, tristes, eufóricos, angustiados, en fin, que nos gustó mucho. Y en ese momento estábamos súper activos con el museo, haciendo eventos de grafiti, de poetas suicidas, presentando libros como el de Enrique Del Risco, *El compañero que me atiende;* y cuando vimos todo lo de la censura alrededor de la película, dijimos que teníamos que ayudar a que más personas la vieran, que era una puerta a la Cuba no escrita.

Y es que el museo es eso, una plataforma cultural de producción, promoción y reescritura. Parte del reconocimiento del ser disidente como un actor social natural y de la necesidad de darles apoyo, porque en él (ella) está el cambio, que no quiere decir el mejoramiento; pero al menos, en el disidente hay movilidad.

Hoy el museo sigue activo, su archivo se presentó recientemente en la exposición *Licra*, celebrada en la sala de Arte Joven de Madrid, dentro del proyecto *Embajada* del MSI, comisariada por Lorenzo Andrade y Javier Cruz. También se está rediseñando su página web para activar su circuito *online* de exposiciones, su blog y sus archivos de consulta.

¿Con Luis Manuel hablaban de la muerte?

Cuando te pones a leer la historia no contada de la oposición y te enteras de los que murieron en huelga de hambre, como Orlando Zapata, Pedro Luis Boitel y Yosvany Arostegui. O de los asesinatos del Remolcador 13 de marzo. O los opositores que han muerto en prisión en circunstancias no aclaradas. O cuando miras la complicidad del Ministerio de Salud Pública en la retención de personas en hospitales, como fue el caso del propio Luis Manuel. O cuando miras la muerte de Oswaldo Payá, perpetrada directamente por el gobierno. O cuando ves el testimonio del biólogo Ariel Ruiz Urquiola, diciendo que el régimen le inoculó el VIH. O cuando ves en las condiciones médicas en las que Xiomara Cruz salió de la cárcel. Cuando miras todo esto, pues te das cuenta de que si vas hacer activismo en Cuba, la muerte está al doblar de la esquina. Y ya no solo la muerte física, sino la espiritual, la emocional, la que te mantiene en *shock*, o la que te encierra en la paranoia, y la que te insilia.

Sí, hablábamos mucho de la muerte y por eso temíamos. Pero no tanto porque ocurriese, sino por la impunidad con la que quedaría el gobierno.

¿Qué piensas de las huelgas de hambre? No debe ser fácil ver a alguien querido...

Las huelgas de hambre me dan miedo, pero las entiendo y las respeto. Eso no quita que me agobien mucho, que me desestabilicen emocionalmente. Siento que las huelgas son un recurso valioso que tenemos como seres humanos, y, a veces, es el único cuando estamos inmersos en una situación de peligro o de agobio total.

En las prisiones cubanas, lo primero que le hacen a un huelguista es aislarlo como forma de castigo, pero, también, para que no reciba apoyo, para que se sienta solo en ese recorrido que es ir abandonando un poco la vida.

Recuerdo que cuando en diciembre de 2018, Luis y yo estuvimos en el Vivac, él entró haciendo huelga de hambre y de sed. Era algo que se había acordado a nivel de grupo, pero a lo que yo dije que no me sumaría. Temía por mi situación médica. Me había dado una parálisis facial ese mismo año y aún me quedaban secuelas (algunas sicológicas y otras físicas). Sin embargo, me hubiese encantado hacerla. Comía muy poco y sentía que era una manera de preparar al cuerpo para una huelga si la cosa se complicaba. Recuerdo, también, que en esos días de detención yo no iba al desayuno y las otras presas me preguntaba si estaba plantada y que si era así, me iban a dejar sin llamadas telefónicas.

La cárcel trata de amedrentar al máximo a los huelguistas, para que cedan, para que no crean que tienen poder sobre su cuerpo. Por eso apoyo las huelgas, ante todo porque es un derecho y luego porque es un gesto de desobediencia cívica.

Ahora el Museo de la Disidencia está iniciando una investigación sobre las huelgas de hambre de Cuba. Es una iniciativa que nos llama la atención, no solo porque es un método recurrente entre presos comunes y políticos, sino, porque es importante para la memoria colectiva saber qué lleva a una persona a hacer una huelga, cuántos días es capaz de sostenerla, por qué puede ser una acción pacífica eficaz y qué secuelas puede dejar.

¿Dónde estabas el 26 de noviembre del 2020?

El acuartelamiento de San Isidro fue un hecho vivido a tiempo real por buena parte de la comunidad cubana trasnacional. Sí estaba en comunicación con Luis Manuel, con Katy, para apoyarlos en lo que pudiese, con la prensa, con la movilidad en redes, para hacer acciones en Madrid. Por acá estuvimos saliendo a protestar a la plaza de Sol durante todos esos días y también luego del desalojo. Fue maravilloso ver a los artistas plantados el 27 de noviembre de 2020, porque recordé cuando en 2018 solo fuimos unos pocos a pedir la derogación del Decreto 349. Y ese #27N para mí significaba un proceso de maduración de la sociedad civil. Y un acto de justicia para con toda la oposición cubana que desde hace años pide ayuda a la comunidad intelectual y artística.

Vamos a hablar de la relación que tienes con tu cuerpo. No puedo dejar de pensar en ti llena de mierda, o rapada... Te hemos visto sufrir, gritar, pedir. ¿En algún momento haces las paces? ¿Te mimas un poco?

Todo lo que he hecho con mi cuerpo ha venido desde la conciencia política de que tengo derecho a existir, ya sea en Cuba o en cualquier otro sitio. Por lo que una manera de ser consecuente con lo que pienso es usando mi cuerpo. Además, veo en eso algo muy digno, porque no hago daño a nadie, en todo caso, a mí misma.

Cuando hice la protesta con el excremento, ni antes ni después sentí ningún tipo de escrúpulo, aunque yo no era la que lo iba a hacer, sino Luis Manuel. Ese día la protesta salió así espontáneamente, pero desde el enfado. Estuve varios días oliendo a mierda y tuve que echar a la basura la ropa y los zapatos, pero aún conservo el turbante que usé ese día.

En fin, te cuento todo esto para que veas que no tengo prejuicios con el uso de mi cuerpo, sin embargo, también sé calcular sus límites. Y si me fui de Cuba fue porque mi cuerpo me dijo que no podía seguir viviendo bajo ese estrés mental y físico.

Sufrí una parálisis facial en 2018 en medio de la organización de la #00Bienal. Eso, por supuesto, no impidió que participara luego en la campaña contra el Decreto 349, pero sí me hizo tomar conciencia de que debía respirar, porque la próxima crisis podría ser peor.

Ahora, para velar por mi cuerpo, ante todo investigo herramientas de cuidado del feminismo antirracista interseccional, practico autodefensa y puntualmente hago terapia. Me falta mucho la verdad, pero es un largo proceso.

¿Cómo haces para dormir? Me imagino que deba ser duro.

Padezco insomnio desde hace años. Me da miedo llegar a la noche y saber que no voy a poder dormir. Tengo algunos días peores que otros. A veces me automedico. O tomo infusiones. O trato de seguir algunos consejos de meditación. Llevo muchos meses preocupada y eso el cuerpo lo somatiza a través de constantes migrañas. Pero, bueno, luego pienso en los presos, en Luis, en Maykel, en Esteban, en Taimara, en Carolina, en Thais

Mailén, en Bárbara Farrat, en Daniela Rojo, en Mayra Taquechel, en Luis Robles, en el Gato de Cuba, en fin, son tantos, que me digo que no estoy en la peor situación y que hay que ayudarlos.

Soy una persona fuerte, eso lo heredé de mi mamá, así que con esas fuerzas trato de andar.

¿Cómo es tu relación con tu familia?

En Cuba me queda familia cercana, sí: mi madre, mis hermanos, mis sobrinos, mis abuelos. Son gente a la que quiero, pero claro que hubo y hay tensión. La seguridad del estado lo primero que ataca son esos vínculos, pero nunca me dejé chantajear emocionalmente, porque ante todo está mi libertad personal y mi dignidad como ser humano. No critico a quienes dejan de hacer activismo, periodismo o arte por presiones de la familia (instigados por la Seguridad del Estado). Sin embargo, en mi desarrollo personal y en mi enfrentamiento con el gobierno, entendí que si me dejaba anular nunca más seria persona. Además, durante mi trabajo con Luis Manuel, Amaury, Iris, Soandry, Michel, Nonardo, perdí muchos miedos. Además, yo soy de preuniversitario becado, tengo herramientas de supervivencia jajajajja.

¿En algún momento hubo una conversación con Luis Manuel con planes para irse los dos juntos?

Nunca hubo una conversación seria al respecto. Salíamos juntos a trabajar fuera. Por ejemplo, a mover la campaña contra el Decreto 349 o a presentar el testamento de Fidel en el Pompidou.

Luis se siente muy arraigado a Cuba, más que yo la verdad. Soy de ese territorio, porque nací ahí, porque me unen lazos afectivos, porque me gusta su arquitectura, a veces su gente jajajaj. Pero ya está. Creo que tenemos mucho que ofrecer como comunidad, porque hemos vivido en la peor miseria y hemos desarrollado herramientas de supervivencia, porque tenemos una tradición musical estupenda, entre otras cosas. Pero Cuba es solo una parte de lo que soy.

¿Cómo te gustaría ver a Luis Manuel? Todos lo queremos libre, pero te pregunto algo más profundo, ¿cómo crees que estaría feliz? ¿Qué lo haría feliz?

A Luis lo haría feliz mover su trabajo, ser reconocido por él, poder vivir de hacer arte. Es uno de sus sueños, la verdad. Así que me gustaría verlo pronto fuera de Cuba, con oportunidades reales para insertarse en el mercado del arte, con el apoyo de gente amable. Luis se lo merece, ha estado mucho tiempo defendiendo su trabajo, diciendo que lo que hace es arte, cuando a otras personas ni siquiera se les cuestionaría. Y todo porque es negro, porque es pobre, porque no estudió en una academia, porque no tiene los amigos millonetas. En fin, porque el mundo del arte es injusto y clasista. Y si a eso le sumas la presión de la Seguridad del Estado, pues el coctelito en su contra se vuelve molotov.

Quiero que pueda vivir feliz con lo que decida hacer. Eso es todo.

¿Dónde te ves de aquí a diez años?

Estoy muy agotada de todo, la verdad, así que en diez años me veo sembrando mis tomates para autoconsumo en algún pueblo perdido de España. Alejada completamente de las redes sociales, pero con la certeza que Cuba va de camino al saneamiento generacional y discutiendo las bases de su democracia.

¿Qué vas a hacer esta noche?

Pues termino muy tarde el trabajo, sobre las ocho de la noche. Lo primero que haré será tomarme una Estrella Galicia.

ÍNDICE

Rocío Aballí: Quiero hacer porno para mujeres	7
Legna Rodríguez Iglesias habla de cine	21
Bruce La Bruce:	
El provocador que quiere filmar en La Habana	39
Alexis Valdés para presidente	57
Carlos Manuel Álvarez:	
Si hay que caer, que sea del *New York Times*	75
Antonio José Ponte:	
Vivo de aquello que los otros no saben de mí	91
Con Abilio Estévez hacia lo inmenso del mundo	109
Omer Pardillo: Celia Cruz era Cuba	135
Julio Hernández Cordón:	
En un momento voy a vender mi alma	149
En la cama con Matías Bize	161
Intercambio de sueños con Pablo Stoll	171
Francisco Barreiro en los sueños de Luis Buñuel	185
Magdiel Aspillaga:	
Un loco en el patio de David Lynch	199
Santiago Mitre:	
Hay algo misterioso, casi macabro, en cómo se administra el poder	221
El Librero.	
Conversando con Alejandro Mainegra	235

Jugársela siempre con Sebastián Sepúlveda — 253
Cuatro estaciones con Julia Solomonoff — 267
Larry Villanueva:
    Me gusta creer
        en los misterios de la trama divina — 285
Israel Adrián Caetano:
    Me metí al cine para hacer un 'western' — 297
Fernández Fe y el lado C de las cosas — 307
Alejandro Brugués:
    Nunca celebres hasta que no estés en el set — 323
Sergio Chávez: Nunca he dejado de pintar — 341
Violena Ampudia:
    ¿De cuál cine cubano me hablas? — 351
Krudxs: Nuestra música es como un trance — 363
Yanelys Núñez Leyva:
    El mundo del arte es injusto y clasista — 375

www.ingramcontent.com/pod-product-compliance
Lightning Source LLC
Chambersburg PA
CBHW020624220526
45464CB00001B/20